全国应用型院校学前教育专业新形态规划教材

总主编　李姗泽　孙亚娟

学前儿童社会教育

主　编　吕进锋

副主编　程　雷　宋文华　段雪玲　唐叶摇

编　委　李姗泽　吕进锋　程　雷　段雪玲

宋文华　唐叶摇　张林林

西南大学出版社

国家一级出版社　全国百佳图书出版单位

本书配有丰富教学资源

图书在版编目(CIP)数据

学前儿童社会教育 / 吕进锋 主编. — 重庆 : 西南大学出版社, 2022.7
ISBN 978-7-5697-1327-5

Ⅰ. ①学… Ⅱ. ①吕… Ⅲ. ①学前儿童—社会教育 Ⅳ. ①G611

中国版本图书馆CIP数据核字(2022)第109734号

全国应用型院校学前教育专业
新形态规划教材

学前儿童社会教育
XUEQIAN ERTONG SHEHUI JIAOYU

吕进锋◎主编

责任编辑: 郑持军
责任校对: 李　玲
装帧设计: 汤　立
排　　版: 吴秀琴
出版发行: 西南大学出版社(原西南师范大学出版社)
地址:重庆市北碚区天生路2号
网址:http: //www. xdcbs. com
邮编:400715
市场营销部电话:023-68868624
经　　销: 全国新华书店
印　　刷: 重庆新生代彩印技术有限公司
幅面尺寸: 185 mm×260 mm
印　　张: 15.5
字　　数: 266千字
版　　次: 2022年7月 第1版
印　　次: 2022年7月 第1次印刷
书　　号: ISBN 978-7-5697-1327-5
定　　价: 49.00元

总序

学前教育是每个儿童接受集体教育的开始，是每个人终身学习的开端，是国民教育体系的重要组成部分。进入新时代，人民群众对优质教育的需求不断提升。实现幼有所育，成为满足人民群众日益增长的优质教育需求的重要举措。党的十八大、十九大明确要求“办好学前教育”。2018年，中共中央、国务院发布了《关于学前教育深化改革规范发展的若干意见》，强调把发展学前教育摆在更加重要的位置，明确要大力加强幼儿园教师队伍建设，办好一批幼儿师范专科学校和若干所幼儿师范学院，支持师范院校设立并办好学前教育专业，扩大有质量教师供给。2021年，教育部等九部门印发《“十四五”学前教育发展提升行动计划》，提出要全面提升保教质量，提高教师专业素质和实践能力。由此可见，教师队伍是提高保教质量的关键，是保证学前教育质量的基石。

推动普通本科高校向应用型转变，是党中央、国务院的重大决策部署，是教育领域人才供给侧结构性改革的重要内容。创新应用型技术技能型人才培养模式，建立以提高实践能力为引领的人才培养流程，是实现应用型高素质人才培养的关键。2011年10月，教育部颁布《教师教育课程标准（试行）》，并发文要求各地按照《教师教育课程标准（试行）》的学习领域、建议模块和学分要求，制定有针对性的幼儿园、小学和中学教师教育课程方案。幼儿园教师职前教育课程要帮助未来教师充分认识幼儿阶段的特性和价值，理解“保教结合”的重要性，学会按幼儿的成长特点进行科学的保育和教育；理解幼儿的认知特点和学习方式，学会把教育寓于幼儿的生活和游戏中，创设适宜的教育环境，保护与发展幼儿探究、创造的兴趣，让幼儿在愉快的幼儿园生活中健康成长。

为了适应我国学前教育大发展的改革趋势和高素质应用型人才培养的要求，我们坚持培养实践性、应用型人才的理念，立足于学生学习与发展的需要，增加了学科相关前沿研究以及社会热点问题的讨论，将理论知识与实践案例相融合，同时加强了实训内容；实现理论体系向教材体系转化、教材体系向教学体系转化、教学体系向学生的知识体系和价值体系转化，使教材更加体现科学性、前沿性，以进一步增强教材的应用性和实效性。在开展充分调研的基础上，我们组织了一批业务能力强、理论知识和实践经验丰富的专家、一线教师开展教材编写和建设工作。丛书包括《学前教育学》《学前儿童心理学》《中外学前教育史》《学前教育研究方法》《学前儿童游戏》《学前教育评价》《学前教育管理学》《学前儿童卫生学》《学前儿童体育与健康教育》《学前儿童语言教育》《学前儿童社会教育》《学前儿童科学教育》《学前儿童艺术教育》《幼儿园环境创设》《幼儿园玩教具设计与制作》《幼儿行为观察与评价》《幼儿园课程》《学前儿童文学》《学前教育政策法规与师德修养》等。

本套教材紧密结合《教师教育课程标准（试行）》《3~6 岁儿童学习与发展指南》《学前教育专业师范生教师职业能力标准（试行）》等最新国家政策文件精神，立足于应用型院校学前教育专业高素质人才的培养，涵盖学前教育专业的核心课程、基础课程、学科课程和拓展课程。本套教材除了满足内容充实、完整，结构清晰、合理，语言得体、流畅等基本要求外，还力求克服国内已有教材的不足，努力打造自己的优势和特色。

第一，课程思政与育人为本相结合。本套教材的编写注重主流价值观引领，挖掘和拓展课程的育人价值，充分体现了不同课程的特色与优势，形成了特色鲜明、优势突出、交叉互补的教材内容体系，实现了课程思政与立德树人的结合。

第二，理论与实践相结合。本套教材强调深入落实《教师教育课程标准（试行）》“实践取向”的精神，以学生发展为根本，以学习产出为导向，注重实践性教学内容，关注解决教育实践问题。在板块设计上，除了正文的理论阐述，还辅以案例破冰、拓展阅读、人物介绍、经典研究介绍、思考与实训、专题探讨等实践板块，引导学生将理论运用于实践。

第三，基础性与时代性相结合。本套教材吸纳教育学、心理学、学科教学的最新研究成果，坚持呈现各学科领域的基本知识、基本原理，为学生搭建一个全面而扎实的知识体系；及时跟进社会及行业的最新发展动态，将最新、最权威、最具代表性的成果引入教材，实现了基础性与时代性的结合。

第四，学术性与应用性相结合。本套教材既注重学术性，也注重应用性，为支持“立体化”教学，教材编写团队立足于学前教育专业应用型人才培养的需求，注重资源的应用性和实用性，形成了以知识图谱、教学计划、多媒体课件、案例库、习题库、教学视频、教学动画、微课等构成的课程教学资源体系，打造了“纸质教材+数字化教材+在线课程”协同互补的新形态教材体系；形成了教材、文本和网络技术相互交叉、相互融合、相互支撑的立体化、网络化、互动化教学方式，能有效提升教学质量，以期成为学前教育专业学生喜读、乐读的学习素材。

本套教材的编写人员较多，教材的编写与出版是一项艰巨的工程，能顺利付梓得益于所有参编人员的辛勤工作，也得益于西南大学出版社编辑的积极协调与沟通。在此向所有参与此次编写与出版工作的作者及编辑人员表达我们的敬意。由于编者的学术视野及学术能力的限制，本套教材难免存在不足之处，我们将在使用中进一步总结反思，不断修订完善，欢迎广大学界同人和读者朋友不吝赐教，多提宝贵意见。

李姗泽　孙亚娟

2022年6月

前言

本教材是为满足新时代高校学前教育专业教师教学、学生学习需求，旨在让学生更好地掌握学前儿童社会性发展的规律和特点，熟知学前儿童社会教育的基本原理、基本原则、基本方法和基本途径，学会学前儿童社会教育活动的设计与实施，懂得学前儿童社会教育的评价方法，理解学前儿童社会行为，以便指导学前儿童社会教育实践而编写的。

一、内容体系

本教材的内容体系共分为六章：第一章学前儿童社会性发展概论，包括学前儿童社会性发展的基本理论、内涵、规律、特点、影响因素等；第二章学前儿童社会教育概述，包括学前儿童社会教育的内涵、原则、方法、存在的问题等；第三章学前儿童社会教育的目标与内容，包括目标与内容的内涵、确立的依据、结构体系和实施途径等；第四章学前儿童社会教育活动的设计与实施，包括围绕目标和内容进行学前儿童社会教育活动设计、组织实施的过程、原则和方法等；第五章学前儿童社会教育评价，包括学前儿童社会教育评价的含义与原则、目的与内容，以及学前儿童社会教育活动的评价；第六章学前儿童问题行为的干预与矫正，包括学前儿童问题行为的类型、成因与干预。

二、教材特色

本教材的特色体现为以下几点：

第一，体系完备，系统学习。分章阐述了学前儿童社会性发展规律和特点，学前儿童社会教育的含义、目标与内容体系，教育活动设计与实施、教育活动评价，以及学前儿童问题行为等。知识体系完整，前后章节衔接紧密，满足学前教育专业教育教学需要，帮助学生形成完备的学前儿童社会教育知识体系。

第二，内容丰富，拓宽学习。每章节均有“学习目标”“学习重难点”指引学习方向，有“案例破冰”导入学习，激发学习兴趣，还有“拓展阅读”“经典研究介绍”等拓宽学习，丰富学生认知。

第三，激发思索，深化学习。每章末均有“本章小结”“思考与实训”“专题探讨”，帮助学生总结知识，培养学生运用所学思考与分析问题的能力，引导学生深度学习。

第四，资源建设，配套学习。本教材配套课程资源建设，包括知识图谱、课程计划、多媒体课件、案例库、试题库、教学视频等，多方面满足教育教学需要。

三、课程思政

本教材以《高等学校课程思政建设指导纲要》为指导，以培养具有中华魂、中国心、世界眼的新时代中国公民为宗旨，除在教材相关章节中观照课程思政内容，也通过配套课程资源建设，在课程计划、案例库等的建设中给出融入课程思政的教育建议：例如在学前儿童社会性发展概论中体现文化自信，融入本土研究；在学前儿童社会性发展的文化与教育影响因素中体现中华文化对培养中国公民的作用；在学前儿童社会教育的论述中指出要通过学前儿童社会教育促进文化认同，为社会培养合格公民奠定基础；在学前儿童社会教育目标和内容体系中体现中华优秀传统文化、红色文化和新时代精神的目标和内容；在学前儿童社会教育活动的设计与实施中，体现中华优秀传统文化课程资源的融入；在学前儿童社会教育评价和社会教育活动评价中体现对中国公民品格养成教育活动、文化课程资源开放与运用等方面的评价；在学前儿童问题行为矫正上注重儒家文化的涵养作用、红色文化的激励作用和新时代文化的铸炼作用，以帮助学前儿童养成良好的社会性品质。

四、编写安排

本教材由吕进锋主编，负责全书的策划、构思、审阅与统稿。全书共分六章，编写分工如下：吕进锋（第一章），段雪玲（第二章），程雷（第三章），张林林（第四章），唐叶摇（第五章），宋文华（第六章）。吕进锋、程雷、宋文华、段雪玲、唐叶摇五位教师同时负责各自章节的课程资源建设，其中第四章的课程资源建设由吕进锋和程雷合作完成。感谢大理大学学前教育专业研究生杨艳梅在统稿、校对等方面的协助。

尽管全体编写人员用心编写，数易其稿，但疏漏在所难免，敬请专家学者及广大读者批评指正。

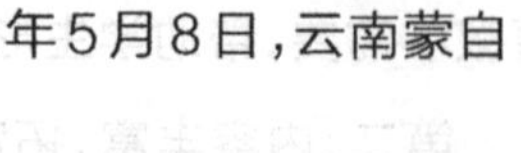

2022年5月8日，云南蒙自

目录

第一章 学前儿童社会性发展概论

学习目标

- 说出学前儿童社会性发展的含义；
- 阐述学前儿童社会性发展的理论；
- 描述学前儿童社会性发展的内容和特点；
- 举例分析学前儿童社会性发展的影响因素；
- 熟悉学前儿童社会性发展研究的热点问题。

学习重难点

- 重点：学前儿童社会性发展的含义、基本理论、内容、影响因素；
- 难点：学前儿童社会性发展的相关理论和相关热点问题。

案例破冰

小姗是个3.5岁的孩子，她入幼儿园已经半年了。她和所有的孩子一样，首次离开家庭、离开父母上幼儿园时，都经历过入园焦虑，哭是免不了的。让家长和老师头疼的是，小姗的入园焦虑似乎特别长，她每天上幼儿园都免不了梨花带雨地说“不想去幼儿园，想妈妈”。连老师都说哭了这么久的孩子真是头一回见呢。虽然每天进入幼儿园之后，小姗症状好多了，也能比较平静地在老师的带领下参加幼儿园的一日活动，每天下午爸爸妈妈来接的时候，小姗的心情看起来也挺好的。但是这种持续半年的“入园哭”，总让小姗的妈妈感到不安，不知道是为什么，也不知道怎样帮助孩子消除分离的伤感。

问题与思考:小姗的表现其实是入园焦虑问题的综合表现。入园焦虑的原因是多方面的,而且具有个性化的特点。入园焦虑的核心问题在分离和适应。分离导致不安全感,适应决定了孩子的不安全感会持续多久。这都要具体问题具体分析。本章的学习将使您对幼儿社会性发展及可能遇到的问题有更深刻的理解。

《3—6岁儿童学习与发展指南》指出:“幼儿社会领域的学习与发展过程是其社会性不断完善并奠定健全人格基础的过程。”“良好的社会性发展对幼儿身心健康和其他各方面的发展都具有重要影响。”①儿童是通过社会领域学习获得社会性,并最终实现社会化的。“社会性领域的学习与发展,其实质在于促进儿童社会化,并在社会化的过程中逐渐形成良好的社会性和个性。”②广义的社会化是儿童从自然人向社会人的转化过程,狭义的社会化是儿童融入所在的社会文化之中的过程。儿童在社会化的过程中既有时代与文化的烙印,也有自身个性特征。这一过程为儿童未来参与社会生活奠定了除身体健康之外最坚实的基础。可见,学前儿童社会性发展对儿童有全面发展的意义。本章将从学前儿童社会性发展的理论、内容、特征、影响因素和研究现状等方面为读者呈现一个学前儿童社会性发展的大致轮廓。

---

① 中华人民共和国教育部.3—6岁儿童学习与发展指南[Z].北京:首都师范大学出版社,2012:28.

② 李季湄,冯晓霞.《3—6岁儿童学习与发展指南》解读[M].北京:人民教育出版社,2013:89.

第一节　学前儿童社会性发展的理论

一、社会性

（一）社会性的含义

社会性是什么？是反映在个体或群体身上的社会特征。从心理学的角度看，社会性是个体在掌握社会规范，形成社会技能和学习社会角色过程中形成的心理特征。①对个体而言，社会性是个体的社会适应体现；对群体而言，社会性是族群社会特征的体现。社会性是相对于生物性的概念而言的。马斯洛等学者把人类的各种不同的需要分为生物性（生理性）需要和社会性需要。

生物性需要是指保存和维持生命有机体自身存在和延续种族的需要，例如吃喝拉撒睡、性与繁衍等。社会性需要是和人与人之间的社会关联有关的需要，主要表现为人际交往的需要和社会适应的需要。生物性需要依托于先天的本能，社会性需要依托于后天的习得。社会性需要本质上是心理的需要。社会性需要的内在表现为道德感、接纳感、情感、态度、价值观、成就感等深层心理需要，外在表现为劳动需要、交往需要、审美需要、认知需要、创造需要等具体的行为模式。

论到社会性，自然让人想到社会化。社会性与社会化是一对相关联但又有区别的概念。社会性是个体社会化的内容和结果，社会化是指个体从自然人向社会人转化的过程。前者是社会文化烙印在个体或群体身上的结果反映，后者是社会文化烙印在个体或群体身上的过程体现。社会化的过程就是社会性彰显的过程。完全的社会化体现为充分的社会性。社会化和社会性都是社会生活中人际交往的产物。没有人际交往便没有社会化过程，也没有社会性体现。众所周知的“狼孩儿”、“猪孩儿”都是个体缺乏社会化过程，进而缺失社会性的明证。因此，在某种意义上可以说，人际交往是个体社会性的根本特征，也是个体社会化的根本途径。

---

① 周梅林.学前儿童社会教育活动指导[M].上海:复旦大学出版社,2009:2.

拓展阅读

狼孩儿的故事[①]

1920年在印度加尔各答附近一个山村里,人们发现狼群里有两个人类孩子。

人们打死了狼后,在狼穴里发现了两个狼孩。大的八岁取名叫卡玛拉,小的两岁取名叫阿玛拉。

狼孩儿刚被发现时,生活习性与狼一样:用四肢行走;白天睡觉,晚上出来活动,怕火、光和水;只知道饿了找吃的,吃饱了就睡;不吃素食而要吃肉(不用手拿,放在地上用牙齿撕开吃);不会讲话,每到午夜像狼似的引颈长嚎。

阿玛拉在第二年去世,卡玛拉活到十六岁,经过七年的教育,才掌握四五个词,勉强学会几句话,开始朝人的生活习性迈进。她死时估计已有十六岁,但其智力只相当于三四岁的孩子。

社会性交往的缺失,让两个孩子失去了社会化的过程,也错过了一切社会性学习的机会。因此,他们最终也没有成为一个社会人。

经典研究介绍

马斯洛的需要层次理论[②]

马斯洛的需要层次结构是心理学中的激励理论,包括人类需要的五级模型,通常被描绘成金字塔的等级结构。从层次结构的底部向上,需要分别为:生理(食物和衣服),安全(工作保障),归属和爱(社交需要),尊重和自我实现。生理需要和安全需要是生物性需要,归属和爱的需要、尊重的需要和自我实现的需要都是社会性需要。

①五种需要是最基本的,与生俱来的,构成不同的等级或水平,并成为激励和指引个体行为的力量。

②低级需要和高级需要的关系:马斯洛认为需要层次越低,力量越大,潜力越大。随着需要层次的上升,需要的力量相应减弱。高级需要出现之前,必须先满足低级需要。在从动物到人的进化中,高级需要出现得比较晚,婴儿有生理需要和安全需要,但自我实现需要在成人后出现;所有生物都需要食物和水分,但是只有人类才有自我实现的需要。

---

① 来源于https://www.jianshu.com/p/23105d001b6a,20210801,有改动。

② 来源于https://baike.baidu.com/item/马斯洛需要层次理论/11036498? fr=aladdin,20210801,有改动。

③ 低级需要直接关系个体的生存，也叫缺失需要(deficit or deficiency need)，当这种需要得不到满足时直接危及生命；高级需要不是维持个体生存所绝对必须的，但是满足这种需要使人健康、长寿、精力旺盛，所以叫作生长需要(growth need)。高级需要比低级需要复杂，满足高级需要必须具备良好的外部条件：社会条件、经济条件、政治条件等。

④马斯洛看到低级需要和高级需要的区别，他后来澄清说，满足需要不是"全有"或"全无"的现象，他承认，他先前的陈述可能给人一种"错误"的印象，即在下一个需要出现之前，必须百分之百地满足当前需要。其实，在人的高级需要产生以前，低级需要只要部分满足就可以了。例如：为实现理想，不惜牺牲生命，不考虑生理需要和安全需要。

⑤个体对需要的追求有所不同，有的对自尊的需要超过对爱和归属的需要。

图1-1　马斯洛需要层次结构

(二)社会性的内容

关于社会性的内容，东西方以及不同学科视角下的理解不尽相同，但都提出了许多具有借鉴和指导意义的观点。

1.心理学的"社会性"观点

较有代表性的观点来自心理学角度的研究。心理学偏重从个体心理结构的角度呈现社会性的内容，认为个体社会性发展的心理结构就是个体社会性的构成成分，包括自我意识、社会认知、社会情感、社会行为技能、社会适应能力和道德品质六个方面。①

自我意识是个体对自我以及自我与周围关系的一种认识和态度。自我意识是个体社会化的结果，是个体社会实践和人际交往的产物，包括自我认知(self-

① 彭海蕾.学前儿童社会教育与活动指导[M].北京：教育科学出版社，2012：4.

knowledge)、自我体验(self-experience)和自我调控(self-regulation)。

社会认知是个体对自我与社会中的人、社会环境、社会规范等方面的认知。它包括三种层次的认知:第一,对个体的认知,包括对自己和他人的认知;第二,对人与人之间关系的认知,如对权威、友谊、冲突等的认知;第三,对群体内部或群体之间的各种社会关系的认知等。

社会情感是指个体在社会生活、社会交往中的情感体验,是一种高级的社会心理体验,包括愉悦、依恋、情绪、同情等心理体验。例如安斯沃斯等人的研究发现,婴儿的依恋分为安全性依恋、回避性依恋、反抗性依恋和混乱性依恋等不同的类型。

社会行为技能是指个体在与人交往、参加社会活动时表现的行为技能。儿童的社会交往技能总是在一定的交往情境中获得并且表现出来。所以对儿童而言,社会情境中的参与和体验学习,是儿童获得社会行为技能的重要途径。

社会适应能力是指个体能够学会接受新环境,适应矛盾冲突情境的能力。在行为上表现为亲社会行为和攻击性行为(反社会行为)。儿童社会适应能力通常表现为对周遭环境,尤其是社会环境的适应,而其中最核心的是对人际关系的适应。儿童对所处环境中人际关系的适应特别地表现为同伴之间的交往关系,也就是同伴融入关系。庞丽娟的研究将同伴关系分为受欢迎型、被拒绝型、被忽视型和一般型四种。这四种同伴关系既反映了儿童的社会适应状态,也反映了儿童社会适应能力,还反映了不同个体的性格、气质与能力对儿童社会适应能力有深刻的影响。

道德品质是指社会道德现象在个体身上的反映,即个体内化了道德规范。道德品质是一种稳定的、一贯的心理特征和倾向,表现为被接纳、被赞许的社会行为,由道德认知、道德情感、道德意志和道德行为等构成。道德认知指对道德现象、道德关系、道德原则和规范的认知;道德情感指个体依据一定的道德标准,对自己或他人的道德行为产生的心理体验;道德意志指个体在履行道德义务中表现出来的毅力与坚持;道德行为是个体道德认知、道德情感与道德意志的具体、外显的行为表现,客观上包括"道德行为"与"不道德行为"。

2.其他学科的"社会性"观点

如果说心理学重视个体在社会性发展中的心理规律演化,那么教育学则重视教育对儿童社会性发展的影响,试图从教育的角度寻求促进儿童社会性发展的有效方式、方法。而相较于心理学倾向于关注个体社会性发展,社会学工作者对人类群体生活中的“社会性”更感兴趣,他们关注的是群体中的社会文化是如何影响儿童社会性发展的,儿童在此过程中是如何实现社会化的。

西方有些学者把社会性分为社会知觉和社会行为方式。前者指向个体对他们的思想、观念、想法、动机、态度和目的等的觉知和理解,后者指向个体如何在群体生活中学会并掌握具体的行为规范、文化习俗等,从而适应群体生活。我国学者认为,社会性包括六方面内容[①]:(1)运用语言的交际能力;(2)友好相处的能力;(3)自律的能力;(4)表现与理解的能力;(5)环境适应能力;(6)良好的生活、卫生、学习习惯等。

二、学前儿童社会性发展的主要理论

(一)精神分析理论

精神分析学派是西方现代心理学的主要流派之一,其创始人弗洛伊德是奥地利著名的精神病学家和心理学家。所以,该学派也称弗洛伊德主义。精神分析理论中最具代表性的即弗洛伊德的心理发展观和埃里克森的心理社会性理论。

1. 弗洛伊德的心理发展观

弗洛伊德所提出的精神分析理论主要包括人格结构说、性本能理论、释梦理论和心理防御机制理论等,他提出了无意识的力量对个体的人格和行为发展的重要性。在此,主要介绍弗洛伊德的人格结构说和性本能理论。

(1)人格结构说

早期弗洛伊德将心理结构分为意识、潜意识以及处于两者之间的前意识。其中潜意识也指无意识,指一些潜伏的、无法被察觉的思想或观念,不能被唤入意识层面的心理内容和心理活动;而前意识则是介于意识和无意识之间,其中包含的内容是随时可进入意识的观念。后期弗洛伊德的理论认为,每个人的人格结构由本我、自我和超我三部分组成。

本我(id)是人一出生就已经存在的,是从未经过加工的、无意识的部分。本我追

① 周梅林.学前儿童社会教育活动指导[M].上海:复旦大学出版社,2009:2.

求的是快乐原则，只寻求满足最基本的生物要求，如性欲的满足、饥饿的消除等。对于婴儿来说，本我的能量经常指向于周围的对象，尤其是母亲。

自我(ego)遵循的是现实原则，自我的心理能量来源于本我，处于本我和现实世界之间。其作用是随着儿童年龄的增长，根据现实原则找到满足本我需求的最佳方式，最终获得快乐。如幼儿刚出生时，只会用"呀呀"声或哭闹来表达自己的需求，而幼儿获得自我之后，当他想喝水或上厕所时，会直接和周围的对象说"水"或"尿尿"，而不是用哭闹来引起周围人的注意，从而获得满足。

超我(superego)是从自我中分离并发展而来的，是由社会的道德标准和价值观念内化而来的，用来判断对和错。超我由良心和自我理想两部分构成。超我遵循的是至善原则(良心)，并且超我与本我有着相对立的一面。个体在5—6岁时通过对父母和身边榜样人物的学习而逐步形成超我。

本我、自我和超我三者之间是相互联系、相互制约的关系。自我来自本我；自我作为现实世界、超我以及本我之间的中介，又要依据现实世界和超我的要求对本我加以控制和要求；而超我从自我中分化而来，又反过来监督、评判自我的活动，为自我提供行为规范。

(2)性本能

弗洛伊德认为儿童的心理发展指的是"性"的发展，这种发展即力比多的发展，或称心理性欲的发展。力比多是一种力量，本能就是借这个力量以达到其目的，其发展过程与人格的发展过程是一致的，并经历一系列的发展阶段。在每个时期中，儿童身体的某些部位受到力比多的刺激而获得"性"的快感或满足，如果在某个时期幼儿没有得到这种满足或过度得到满足，则会停留在原先的阶段，不再发展，这种现象称为"停滞现象"。弗洛伊德将儿童这种以身体不同部位获得性冲动的满足为标准，将人格发展划分为五个阶段：口唇期、肛门期、性器期、潜伏期和生殖期。

口唇期(0—1岁)

口唇期的婴幼儿主要感兴趣于从吮吸、喂食活动、做口型和啃咬中获得快感和满足。这种寻求口唇快感的自然倾向就是性欲的雏形。这个时期应该重点关注婴幼儿的喂养活动，特别是母亲乳房的喂养，能让幼儿的口唇快感得到充分的满足。如果口唇期的婴幼儿没有得到满足或过度满足，可能会形成口腔型人格，后期可能会表现出依赖、退缩、被动和易怒等人格特征。

肛门期(1—3岁)

肛门期的婴幼儿对排便特别感兴趣，这个时期婴幼儿主要通过排泄过程和排便后肛门的感觉获得快感和满足，并且会对涉及练习上厕所的社会控制做出迁就让步。因此，这个时期要重点培养婴幼儿的卫生习惯，进行排便训练，使之符合社会要求。

性器期(3—6岁)

处于性器期的幼儿开始对生殖器感兴趣，这个时期的幼儿通过性器官的刺激来获得快感。这个时期幼儿会出现两个显著的行为现象：恋亲情结(包括恋父情结和恋母情结)和认同作用，幼儿会对恋亲情结的冲突做出妥协，产生对同性别家长的认同。

潜伏期(5—12岁)

潜伏期的幼儿对性的关注会逐渐减弱，他们性欲的发展呈现出一种停滞或退化的现象。他们的兴趣逐渐从个体转向外部世界，将精力集中到一些能为社会所允许的活动中去，如学习活动和同伴交往等。

生殖期(12—20岁)

随着生理发育的成熟，进入这个时期的儿童、青少年对性的兴趣重新出现，并建立成熟的性关系。这个时期儿童和青少年的兴趣逐渐从对自己身体刺激的满足转变为异性关系的建立与满足，所以也称两性期。这个时期应对儿童、青少年进行合理的性教育。

2.埃里克森的心理社会性理论

埃里克森基于弗洛伊德的心理发展理论，提出在人的心理发展过程中，自我与社会环境是相互作用的。人在发展过程中逐渐形成的人格，是生物、心理和社会三个方面因素组成的统一体。弗洛伊德认为，人格的发展是一个相互联系的过程，其发展变化贯穿我们的生命。埃里克森指出，人格在发展的过程中，经历了不同的阶段，在每个阶段都面临不同的冲突与矛盾，只有解决这些冲突和矛盾，才能顺利进入下一阶段的发展。埃里克森将人的人格发展从出生到死亡划分为八个阶段。

(1)第一阶段：信任感对不信任感(出生—1岁)

这个阶段婴儿的发展任务是获得对外界的信任感并克服不信任感。婴儿如果顺利获得信任感,则会从周围环境和身边的人身上感到信任;如果没有克服不信任感,则会对周围的环境和身边的人感到害怕和担忧。

此阶段的婴儿必须学会信任别人,这是之后人格发展的基础,是非常重要的一个时期。这个阶段婴儿主要从生理需求的满足来感受养护人和外界的爱,这就要求照顾者(通常是父母)必须尽量满足婴儿的生理需求,让婴儿获得对外界的信任感。如果父母在对婴儿的哺育过程中常用不耐烦或拒绝的态度来照顾婴儿,就会使婴儿觉得周围世界都是危险的,从而引起婴儿对周围世界和养护人的不信任感。

(2)第二阶段:自主感对羞怯和疑虑(1—3岁)

这个阶段儿童的发展任务是获得自主感,克服羞怯和疑虑。随着生理的成熟和经验的增加,幼儿学会了走、跑、跳等多种能力,他们渴望独立,愿意从自己力所能及的事情中去探索世界,满足自己的需求。在这个时期,如果儿童的探索行为得到鼓励,使其需求获得满足,儿童就会顺利获得自主感。反之,如果父母在这个时期代劳儿童的每一件事,嫌儿童太慢或者麻烦,不让他们自己动手,就会让儿童对自己的能力产生怀疑和羞愧感,还会使今后的人格发展缺乏独立性。如吃饭时,有些父母认为儿童吃得慢、吃得到处都是,就从不让儿童尝试着自己吃饭,而是每次给儿童喂饭。

(3)第三阶段:主动感对内疚感(3—7岁)

这个阶段儿童的发展任务是获得主动感,克服内疚感。随着儿童的知觉、肌肉活动和语言表达能力的不断提高,儿童的独立性开始形成,能够进行各种活动。儿童想要向外扩展,不再局限于模仿周围的人,开始尝试有目的地去影响和改变环境。但他的行为又使自己感觉到与父母和周围的人常常发生冲突,这些冲突会使其产生一种内疚感。在这个时期内,如果父母能够正确引导儿童的行动,帮助他们探索世界,不厌其烦地解答他们的疑惑,那么儿童将逐步探索出发起行动的方式,获得主动感;若父母总是禁止他们的各种探索行为,不能正确引导儿童出现的诸如侵犯别人权利、隐私等行为,将会使儿童对自己的行动和思想感到内疚,从而缺乏自信、过于限制自己的活动。

(4)第四阶段:勤奋感对自卑感(7—12岁)

这个阶段儿童的发展任务是获得勤奋感,克服自卑感。这时的儿童刚好进入小学学习阶段,开始逐步从家庭生活进入到社会生活,获得掌握各种工具的能力,如用铅笔书写等。此时的儿童获得勤奋感的途径主要为适应学校生活、学业上的成功、得到教师和同伴的认可,发展出能力胜任意识。如果儿童在学校生活中经常遭受教师的批评或同伴交往的失败,往往可能会导致儿童自卑感的产生。所以,这个阶段教师的引导作用是非常重要的,教师要帮助儿童正确面对学习上的失败,让他们勇于挑战并帮助儿童喜欢上学校生活。

(5)第五阶段:同一性对角色混乱(12—18岁)

这个阶段青少年的发展任务是建立自我同一性,防止其产生角色混乱。这个阶段是儿童过渡到青春期的一个交叉点,青少年需要整合之前各个阶段所获得的信任感、自主感、主动感和勤奋感来获得自我同一性。即能够明确自己处于什么样的社会角色,应该成为什么样的人,把自己各个方面的自我进行整合最终形成最独特的自我。如果前四个阶段的冲突没有得到很好的解决,将会影响青少年自我同一性的形成,甚至出现角色混乱,不能正确认识生命中适当的角色。

(6)第六阶段:亲密感对孤独感(18—30岁)

这个阶段处于成人早期,其发展任务是获得亲密感,避免孤独感。这个阶段成人开始步入真正的社会生活,这时需要基于上一阶段自我同一性的形成进一步获得共享的同一性,并通过寻找与同事、爱人和朋友之间良好的社会关系,从中感到安全和满足,获得亲密感。反之,将感受到孤独。

(7)第七阶段:繁殖感对停滞感(30—65岁)

这个阶段的成人基本都已经成家立业,其繁殖感的获得来源于对下一代的指导、关心以及对自己工作所产生的责任心。如果缺乏这种能力或不愿承担责任的人,将对自己的行动产生碌碌无为感,从而导致人格发展的停滞或以自我为中心。

(8)第八阶段:自我完善对失望(65岁以后)

此时已经进入老年期,开始回顾一生当中所经历的美好的、有意义的事,错过的机会等,会对自己的一生做出总结和评价。总体来说,只有感觉自己度过的时光是有意义的、没有遗憾的人才会有满足感,否则就会对自己生命中失去的机会感到悔恨,对人生感到失望。

(二)认知发展理论

瑞士心理学家皮亚杰创立了发生认知论,并提出了儿童认知发展阶段理论。皮亚杰认为,儿童心理或行为是儿童的心理或行为图式在环境影响下不断通过同化、顺应而达到平衡的过程,从而使儿童的心理不断从低级向高级发展。图式是指儿童已有的认知结构,即儿童脑中原本就存在的;同化是指把客体纳入主体的图式中,即将外界信息纳入儿童原有的认知结构中;顺应是指内部图式的改变以适应现实;平衡是指同化和顺应两者之间的平衡,儿童要通过顺应来调整原有图式,建立新的图式,其认知结构才能达到平衡。皮亚杰提出影响儿童心理发展的因素有成熟、物理环境、社会环境和平衡过程。他认为平衡是心理发展的基础,是必要条件。

1.儿童认知发展阶段理论

皮亚杰认为儿童的认知发展主要经历了四个阶段:感知运动阶段(0—2岁),儿童主要用感知、动作去认识世界;前运算阶段(2—7岁),儿童开始具有表象思维和直观形象思维,但思维具有自我中心性、不可逆性和泛灵论的特点;具体运算阶段(7—11岁),儿童开始借助具体事物或表象进行运算,思维开始出现守恒概念和可逆性;形式运算阶段(11岁以后),儿童的思维已经接近成人水平,能够脱离具体事物进行抽象逻辑推理。

2.皮亚杰道德发展理论

促进幼儿社会性发展的教育最终目标,便是让其将社会道德准则内化为自身的品德。儿童社会化的核心内容就是使儿童成为一个有道德的人,能遵守社会规定的道德规范和行为准则的人。皮亚杰认为,儿童的道德发展是一个由他律向自律、由客观责任感向主观责任感转化的过程。根据儿童对规则的理解和使用,对过失和说谎的认识以及对公正的认识的考察和研究,把儿童道德认知发展划分为四个有序的阶段。

(1)第一阶段:前道德阶段(出生—2岁)

皮亚杰认为这一年龄阶段的儿童正处于前运算思维阶段,幼儿常常以自我为中心考虑问题,没有恰当的道德观念。他们的行动易冲动,感情泛化,行为直接受行动的结果所支配,道德认知不守恒。例如,同样的行动规则,若是由父母提出就愿意遵守,若是由同伴所提就不愿意遵守。他们并不理解规则的真正含义,还分不清公正、义务和服从。他们的行为既不是道德的,也不是非道德的。

(2)第二阶段:他律道德阶段(2—8岁)

儿童的主要表现是以服从成人为主要特征的他律道德,又称为服从的阶段。又可分两个阶段:

自我中心阶段(2—5岁):这一阶段儿童处于前运算思维阶段。其特点是单向、不可逆的自我中心主义,片面强调个人存在及个人的意见和要求。

权威阶段(5—8岁):思维正由前运算思维向具体运算思维过渡,以表象思维为主,但仍不具备可逆性和守恒性。因此,这一时期儿童的道德判断是以绝对的规则以及对权威的绝对服从为特征。他们了解规则对行为的作用,但不了解规则的意义,常常以表面的、实际的结果来判断行为的好坏;认为服从成人就是最好的道德观念,服从成人的意志就是公正,如果违背成人的法则,不管动机是什么都应该受到惩罚,而且惩罚越厉害表示越公平。

(3)第三阶段:自律或合作道德阶段(8—12岁)

儿童思维已达到具有可逆性的具体运算阶段,有了自律的萌芽,公正感不再是以"服从"为特征,而是以"平等"的观念为主要特征,逐渐代替了前一阶段服从成人权威的支配地位。他们意识到准则是一种保证共同利益、契约性的、自愿接受的行为准则,并表现出合作互惠的精神;开始以动机作为道德判断的依据,认为公平的行为都是好的。

(4)第四阶段:公正道德阶段(11岁以后)

这个阶段儿童的思维广度、深度及灵活性都有了质的飞跃,此时才真正到了自律阶段。这一阶段的儿童开始出现了利他主义。他们基于公正感做出的判断已经不再是平等基础上的法定关系,而是人与人之间的道德关系;将规则同整个社会和人类利益联系起来,形成具有人类关心和同情心的深层品质。

儿童道德认知的发展遵循着从他律到自律的路线发展,不可能越过他律阶段直接进入到自律阶段。

3. 科尔伯格三水平六阶段道德发展理论

科尔伯格在皮亚杰道德认知发展理论的基础上,从发展心理学的角度出发研究道德发展,进一步修改和扩充,发展为更详细的道德认知发展理论。其道德认知理论的思想渊源主要依据两个观点：道德发展的核心是认知；促进道德发展的因素是社会交往。科尔伯格用“道德两难故事”来研究道德认知发展，借助道德两难的问题情境，希望了解儿童做出行为是非道德判断后如何说明其判断的理由。并以此为依据提出了三水平六阶段理论。

前习俗水平(0—9岁)。这一水平的儿童的道德判断着眼于人物行为的具体结果和自身的利害关系。包括以下两个阶段：

阶段一：惩罚与服从定向阶段。在这个阶段，儿童遵守规则的目的是逃避惩罚，盲目服从于比较有权威性的人，对道德的判断通常来源于对其行为所产生的后果。

阶段二：朴素的快乐主义与工具定向阶段。这个阶段的儿童只遵守符合自己利益的规则，服从于获得奖赏。因此，该阶段也叫“相对功利取向”阶段或“朴素的利己主义”阶段。

习俗水平(9—15岁)。这一水平的儿童能了解、认识社会行为规范，意识到人的行为要符合社会的希望和规范的要求，并遵守、执行这些规范。包括以下两个阶段：

阶段三：“好孩子”定向阶段。这个阶段的儿童认为能够获得他人赞赏的行为就是好的，依据个人违反规则的意向来判断其行为的好坏。

阶段四：维护权威和社会秩序的道德定向阶段。这个阶段的儿童盲目服从于社会规则和权威，认为社会定义为好的行为就是好的。儿童遵从社会秩序的同时要求身边的人也遵守。

后习俗水平(15岁以后)。这一水平的儿童道德认知已经不局限于社会规范，开始有自己超出世俗的法律与权威的道德标准，以普遍的道德原则和良心为行为好坏的基本依据。包括以下两个阶段：

阶段五：社会契约的定向阶段。这个阶段出现的道德是为了维护社会秩序，认识到法律、社会道德准则仅仅是一种社会契约，是大家商定的，是可以改变的。他们一般不违反法律和道德准则，但不用单一的规则去评价人的行为，表现出一定的灵活性。

阶段六：普遍的道德原则定向阶段。此阶段的个体是非判断不受外在的法律和规则的限制，而是以不成文的、带有普遍意义的道德原则，如正义、公正、平等、个人的尊严、良知、自由等为依据。

科尔伯格的理论认为，人的道德认知发展以固定的顺序经历以上的各水平各阶段，但其发展速度存在个体差异，而且并非所有人都能进入到最高阶段。科尔伯格发现，到达后习俗水平的人相当少。

（三）社会学习理论

社会学习理论是由美国行为主义心理学家班杜拉提出的，他认为儿童是通过观察他人的行为进行学习的。儿童重视模仿周围的人，如父母、老师和同伴等的行为。观察学习即儿童通过观察他人（榜样）的行为而习得新行为的过程。班杜拉认为观察学习由注意、保持、动作再现和动机四个过程组成。

注意过程，是指学习者在环境中选择观察对象（榜样）的过程。在大量的榜样中，学习者观察什么、模仿什么是由注意所决定的。在注意过程中，示范者行动本身的特征、观察者本人的认知特征以及观察者和示范者之间的关系等诸多因素影响着学习的效果。

保持过程，是指学习者在观察榜样的行为之后，想要模仿其行为，就必须在头脑中将榜样的行为记住并保持所见内容的符号形式。这种符号的形式包括视觉形象和言语编码，这两种形式将所获得的信息转化为表象来保持住观察到的行为。

动作再现过程，指观察者将所获得的信息，在视觉形象和言语编码的作用下，将榜样的行为再现出来。只有真正将头脑中的符号形式转化为动作之后，才是已模仿了榜样的行为。

动机过程，能够再现示范行为之后，观察学习者（模仿者）经常表现出示范行为要受到行为结果因素的影响。行为结果包括直接强化、替代强化和自我强化。班杜拉把这三种强化作用看成是学习者再现示范行为的动机力量。

直接强化是学习者体验到自己行为后果而受到的强化。

替代强化是学习者本身没有受到强化，而是通过观察榜样的行为受到强化。如一个小朋友看见其他小朋友破坏玩具而被惩罚，他就不会去破坏玩具等。

自我强化是个体自己制订的标准，以自己能够控制的奖赏来加强和维持自己行动的过程。

班杜拉强调观察学习在人的行为获得中的作用，在教育过程中重视榜样的作用，强调自我调节的作用，主张培养较高自信心的作用。

第二节 学前儿童社会性发展的内容

一、学前儿童社会性发展的含义

(一)学前儿童社会性发展的内涵

关于学前儿童社会性发展的内涵,观点诸多,对社会性内涵的不同理解就决定了对学前儿童社会性的不同理解:伯根(Bergan)认为,社会性是由其稳定的内部结构和通过遗传与环境因素相互作用形成的特征。赖斯(Rice)认为社会性发展内涵广泛,包括社会化过程、道德发展、与同伴和家庭成员的关系,以及婚姻、职业、就业、社会角色等。我国学者林崇德认为,社会性是由人的社会存在所获得的一切特征,符合社会规范的典型行为方式。我国学者张文新认为社会性发展指儿童在人际关系中的行为模式、情感、态度观念等特征,这些特征因年龄而变化。

一般认为,社会性发展强调从个体成长的角度强调个体社会化程度。但无论如何,儿童社会化过程和个体社会性发展都是个体成长和步入社会的同一过程,儿童社会性发展的过程就是儿童社会化的过程。包括儿童自我意识的发展、儿童社会认知的发展、儿童社会情感的发展、儿童社会行为技能的发展、儿童社会适应能力的发展和儿童道德品质的发展六方面。

综上所述,从发展心理学和幼儿教育学出发,学前儿童社会性发展是指学前儿童在其生物性基础上,通过与社会生活环境的相互作用,进而增进社会认知,形成社会体验,掌握社会规范,形成社会技能,最终获得与社会相适应的稳定的社会性情感、态度、价值观和行为等心理特征。

(二)学前儿童社会性发展的意义

观察与研究发现,哪怕智力水平相当的人,也在社会生活中表现出千差万别的社会性行为差异。例如有人善于处理与他人的关系,关系和谐,为人谦和,礼貌待人,讨人喜欢,能迅速融入和适应群体生活;有人却傲慢无礼,孤僻易怒且具有攻击性,遭人排斥，很难融入和适应群体生活；有人能快速地适应陌生的环境，特别是社会文化环境、人际环境，有人却需要长时间的磨合才能在人际适应上有起色，甚至有些人一辈子都无法很好地融合人际环境。这一切都有关社会性发展。如果学前儿童在社会适应方面存在障碍，很大程度上即可认为其社会性发展尚不成熟。如果这种不适应与年龄极不匹配，那基本可以判断为社会性发展存在障碍，表现为有社交恐惧、孤僻、焦虑等行为，应当及早干预。社会性发展对儿童具有重要的意义，既是一种需要，也会影响学前儿童身心发展。

1. 社会性发展是学前儿童社会性情感及社会交往的需要

儿童自出生的那一天起就生活在社会之中，儿童一出生即是社会性发展的起始。美国心理学家马斯洛把人的需要分为生物性需要和社会性需要。生物性需要和社会性需要密切相关。即使是基本的安全需要也表明儿童间接地需要情感支持及社会交往，襁褓中的婴儿因为感到温暖、安全，进而产生与成人主要是母亲的亲近需要。随着儿童的发展，儿童的社会性情感及社会交往的需要也越来越强烈。澳大利亚心理学家史蒂夫·比道夫说："社会性水平的高低更能决定孩子未来生活中获取幸福和成功的能力，其中也包括家庭关系的成功与幸福。无论成人或儿童，不可能总是快乐无忧，但我们都希望能够帮助孩子学会控制自己的情绪，使之向快乐的方向转化。"因此，如果想让儿童获得爱的情感、与人相处愉快，良好的社会性是必不可少的。一些心理学研究表明，儿童的未来成功因素20%取决于智商，80%取决于情商。情商即儿童社会性。卡耐基说，促使一个人成功的因素中专业知识的作用仅占15%，与他人交际的能力占85%。由此可见社会性发展水平对人际交往和适应社会生活的重要意义。

2. 社会性发展影响学前儿童身心发展

良好的社会性对学前儿童身体健康和心智健康具有重要的意义。

首先，良好的社会性促进学前儿童身体健康。因为人生活在社会环境当中，他时时刻刻在接收着来源于周围人、事或自身内部的种种信息，这些信息经过大脑的整理和分析，会对我们的情绪、情感产生影响。医学研究表明：具有良好社会适应能力的孩子，心态更乐观、心气更平和，免疫能力更强，更不易患传染病。

其次，良好的社会性促进学前儿童心智发展。社会性发展良好的孩子，学习能力和适应能力都比较强。学习能力体现为有更强的接纳新事物的能力，学习更加主动、积极，对事物表现出浓厚的兴趣，主动探索，主动发问。因为这些良好的品质也能让孩子获得更多的学习机会，在学习上体现出明显的优越性。学习上的优越性进一步促进孩子在老师和同伴中的被接纳程度。适应能力体现为有更积极的心态、良好的情绪、自信心强、坚持性和毅力更好，能够主动融入同伴群体，具备良好的师幼互动能力和同伴互动能力，即使遇到困难也能乐观面对，积极想办法解决问题，而不是气馁、发脾气、放弃。

3.社会性发展是学前儿童社会性认知的需要

儿童出生以后就对社会性表现出需要，如安全感的需要。半岁以后就表现出对社会事物或现象的兴趣，例如对称呼、对社会事物的名称等的兴趣。一两岁后，对这种兴趣更加浓烈，特别是对与照护人的情感、沟通，对同伴的需要等都反映了儿童社会性发展的需要。而社会性发展首先是建立在社会性体验的基础之上，社会性体验离不开社会认知。儿童的社会性认知是儿童主体观念形成的过程，不是简单地接受成人的观念，或记住现行社会的规则、规范，而是在了解它们的基础上做出自己的判断、抉择，形成自己的认识。正确的社会认知和充分的社会体验是学前儿童学会适应社会的前提和基础。研究表明，学前儿童越早建立正确的社会性认知，对孩子社会性的发展和未来学习、生活均具有更积极的意义。他们比那些社会认知落后的孩子有更强的社会适应能力，在控制自我、倾听他人和与人沟通合作等各方面均有更加良好的表现。

二、学前儿童社会性发展的内容

学前儿童社会性发展包括自我意识的发展、社会认知的发展、社会情感的发展、社会行为技能的发展、社会适应能力的发展和道德品质的发展六方面。

（一）学前儿童自我意识的发展

自我意识指主体对其自身的意识，包括两个方面：一是主体对自己和自己心理的觉知，如自己的内部心理状态、外貌特征和言行表现等的觉知。二是主体对自己与周围环境关系的认识，如对外界的人、事、物的相互关系，及自己区别于这些外界环境的独立性觉知。自我意识是儿童社会性的一个重要组成部分。

自我意识分为自我认识、自我评价、自尊心、自信心、主动性、独立性、自制力、坚持性和自我价值感等多方面。我国学者一般从知、情、意的划分视角,将自我意识划分为自我认知、自我体验和自我调控三种。

1.学前儿童自我认知的发展

(1)学前儿童自我认知发展的研究

学前儿童自我认知属于自我意识知、情、意中"知"的方面,即认知的方面。皮亚杰把学前儿童认知的发展分为感知运动阶段、前运算阶段、具体运算阶段、形式运算阶段。

感知运动阶段(0—2岁)

这个阶段的儿童的认知活动,主要通过探索感知觉与运动之间的关系获得动作经验,儿童的语言和表象尚未产生。这个时候,儿童形成了一些低级的行为图式来适应外部环境,并进一步探索外部环境。儿童通过看、抓和嘴的吸吮来了解外部环境。这个阶段的后期,儿童开始使用符号和语言。

前运算阶段(2—7岁)

儿童在感知运动阶段后期,能够运用一些动作图式,但是这些图式需要与具体运动动作相联系。儿童具备了符号言语功能,词汇得到发展。这个阶段的儿童,思维具有不可逆性,尚未获得守恒概念。

具体运算阶段(7—11岁)

这个阶段的儿童的认知结构已经发生了重组和改善,思维具有一定的弹性,思维可以逆转。随着对守恒、分类、顺序排列、运算能力的掌握,处于具体运算阶段的学生已经发展出思维的完整性、逻辑性的体系。

形式运算阶段(11岁—成年)

这个阶段的儿童的思维是以命题形式进行的,并且能够发展命题之间的关系,能够依据逻辑推理、归纳或者演绎的方式来解决问题;能够理解符号的意义、隐喻和直喻,能够做一定的概括,其思维发展水平逐渐成熟。

关于儿童自我意识的发展,皮亚杰做过一个著名的实验——"三山实验"。实验材料是一个包括三座高低、大小和颜色不同的假山模型。实验首先要求儿童从模型的四个角度观察这三座山,然后要求儿童面对模型而坐,并且放一个玩具娃娃在山的另一边，要求儿童从四张图片中指出哪一张是玩具娃娃看到的“山”。结果发现，幼童无法完成这个任务，他们只能从自己的角度来描述“三山”的形状。皮亚杰以此来证明儿童的“自我中心”的特点。

我国学者周宗奎对学前儿童自我认知的研究表明：

第一，0—3个月的婴儿开始区分自己的身体和他人的身体。

第二，3—8个月的婴儿利用动作一致性线索来认出自己。

第三，8—12个月的幼儿利用动作的一致性和自身外部特征认出自己，认识到自己是永久存在的个体。

第四，12—24个月的幼儿开始巩固基本的自我特征。

我国学者刘金花通过“点红实验”研究学前儿童自我认知的发展过程：

戏物阶段（9—10个月）：把镜子当玩具。

与镜像伙伴游戏阶段（12—14个月）：把镜中的映像当作伙伴，对之做出微笑、寻找的举动。

相倚性探究阶段（18个月）：儿童注意到镜子内外物体的对应关系。

自我认识开始阶段（21个月）：借助镜子立即摸到自己鼻子上的红点，自我认知开始出现质的飞跃。

此外，还有其他一些研究者从性别意识的发展、儿童人际关系认知等方面研究儿童自我认知，例如观点采择、移情的发展等。

人物介绍

让·皮亚杰（Jean Piaget，1896—1980），瑞士儿童心理学家

让·皮亚杰，男，瑞士人，近代著名的儿童心理学家。他的认知发展理论成为这个学科的典范，一生留给后人60多本专著、500多篇论文。他曾到过许多国家讲学，获得几十个名誉博士、荣誉教授和荣誉科学院士的称号。皮亚杰对心理学最重要的贡献，是他把弗洛伊德的那种随意、缺乏系统性的临床

观察，变为更为科学化和系统化，使日后临床心理学有长足的发展。[①]

经典研究介绍

自我意识的产生——神奇的“点红实验”[②]

阿姆斯特丹(B.Amsterdam)的点红实验证明24个月的婴幼儿已经具有了自我意识，因而在婴幼儿小的时候，家长和老师就要注重引导，培养他们良好的自我意识，以形成健康的个性和优良的品质。

一、实验目的

研究婴儿的自我意识水平。

二、实验过程

阿姆斯特丹(1972)借用动物学家盖勒帕在黑猩猩研究中使用的点红测验(以测定黑猩猩是否知觉“自我”这个客体)，从而使有关婴儿自我觉知的研究取得了突破性进展。实验的被试是88名3—24个月大小的婴儿。实验开始，在婴儿毫无察觉的情况下，主试在婴儿鼻子上涂一个无刺激红点，然后观察婴儿照镜子时的反应。研究者假设，如果婴儿在镜子里能立即发现自己鼻子上的红点，并用手去摸它或试图抹掉，表明婴儿已能区分自己的形象和加在自己形象上的东西，这种行为可作为自我认识出现的标志。

三、实验结论

阿姆斯特丹对研究结果经过总结得出，婴儿对自我形象的认识要经历三个发展阶段。

第一个是游戏伙伴阶段：6—10个月。此阶段婴儿对镜中自我的映像很感兴趣，但认不出他自己。

第二个是退缩阶段：13—20个月。此时婴儿特别注意镜子里的映像与镜子外的东西的对应关系，对镜中映像的动作伴随自己的动作更是显得好奇，但似乎不愿与“他”交往。

第三个是自我意识出现阶段：20—24个月。这是婴儿在有无自我意识问题上的质的飞跃阶段，这时婴儿能明确意识到自己鼻子上的红点并立刻用手去摸。

(2)学前儿童自我认知发展的特征

学前儿童自我认知发展的特征可以从自我概念的发展特征和自我评价的发展特

① 来源于https://baike.baidu.com/item/让·皮亚杰/20210803，有改动。

② 来源于https://www.psychspace.com/psych/viewnews-14655.html，20210803，有改动。

征两方面分析。

学前儿童自我概念的发展特征。学前儿童自我概念的形成表现为能认识自己的性别、年龄，知道自己是谁，自己具有哪些身体特征，能干什么，有什么兴趣爱好等，特别是在游戏活动中能区分得更加明了。例如在“过家家”游戏中，女孩自主选择扮演妈妈，男孩自主选择扮演爸爸。“警察抓小偷”的游戏中，男孩多半选择正义、力量的化身——警察。学前儿童自我概念的发展呈现如下特征：

第一，从简单到分化，从外部的可观察的、具体的、可参照的自我特点向不可观察的、抽象的、参照系统模糊的自我特点转化。

第二，自我概念的发展呈现曲线起伏的变化过程。从小学到初中阶段有一个下降的过程。

第三，自我认知的结构从简单到复杂，随着年龄的增长，其结构日趋复杂。

第四，社会适应不断增强，区分内部自我和外部自我的能力增强，但存在性别差异。

学前儿童自我评价的发展特征。学前儿童自我评价从两三岁开始，但并不明显。真正的转折发生在三岁半到四岁，五岁以后大多数学前儿童已经能够进行自我评价（韩进之，等，1986）。学前儿童自我评价的发展呈现如下特征：

第一，从依存性评价到独立性评价。依存性评价即儿童的评价常常依赖成人对他们的评价，如成人关于“好孩子”的评价是孩子关于“好孩子”的评价依据。幼儿初期的评价往往是标签式的、非此即彼的评价，例如好与不好、聪明与愚笨等等。所以幼儿初期的评价往往是成人评价的简单重复而已。4岁左右幼儿有自己独立的评价，对事物开始有自己的思考和判断。6岁的儿童已经表现出多向性的评价，对一个人或事物的评价开始不再标签式，不再非此即彼式。例如对一个同伴的评价，既能说出他的优点，也能说出他的缺点，甚至能够换位思考，对自己或同伴的行为做出价值判断。

第二，从外部评价到内部评价。自我评价从幼儿早期集中于外部行为、外部结果，到幼儿晚期逐渐学会评价自己的内心互动和个性品质。

第三，从主观评价到客观评价。幼儿对人、事、物的评价往往带有强烈的主观色彩。喜欢的就好，不喜欢的就不好。而且评价不稳定，今天和某个小朋友一起玩，是最好的朋友,明天和另一个小朋友一同回家,就和另一个小朋友成为最好的朋友。评价缺乏客观性。从主观评价到客观评价的转换,对学前儿童而言需要经过较长时间的发展,而且要加上教育的引导和强化。

第四,从笼统评价到细致评价。体现在两个方面:一是从评价的片面性到评价的全面性,二是从评价的表面性到评价的深刻性。从比较笼统到比较细致的评价反映的是学前儿童自我评价从外部转向内部,从主观转向客观的过程。

基于学前儿童自我概念和自我评价的发展,学前儿童社会教育应当遵循其社会性发展的特点和规律进行教育和引导,超越或落后于学前儿童自身发展速度、节奏和规律的教育都是有害的。

学习研究

美国幼儿园的幼儿自我概念发展目标

美国幼儿园如何促进幼儿自我概念的发展?他们关注身份、角色、运动、环境、安全、食物和健康等方面的自我认知发展,按照学前儿童社会性发展年龄阶段的特点,设置恰当的自我认知发展目标。这些目标简单易操作,能够帮助幼儿教师更好地观测学前儿童自我认知发展水平。

美国幼儿园的幼儿自我概念发展目标①

项目	2—3岁	4—5岁
身份	认识到只有一个我	了解男女之间的不同
角色	认识自己的身体	认识自己身体的各个部分
运动	认识自己运动的乐趣	认识自己与他人共同的乐趣
安全	认识如何不受伤害	认识在多种环境下如何不受伤害
环境	认识自己的生活环境	认识周围环境
健康	如何接受自我服务	了解如何接受多种自我服务
食物	认识自己喜欢的食物	自己喜欢吃的多种食物

请同学们围绕上表中所涉及的项目,通过自主或小组合作学习的方式,到幼儿园进行调查,了解当前幼儿园是怎样在一日活动、游戏活动、集中教育活

① 彭海蕾.学前儿童社会教育与活动指导[M].北京:教育科学出版社,2012:32.

动、体育活动和食育等各种活动中培养和发展幼儿的自我意识的。除了表中所列7个方面,你还从我国幼儿园教育实践中发现了哪些促进学前儿童自我意识发展的方面?请对上表加以修订、补充和完善。

2.学前儿童自我体验的发展

(1)学前儿童自我体验的结构

学前儿童自我体验即自我情感体验,是属于自我意识中知、情、意中"情"的方面,即情感的方面。主要指个体对自己所持有的一种态度,包括自我感受、自尊感、自信心、羞耻感、自豪感、自卑感、内疚感和自我欣赏等。其中自尊感是自我情感体验的主要方面,影响学前儿童自我认知和自我调控。自尊是指个体在社会比较过程中获得的自我价值的积极评价和体验,和个体积极的自我肯定密切相关。

荆其诚认为,自尊是个体自我感觉的一种形式,一种胜任、愉快和值得受人尊重的自我概念。林崇德认为,自尊是自我意识中具有评价意义的成分,是对自我的态度体验,与心理健康密切相关。

(2)学前儿童自我体验发展的特征

研究认为,学前儿童在3岁左右自尊感萌芽。随着儿童身体、智力、社会技能和评价能力的发展,自尊感也得到发展。自尊感存在性别差异和城乡差异,在学龄初期趋于稳定。学前儿童自尊心的发展受到父母教养方式、他人评价、成败体验和儿童自身性格等方面的影响。自信心的培养对儿童自尊心的发展有重要而积极的意义。应重视对幼儿自我评价、自我表现、独立性和主动性等能发展儿童自信心的行为进行培养和引导。

3.学前儿童自我调控的发展

(1)学前儿童自我调控的结构

学前儿童自我调控属于自我意识知、情、意中"意"的方面,即意志的方面。主要指个体对自己思想、情感和行为的调节和控制,包括自我监督、自我掌握、自我控制、自我改造、自我教育和自我完善等。其中自我控制是自我调控的主要方面。自我控制能力主要由自制力、自觉性、坚持性和自我延迟满足四个方面构成。

自制力指儿童的自我管控能力,即能够控制自己行为的能力。如有的孩子能够在教学活动期间管控自己的言行，知道教学活动中有教学规则，在玩具选择中能够控制自己不去争抢，而有的孩子则恰恰相反。前者能抑制自己直接的、短期的欲望从而控制冲动，这是学前儿童自我控制能力的基本成分。

自觉性是指在无人监督的情况下，对禁止体验、成人要求是否依然能够坚决执行。例如教师离开教室前，请孩子们自觉看图画书，保持安静。有些孩子能做到，有些孩子在老师刚刚离开教室时就把要求抛之脑后了。前者自觉性水平较高，后者自觉性水平相对较低。

坚持性是指面对某种困境，儿童是否能够具有克服困难的决心和坚持不懈的勇气。表现为儿童的一种行为在面对阻抗时是否能够凭借自己的意志持续和持久的倾向。有些孩子坚持不懈，有些孩子一遇困难就放弃。

自我延迟满足是指儿童为了一种更为长远的、更好的结果而放弃即时、暂时的满足而做出的抉择。其中有坚持性、意志力和自我调节能力的参与。自我延迟满足在自我控制能力中属于高层次的能力，是自制力、自觉性和坚持性等方面的综合体现。

经典研究介绍

延迟满足实验①

延迟满足实验是发展心理学研究中的经典实验，这个实验用于分析孩子承受延迟满足的能力。所谓的延迟满足，就是能够等待自己需要的东西的到来，而不是想到什么就要什么，这是一个很通俗的解释。

“迟延满足”实验过程大致如下：

实验者发给4岁被试儿童每人一颗好吃的软糖，同时告诉孩子们：如果马上吃，只能吃一颗；如果等20分钟后再吃，就给吃两颗。有的孩子急不可待，把糖马上吃掉了；而另一些孩子则耐住性子、闭上眼睛或头枕双臂做睡觉状，也有的孩子用自言自语或唱歌来转移注意消磨时光以克制自己的欲望，从而获得了更丰厚的报酬。在美味的奶糖面前，任何孩子都将经受考验。

研究人员在十几年以后再考察当年那些孩子现在的表现，追踪发现，那些能够为获得更多的软糖而等待得更久的孩子要比那些缺乏耐心的孩子更容易获得成功，他们的学习成绩要相对好一些；在后来的几十年的跟踪观察中，有

① 来源于https://baike.baidu.com/item/延迟满足实验/2928144? fr=aladdin,20210803,有改动。

耐心的孩子在事业上的表现也较为出色。也就是说，延迟满足能力越强，越容易取得成功。

(2)学前儿童自我调控发展的特征

学前儿童自我调控的发展具有鲜明的年龄特征。2岁的儿童出现自我控制能力。随着身体发展和心理逐渐成熟，特别是儿童大脑皮质的发展，在成人的教育和引导之下，儿童能逐渐学会控制自己的活动。3—5岁儿童自控能力的发展随年龄增长而发展，其中3—4岁发展较慢，4—5岁发展较快，是学前儿童自我控制能力迅速发展的时期。

研究表明，3—5岁是儿童自我控制能力发展的关键年龄。此外，还有研究表明，3—4岁和5—7岁是学前儿童自制力发展的关键期；6—7岁是儿童坚持性发展的关键期和学前儿童情绪控制发展的关键期；3—4岁和7—8岁是儿童独立性发展的关键期；3—5岁是学前儿童动机控制发展的关键期。此外，学前儿童自我调控发展具有明显的性别差异，总体而言，女孩的分数高于男孩。

(二)学前儿童社会认知的发展

学前儿童社会认知是幼儿对社会客体及其相互关系的认知和理解。比如对父母、长辈等社会角色的认知和理解，对师幼关系、亲子关系、朋友关系、同伴关系等的认知和理解。对学前儿童的社会认知的界定众说纷纭，就其内容或结构观点不一。总结前人研究，学前儿童社会认知包括人际关系的认知、社会环境的认知、社会角色的认知、社会规范的认知等。

1.学前儿童社会认知的结构

(1)人际关系的认知

学前儿童人际关系的认知包括对父母长辈权威关系的认知，对教师权威关系的认知，对社会权威关系的认知，对同伴权威关系的认知。

(2)社会环境的认知

社会环境是指人类生存及活动范围内的社会物质、精神条件的总和。广义的社会环境包括整个文化体系，狭义的社会环境专指人类生活的直接环境。美国著名心理学家布朗芬布伦纳提出的生态系统理论指出，环境是一个从小到大层层扩散的复杂生态系统，包括四个层次：微观系统，指与个体直接接触的环境系统，如家庭、幼儿园等。中间系统，指间接影响个体发展的，与个体不直接发生联系的微观系统，如姐姐的小学等。外层系统，指与个体不直接发生互动但会对孩子的发展产生影响的环境，如社区、父母的工作环境。宏观系统，如文化、观念、信仰、法律、政策等。

具体而言，学前儿童社会环境认知包括儿童对家庭的认知，对托儿所、幼儿园的认知，对社会机构或社会团体的认知，对家乡、国家或民族的认知。

(3)社会角色的认知

社会角色是指与个体的社会地位、身份相一致的一整套权力、义务、规范和行为模式等。社会角色的要素包括社会权利、社会义务和社会规范三方面。社会权利指社会角色所享有的权力和利益；社会义务指角色应尽的社会责任；社会规范指角色在享受权力、利益和履行角色义务时应遵守的行为规范和准则。因此，学前儿童社会角色的认知就是儿童对社会角色所享有的权力、利益、义务和行为规范等的认知。学前儿童对角色的认知经过了角色行为(单纯模仿)、角色意识、角色情感和角色行为(情感和认知基础上的行为)发展阶段。

(4)社会规范的认知

对社会规范的认知是儿童社会认知发展的重要方面。学前儿童社会领域学习的两大任务是人际交往和社会适应。而这两大任务的基础是儿童对社会规范的认知和遵循。学前儿童社会规范认知途径主要有：一是父母等长辈的影响；二是教师的教育和引导；三是同伴的互动；四是法律和道德的规定学习和体验；五是影视、动画及媒体信息等。学前儿童社会规范的认知主要包括对基本道德规范、文明礼貌行为规范、公共秩序、群体规范、人际交往规范等的认知。

2.学前儿童社会认知的特征

弗洛伊德的研究认为，安全感和信任感的建立是学前儿童建立正确社会认知的基础。根据生态学观点的启示，婴儿是通过与周围人的互动，特别是与父母的互动形成社会认知的。行为主义学派斯金纳很重视操作与行为模式的养成来形成社会认知。认知心理学家皮亚杰认为儿童是通过感觉和动作来认识世界的。因此，学前儿童社会认知的发展要建立在安全的环境、温馨的亲子关系、丰富的体验性环境之上,让儿童通过感知、体验和操作形成正确的社会认知。

(1)学前儿童权威认知发展的特点

总体而言,学前儿童对权威的认知起步晚,特别是对社会权威的认知更晚,呈现鲜明的年龄特点。塞尔曼(Selman,1980)研究了儿童对同伴权威的认知,发现儿童的权威认知具有阶段特点[①]:

第一阶段:将领导看成具有很好体力的人,并能够指挥别人做事。

第二阶段:认为领导是最值得尊敬的人,具有很好的知识和技能。领导与群众的关系是单纯的领导与被领导的关系。

第三阶段:将领导与被领导的关系看成是双方互为作用的关系。好的领导不是独裁者,而是仲裁者。

第四阶段:认为领导更应关心所在团组的利益,而不是自己的利益。领导的功能是使团组结构更稳固。

达蒙用两难故事法研究了儿童对权威与服从的认知发展,发现幼儿对权威认知的发展要经历六个阶段[②]:

第一阶段:儿童将权威人物的要求看成自己的愿望,对权威人物的要求无条件地服从。如认为老师说的都是对的。

第二阶段:儿童知道权威人物的想法和自己的想法不同,但儿童会顺从权威人物想法以避免麻烦。如老师说一个小朋友的画很好看,小丽也跟着说好看,但其实他并不喜欢。

第三阶段:儿童把社会地位上存在优势、身体上有优势、知识上有优势的人看作权威,对权威的崇拜和畏惧影响着儿童的思维和行为。如科学家说地球是圆的,所以地球是圆的。

第四阶段:儿童将对权威的服从看作是对权威过去付出的一种回报或是获得某种好处而做的投资。如妈妈很辛苦,所以应该听妈妈的话。

第五阶段:儿童开始以理性的眼光看待权威,并有条件地服从权威。权威的合理

① 彭海蕾.学前儿童社会教育与活动指导[M].北京:教育科学出版社,2012:41.
② 张明红.学前儿童社会教育与活动指导[M].上海:华东师范大学出版社,2014:120.

性在于领导或控制他人的特定能力。如老师知道的比我们多,应该听老师的。

第六个阶段:儿童将能给集体带来利益或受集体欢迎的个体视为权威。如共和国勋章获得者钟南山爷爷。

(2)学前儿童角色认知发展的特点

学前儿童社会角色认知的发展主要通过角色扮演获得。其发展的基本规律是:从重复角色的一个或几个行为,到表现角色之间的互动,再到表现角色,最后表现角色的系列复杂行为。小班幼儿对社会角色的认知主要表现在对角色典型外显行为的模仿,如医生给病人打针,妈妈给娃娃喂奶。中班幼儿对社会角色的认知比小班更加细致、深刻,开始对角色之间的关系进行认知,表现在角色游戏活动中,角色之间的互动和一些创造性发挥。大班幼儿的生活经验更丰富,理解能力更强,对社会角色的认知更复杂、深刻,会把角色的一系列复杂行为展现出来,如不再局限于妈妈喂奶的动作,而是妈妈照顾娃娃的整个过程都惟妙惟肖地表现出来,甚至照顾娃娃期间,妈妈去了厨房做菜等系列动作都能表现出来。

(3)学前儿童社会规范认知发展的特点

学前儿童社会规范认知需要一个由外而内的转化过程,是社会学习和社会适应的必要过程。它离不开儿童的学习体验和师长的教育引导。一些学者将学前儿童社会规范认知划分为三个水平:服从、模仿和理解。4岁前处于服从水平。儿童对社会规范的认知源于权威,是被动的、无条件接受的。模仿主要指儿童通过角色游戏模仿行为以获得对社会规范的认知,包括机械模仿和创造性模仿。五六岁的儿童的社会规范认知可以达到理解的水平。幼儿有自己的看法,并且能够站在社会秩序、规则的角度说明为什么要遵守社会规范。需要说明的是,学前儿童社会规范认识的三个发展水平并不是线性的,三种水平可能共存于个体,发展水平也存在个别差异和年龄差异。研究表明,3—4岁的儿童还不能站在他人的立场上理解对方的观念和想法,4—5岁是转折,5—6岁才开始能够试图站在对方的立场理解对方的想法和观点。3—4岁的儿童对道德的判断往往依据事物的后果,而不是动机,4—5岁才能够更好地体验他人的情绪,直到5—6岁能够关注事物背后的动机。因此,教育者要尊重学前儿童社会认知发展的年龄特点,因势利导、因材施教。

拓展阅读

儿童从自我中心到他人立场的发展[①]

向3—5岁的儿童讲述这样一个故事:"一个叫小明的小男孩把巧克力放到抽屉A里,然后他到外面玩去了。在小明不在的时候,他妈妈从抽屉A里拿出巧克力做蛋糕,然后把剩下的巧克力放到抽屉B里。小明回来后,想吃巧克力。小明会到哪里去找巧克力?是到抽屉A里找呢,还是到抽屉B里找呢?"3—4岁的儿童回答说,小明回来后会到抽屉B里找巧克力,因为巧克力实实在在地在抽屉B里。这说明3—4岁的儿童还不能站在他人的立场上理解对方的想法,他们没有意识到其实小明不知道妈妈把巧克力放在抽屉B里了。4—5岁的儿童则认为小明有可能先到抽屉A里寻找巧克力。这说明4—5岁的儿童已经开始意识到不同立场上的人会有不同的看法。5—6岁的儿童则认为小明会到抽屉A里寻找巧克力,因为小明没有看到妈妈把巧克力放进抽屉B里,小明认为巧克力还在抽屉A里。这说明5—6岁的儿童已经开始站在对方的立场上试图理解对方的观点。

(三)学前儿童社会情感的发展

社会情感是指个体在社会认知和社会交往过程中产生的心理体验和心理感受。是人类的一种高级心理机能。学前儿童社会性情感发展同样具有年龄特点和阶段性特点。

1.学前儿童社会情感的结构

学前儿童社会情感的发展包括情绪情感、依恋感和归属感、移情、愉快感、同情心和责任感等。其中安全性依恋感是学前儿童社会情感发展的基础。

(1)学前儿童情绪情感

情绪情感是人的需要得到满足或未得到满足而产生的主观感受和反应。运用情绪情感来表情达意、沟通交流是人类最早使用的交际方式。学前儿童的情绪情感具有丰富的表现力和信息承载力,特别是在幼儿未掌握语言以前,基本靠情绪情感表情达意,哭就是婴幼儿情绪情感的外化,表情也被称为"情绪语言"等。情绪情感的社会化主要包括情绪的表达和控制。

---

① 王振宇.学前儿童发展心理学[M].北京:人民教育出版社,2015:233-235.

(2)学前儿童依恋感

依恋是指婴幼儿和其主要抚养者(主要是母亲)之间的一种强烈的情感联系。表现为不愿意或不能分离,一旦分离,婴幼儿就会产生焦虑不安,甚至哭闹等情绪反应。当这种依恋感从抚养者扩大到社会环境、群体的依恋,就成为归属感。这种归属感的发展有四个特征:由近及远,从家庭扩展到家庭之外;由小到大,从空间范围上看,从家扩展到国;由个体到群体;由熟悉到陌生,从对抚养者的依恋扩展到对陌生人的依恋。一般认为依恋感特指婴幼儿与抚养者等亲密者之间的关系。

精神分析理论把依恋看作早期儿童对能够满足其生理需要、提供快乐与舒适的父母形成的一种情感关系,提出了恋父恋母情结的概念。但是精神分析学派的依恋理论是建立在泛性论的基础上的,具有生物决定论的倾向,忽视了依恋的社会意义,因此具有局限性。此外,生态学理论和习性学理论,也从生物本能和物种延续的角度解释了依恋的生物学意义。社会学习理论虽然也强调抚养带来的生理满足对婴幼儿依恋产生和形成的意义,但认为依恋不是一种内部的或本能的过程,而是儿童与他所处环境中的关键人物长期相互作用的结果。

安斯沃斯等人用“陌生情境法”研究发现婴儿四种类型的依恋:

第一,安全型依恋,约占65%。母亲离开或回来,都不会有明显的焦虑、苦恼,而是能安静、舒心地游戏。

第二,回避型依恋,也称之为“无依恋”,约占10%—15%。对母亲在与不在身边无所谓。

第三,反抗型依恋,也称之为矛盾型依恋,约占15%—20%。母亲即将离开或离开时有强烈的情绪反应,但当母亲回来时,表现出既想要亲近又拒绝亲近的矛盾心理。

第四,紊乱型依恋,约占5%—10%。这种类型的婴儿往往表现出最大程度的不安全感。其行为混乱、矛盾。有的忽视,有的沮丧,有的古怪,有的动作冰冷,有的毫无表情。

一般认为,依恋类型的成因,与母亲的抚养质量和婴儿自身的气质类型密切相关。

经典研究介绍

经典依恋实验——恒河猴实验[①]

美国威斯康星大学动物心理学家哈洛用恒河猴做的"母爱剥夺"实验是心理学界的经典实验。他认为幼猴除了基本的饥饿、干渴等生理需求外,它们一定还有一种要接触柔软物质的需求。

哈洛将刚出生的小恒河猴和猴妈妈隔离开,他为它做了两个代母:一个是胸前有提供奶水装置的铁丝"母猴",另一个是柔软的绒布"母猴"。出乎意料的是,有奶并不是娘,小猴只在饥饿时才去铁丝"母猴"那里喝奶,而大多数时候都在绒布"母猴"周围玩耍,困了还会在它怀里睡觉;当一只发条玩具熊在旁边"咚咚"地打鼓时,害怕的小猴会选择紧紧抱住绒布"母猴"。哈洛后来将绒布"母猴"转移到另一间房间,并继续让发条玩具熊打鼓,小猴即使害怕也不选择铁丝"母猴",而是隔着门缝眼巴巴地望着另一边的绒布"母猴"。

这一经典的心理学实验证明了爱存在的重要变量:接触安慰。从这个实验推断,接触带来了安慰,人类婴儿也有接触安慰的先天需要。

(3)学前儿童移情

移情是一种特殊的观点采择能力。移情是识别他人情感并对他人情感做出情绪反应的能力。移情包括两种认知成分和一种情感成分,即辨别、命名他人情感状态的能力、观点采择的能力和移情反应能力。如看到他人悲伤,自己也感到难过。关于学前儿童移情反应的类型,弗拉维尔(Flavell,J.,1985)提出有三种:

第一种,非推断或非认知的移情。指他人的情感表现在儿童身上引起相似的情感反应。如刚入园的幼儿,看到别的孩子哭,自己也跟着哭了起来。

第二种,移情的推断。理解他人情感并在自身激起相同的情感反应。如儿童看动画片时,为受到欺负的小兔子感到难过;看《黑猫警长》时,为不幸牺牲的白猫班长感到难过。

第三种,非移情的推断。能够认知他人的情感,但是自己并不产生相同的情感。例如,故事中的主人公牺牲了,大家都很悲伤。但是我们知道并会告诉自己那只是故事,所以并不感到痛苦。

① 来源于http://events.jianshu.io/p/0a52c2196d0b,20210805,有改动。

2.学前儿童社会情感的发展特征

(1)学前儿童情绪情感的发展特点

0—3岁儿童情绪情感的产生和发展。新生儿"落地哭"即是婴儿情绪情感的表达。因此,新生儿即有情绪反应。新生儿期、婴儿期的微笑和哭泣是婴幼儿的"情绪语言"。到幼儿期,儿童已经具备了各种基本的情绪体验;情绪语言更加丰富,逐渐学会正确表露和表达自己的情绪情感,能够正确理解他人的情绪情感,与此同时,同情心、责任感、移情等也获得了发展。

幼儿期是儿童情绪情感社会化的重要时期,表现为情感中社会交往的成分不断增加,引起情绪反应的社会性动因不断增加和表情日渐社会化等特点。[①]一些研究发现,3岁儿童比1岁儿童社会性微笑的总次数和各类微笑的次数都明显增加。自己笑、对同伴笑和对教师笑的数量增加,其中后两者增加得更快,这说明学前儿童社会性微笑的比例不断增长。总体而言,3岁前儿童情绪情感反应中生理需要是否满足是主要动因,而3岁(小班)以后,特别是到中、大班,随着儿童社会性需要的不断增加,儿童情绪情感的反应日趋体现出儿童社会性需要的满足状况。例如亲子关系、同伴关系、师幼关系,接纳和排斥、认可和忽视、赞许和批评、守信与毁约、公正与误解、关爱与冷落、和睦与紧张等成为儿童情绪情感反应的主要动因。

此外,兴趣的发展也是儿童情绪情感的体现。婴幼儿对新异性刺激都会表现出兴趣性情绪反应。幼儿期兴趣的发展呈现出兴趣比较广泛但缺乏中心,直接兴趣较多,且具有明显的年龄差异和个别差异等特点。

拓展阅读

儿童兴趣的早期发展[②]

兴趣的早期发展可以分为三个阶段:

1.先天反射性反应阶段(1—3个月)。儿童的感觉器官接触外界事物后,持续地维持着反应性。

2.相似性对象的再认阶段(4—9个月)。适当的刺激(如声音、光等)的反

① 周梅林.学前儿童社会教育活动指导[M].上海:复旦大学出版社,2009:6-8.

② 周梅林.学前儿童社会教育活动指导[M].上海:复旦大学出版社,2009:9.

复出现能引起儿童的兴趣。

3. 新异性探索阶段(9个月以后)。儿童对持续存在的刺激引起习惯性反应，不再注意它。当新异性刺激出现时，儿童主动做出重复性动作去认识它，以后又试图以不同的方式影响客观事物，这能引起儿童极大的兴趣。

(2)学前儿童依恋感的发展特点

英国心理学家鲍尔比认为，儿童的依恋呈阶段性发展，他根据儿童行为的组织性、目的性与变通性的发展，将依恋的产生与发展分为四个阶段：

阶段一：前依恋阶段(0—2个月)。表现为一系列未分化的生物机能性反应，如哭泣、微笑、咿咿呀呀、依偎、要求拥抱等行为，对任何人都表现出相似的行为反应。

阶段二：依恋关系建立期(2—7个月)。相较陌生人，婴儿出现对熟识的人有更强的依恋反应，更愿意亲近。但他们仍然无区别地接受任何人的关注，能忍受同父母的暂时分离。

阶段三：依恋关系明确期(7—24个月)。儿童对特定个体的依恋关系真正建立。儿童出现明显的分离焦虑和对陌生人谨慎或恐惧，对熟悉的人有持久的依恋情感。

阶段四：目标调节的伙伴关系期(24个月以后)。已经能够理解父母的要求、愿望和情感，能调节自己的行为，建立双边人际关系。3岁以后，随着幼儿生活环境的改变，其依恋的对象逐渐转移到老师和同伴身上，并逐渐建立起一种群体归属感。

综上所述，学前儿童的依恋具有一系列重要的特征：首先，在对象上，依恋具有选择性。随着年龄的增长和生活环境的变化，依恋的对象从父母到教师、同伴，从熟人到共同生活的陌生人等。其次，在行为上，寻求与依恋对象的身体亲近，如依偎、拥抱等。第三，依恋是儿童寻求安全感的必然结果。第四，依恋在遭遇分离或破坏时，依恋者会表现出分离焦虑、痛苦等情绪反应。

拓展阅读

分离焦虑①

分离焦虑是指婴幼儿因与亲人分离而引起的焦虑、不安或不愉快的情绪

① 张明红.学前儿童社会教育与活动指导[M].上海:华东师范大学出版社,2014:136.

反应，又称离别焦虑。约翰·鲍尔比(John Bowlby)通过观察把婴儿的分离焦虑分为三个阶段：1.反抗阶段——号啕大哭，又踢又闹；2.失望阶段——仍然哭泣，断断续续，不理睬他人，表情迟钝；3.超脱阶段——接受外人的照料，开始正常的活动，如吃东西、玩玩具，但是看见母亲时又会出现悲伤的表情。

(3)学前儿童移情的发展特点

学前儿童移情的发展具有阶段性特点。

第一，0—1岁，尚未形成自我意识，不具备移情能力。出生头一年，婴儿对自己情绪状态的意识还比较差，还不能很好地将他人的情绪和自己的情绪相区分，因此常表现为一种模糊的、未分化的情绪反应。如前文提到看到别的孩子哭，自己也跟着哭了起来。

第二，1—2岁，能注意他人情绪，移情能力萌芽。出生第二年，婴幼儿初步的自我意识萌芽，逐渐能将自我与周围环境、自我与他人相区分。这一阶段的儿童移情具有显著的自我中心思维特点，从自己的角度出发对他人的情绪情感做出反应。如看到别的孩子因为打翻了东西而伤心地哭了，但自己不安只是因为自己受到了惊吓。

第三，2—4岁，形成初步的角色采择能力，移情能力增强。能从他人的角度对他人的情感做出反应，逐渐走出自我中心。

第四，4—7岁，能够对复杂情境中的他人做出不同的情绪反应。随着儿童生活经验和社会认知的发展，情绪反应逐渐具有情境性和个体差异性，即使对同一事件，也因情境不同、个体不同而有不同的反应。

(四)学前儿童社会行为技能的发展

研究发现，婴儿与生俱来就具有社会性，喜欢与人类交往。[①]《3—6岁儿童学习与发展指南》指出，人际交往和社会适应是幼儿社会学习的主要内容。人际交往是学前儿童社会行为技能中最重要的技能。幼儿园阶段要培养学前儿童的人际交往技能包括：愿意与人交往；能与同伴友好相处；具有自尊、自信、自主的表现；关心尊重他人。具体表现为：

①秦金亮.儿童发展概论[M].北京：高等教育出版社，2008：78.

表1-1 目标1 愿意与人交往

3—4岁	4—5岁	5—6岁
1.愿意和小朋友一起游戏 2.愿意与熟悉的长辈一起活动	1.喜欢和小朋友一起游戏,有经常一起玩的小伙伴 2.喜欢和长辈交谈,有事愿意告诉长辈	1.有自己的好朋友,也喜欢结交新朋友 2.有问题愿意向别人请教 3.有高兴的或有趣的事愿意与大家分享

表1-2 目标2 能与同伴友好相处

3—4岁	4—5岁	5—6岁
1.想加入同伴的游戏时,能友好地提出请求 2.在成人指导下,不争抢、不独霸玩具 3.与同伴发生冲突时,能听从成人的劝解	1.会运用介绍自己、交换玩具等简单技巧加入同伴游戏 2.对大家都喜欢的东西能轮流、分享 3.与同伴发生冲突时,能在他人帮助下和平解决 4.活动时愿意接受同伴的意见和建议 5.不欺负弱小	1.能想办法吸引同伴和自己一起游戏 2.活动时能与同伴分工合作,遇到困难能一起克服 3.与同伴发生冲突时能自己协商解决 4.知道别人的想法有时和自己不一样,能倾听和接受别人的意见,不能接受时会说明理由 5.不欺负别人,也不允许别人欺负自己

表1-3 目标3 具有自尊、自信、自主的表现

3—4岁	4—5岁	5—6岁
1.能根据自己的兴趣选择游戏或其他活动 2.为自己的好行为或活动感到高兴 3.自己能做的事情愿意自己做 4.喜欢承担一些小任务	1.能按自己的想法进行游戏或其他活动 2.知道自己的一些优点和长处,并对此感到满意 3.自己的事情尽量自己做,不愿意依赖别人 4.敢于尝试有一定难度的活动和任务	1.能主动发起活动或在活动中出主意、想办法 2.做了好事或取得了成功后还想做得更好 3.自己的事情自己做,不会的愿意学 4.主动承担任务,遇到困难能够坚持而不轻易求助 5.与别人的看法不同时,敢于坚持自己的意见并说出理由

表1-4 目标4 关心尊重他人

3—4岁	4—5岁	5—6岁
1.长辈讲话时能认真听,并能听从长辈的要求 2.身边的人生病或不开心时表示同情 3.在提醒下能做到不打扰别人	1.会用礼貌的方式向长辈表达自己的要求和想法 2.能注意到别人的情绪,并有关心、体贴的表现 3.知道父母的职业,能体会到父母为养育自己所付出的辛劳	1.能有礼貌地与人交往 2.能关注别人的情绪和需要,并能给予力所能及的帮助 3.尊重为大家提供服务的人,珍惜他们的劳动成果 4.接纳、尊重与自己的生活方式或习惯不同的人

拓展阅读

婴儿对人无差别的微笑反应①

施皮茨与K.M.沃尔夫在1941年对145名婴儿做了"对人无差别的微笑反应"实验,实验结果如下:

婴儿对人无差别的微笑反应

	微笑的脸	歪嘴皱眉的脸	戴假面具的脸	奶瓶或玩具
发生微笑	142	141	140	0
不发生微笑	3	4	5	145

以上实验结果表明:婴儿对人脸或类似人脸的物品作出微笑反应,而对奶瓶或玩具则不会。说明婴儿与生俱来就有社会性,喜欢与人类交往。

(五)学前儿童社会适应能力的发展

学前儿童社会适应能力的发展进程反映个体社会化的进程。《3—6岁儿童学习与发展指南》指出,人际交往和社会适应是幼儿社会学习的主要内容。幼儿园阶段培养的学前儿童社会适应能力包括:喜欢并适应群体生活;遵守基本的行为规范;具有初步的归属感。具体表现为:

①秦金亮.儿童发展概论[M].北京:高等教育出版社,2008:78.

表1-5　目标1　喜欢并适应群体生活

3—4岁	4—5岁	5—6岁
1.对群体活动有兴趣 2.对幼儿园的生活好奇，喜欢上幼儿园	1.愿意并主动参加群体活动 2.愿意与家长一起参加社区的一些群体活动	1.在群体活动中积极、快乐 2.对小学生活有好奇和向往

表1-6　目标2　遵守基本的行为规范

3—4岁	4—5岁	5—6岁
1.在提醒下，能遵守游戏和公共场所的规则 2.知道不经允许不能拿别人的东西，借别人的东西要归还 3.在成人提醒下，爱护玩具和其他物品	1.感受规则的意义，并能基本遵守规则 2.不私自拿不属于自己的东西。 3.知道说谎是不对的 4.知道接受了的任务要努力完成 5.在提醒下，能节约粮食、水电等	1.理解规则的意义，能与同伴协商制订游戏和活动规则 2.爱惜物品，用别人的东西时也知道爱护 3.做了错事敢于承认，不说谎 4.能认真负责地完成自己所接受的任务 5.爱护身边的环境，注意节约资源

表1-7　目标3　具有初步的归属感

3—4岁	4—5岁	5—6岁
1.知道和自己一起生活的家庭成员及自己的关系，体会到自己是家庭的一员 2.能感受到家庭生活的温暖，爱父母，亲近与信赖长辈 3.能说出自己家所在街道、小区（乡镇、村）的名称 4.认识国旗，知道国歌	1.喜欢自己所在的幼儿园和班级，积极参加集体活动 2.能说出自己家所在地的省、市、县（区）名称，知道当地有代表性的物产或景观 3.知道自己是中国人 4.奏国歌、升国旗时能自动站好	1.愿意为集体做事，为集体的成绩感到高兴 2.能感受到家乡的发展变化并为此感到高兴 3.知道自己的民族，知道中国是一个多民族的大家庭，各民族之间要互相尊重，团结友爱 4.知道国家一些重大成就，爱祖国，为自己是中国人感到自豪

（六）学前儿童道德品质的发展

1.学前儿童道德品质的结构

学前儿童道德品质的结构包括移情、利他心、同情心和怜悯心、互惠与共享、遵规守约、亲子依恋和爱等。从教育目标上包括爱周围人、爱集体、爱祖国、文明礼貌、诚实、爱劳动等。一般认为3岁前是儿童道德和道德感的萌芽时期。

2.学前儿童道德品质发展的特点

瑞士心理学家皮亚杰认为，儿童的道德判断是从他律发展到自律阶段的过程。即儿童的道德判断经历一个从重视行为后果逐步发展为重视行为动机的发展过程。例如，小丽为了帮助妈妈做家务打碎了10个盘子，晓东为了自己能够吃到妈妈藏在柜子里的糖果而把果盒打翻，打碎了一个果盘。问小丽和晓东谁更应该受到批评，3岁以下的幼儿多从结果评判，认为小丽打碎的盘子多，所以小丽更应该受到责备。这是一种结果导向而对行为动机缺乏考虑的判断，是幼儿道德判断发展的特点之一，会随着年龄的增长而改变。皮亚杰认为这是儿童自我中心思维的结果，幼儿的自我中心思维决定了幼儿很难站在别人的角度去看待问题，而仅根据结果的好坏作出道德判断。当然，儿童的道德发展水平除了与年龄密切相关外，与儿童道德体验和成人的教育、引导也密切相关。

儿童道德发展研究领域的另一个杰出代表是美国心理学家科尔伯格。科尔伯格继承了皮亚杰儿童道德发展从他律到自律的阶段论观点，同时又发展了这一观点。他用“道德两难故事”研究了儿童的道德发展水平，提出“三水平六阶段”的学前儿童道德发展阶段论（见图1–2）。学前儿童的道德发展水平处在第一个层面：前习俗发展水平的“自我为中心”阶段。表现为两个阶段：惩罚与服从阶段、相对功利取向阶段。以“海因茨盗药”道德两难故事分析学前儿童的道德发展水平特点（见表1–8）。

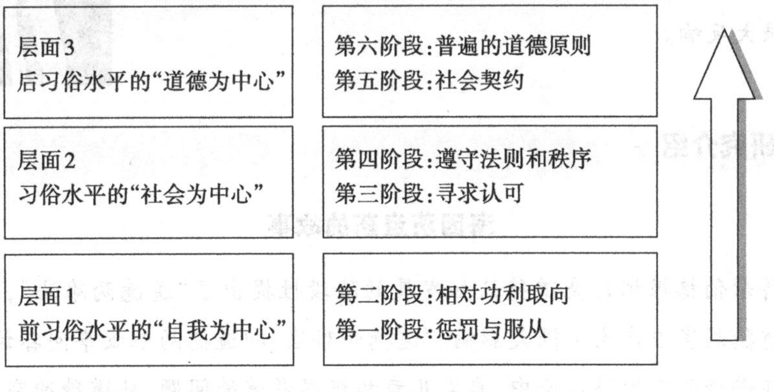

图1–2　科尔伯格道德发展阶段论

表1-8 不同道德发展阶段水平的特点

水平	阶段	特点	例子
前习俗水平	服从与惩罚	害怕受惩罚,服从权威	不偷,坐牢
	朴素的利己主义(相对功利)	是否符合自己需要和利益	偷,药剂师坏
习俗水平	寻求认可(好孩子)	成人赞赏的,自己就认为是对的,否则是坏的	偷,丈夫的责任
	维护秩序与法规	遵守社会法则,规范所定的事情不能改变,维护普遍的社会秩序	不偷,违法,社会混乱
后习俗水平	社会契约	法律、习俗是商定的结果,可以改变	偷,生命价值大于药剂师的财产权
	良心或普遍道德原则	维护秩序,强调法律的重要性,也看到了法律的局限性	偷,生命更有价值

人物介绍

劳伦斯·科尔伯格(Lawrence Kohlberg, 1927—1987)美国儿童发展心理学家。他继承并发展了皮亚杰的道德发展理论,着重研究儿童道德认知的发展,提出了“道德发展阶段”理论,在国际心理学界、教育界引起了很大反响。

经典研究介绍

海因茨盗药的故事

科尔伯格根据儿童道德认知发展的阶段性提出了“道德两难法”,在儿童思想道德教育中产生了很大影响。“道德两难法”即道德两难故事问答讨论法,就是在道德两难故事讨论中,启发儿童积极思考道德问题,从道德冲突中寻找正确的答案,以有效地发展儿童的道德判断力。故事如下:

欧洲有个妇女患了癌症,生命垂危。医生认为只有本城某个药剂师新研制的药能治好她。配制这种药的成本为200元,但销售价却要2000元。病妇的丈夫海因茨到处借钱,可最终只凑得了1000元。海因茨恳求药剂师,他妻子快要死了，能否将药便宜点卖给他，或者允许他赊账。药剂师不仅没答应，还说：“我研制这种药，就是为了赚钱。”

海因茨别无他法，晚上撬开药剂师的仓库门，把药偷走了。

这是一个虚构的故事，当这样一个道德两难故事呈现给孩子们之后，科尔伯格围绕这个故事提出了一系列问题，让儿童讨论，以此来研究儿童道德判断所依据的准则及其道德发展水平。

1.海因茨应该偷药吗？为什么？

2.他偷药是对的还是错的？为什么？

3.海因茨有责任或义务去偷药吗？为什么？

4.人们竭尽所能去挽救另一个人的生命是不是很重要？为什么？

5.海因茨偷药是违法的。他偷药在道义上是否错误？为什么？

6.仔细回想故事中的困境，你认为海因茨最负责任的行为应该是做什么？为什么？

综上所述，从儿童道德感和道德评价上，儿童道德品质的发展具有如下特点：

第一，1岁儿童并没有真正意义的道德感，2—3岁的儿童道德感开始萌芽。

第二，服从是幼儿道德发展的第一个特点。

第三，违反规则导致的道德冲突在4岁儿童中表现强烈，例如中班幼儿的告状行为。

第四，幼儿道德评价的正确性随着年龄的增长而增长。

第五，幼儿道德评价的独立性在5岁左右显著提高。

第六，幼儿道德评价遵循具体形象评价到抽象评价、主观性评价到客观性评价、依附性评价到独立性评价、结果评价到动机评价的发展趋势。

第三节 学前儿童社会性发展的影响因素

影响儿童社会性发展的因素是多方面的，从宏观上大致可以分为自然环境因素、生物环境因素、社会环境因素、教育因素和儿童自身的因素。

一、自然环境因素

乌申斯基曾说过："大自然是教育的最强有力的手段之一，不采取这种手段，即使是最细心的教育，也是枯燥无味的、片面而不能引人入胜的。"这表明自然环境对幼儿发展的影响。

自然环境是相对于社会环境而言的，指的是由水土、地域、气候等自然事物所形成的环境，这即指幼儿一出生所生存的地域。在幼儿社会性发展的过程中，受到自然环境的影响。幼儿所处的生存地域不同，其社会性发展也会有很大的差异，俗话说"一方水土养一方人"，不同的地理环境培养了不同的人类群体。如北方辽阔的黄土地和黑土地，景色壮丽，气候干燥寒冷，天空高旷凄凉，植被贫乏，这种环境成长起来的多数人，性情厚重，性格豪爽、严谨；而南方水流纵横，植物华丽，气候温暖湿润，在这种环境下成长起来的多数人，性情柔婉、细腻、浪漫。这是自然环境影响人类群体性格特征的体现。

自然环境对人的影响在儿童时便打下了基础。每个人都生活在特定的自然地域环境中，人们总是按照当地的风俗习惯和约定俗成去教育影响下一代。这样自然环境对儿童的影响也就伴随着"惯习"而对儿童产生稳定的影响，进而影响幼儿社会性发展，特别是影响儿童对自己与周围环境的认知和理解。

二、生物环境因素

生物环境主要由机体特定的生物物质及其生化反应所构成，它主要在孕期与产期对儿童最初机体的形成与发育产生影响，是影响未出生胎儿发展的重要因素。例如，怀孕期与产期前后，母亲疾病、药物、母亲情感压力、早产等，都对儿童的生理、心理发生重大影响并导致多种行为问题。

1. 母亲疾病

母亲孕期患的疾病很可能会对胎儿造成很大的影响，这也取决于疾病发生的时间。如受到巨细胞病毒感染时孕妇会出现喉咙疼痛、带状疱疹以及发热等。孕妇本身有巨细胞病毒时可垂直传染给胎儿，使得胎儿发育迟缓，听力、视力和智力受到不同程度损害。

2. 药物

孕期使用药物也可能会对胎儿产生影响。尤其是违法药物引起的母亲的生化反应在很大程度上制约着胎儿机体及以后心理的发展。例如大麻，大麻是普遍的非法药物之一，在孕期服用大麻会减少胎儿的氧气供应，使胎儿神经紧张、易受干扰。孕妇产前接触过大麻所生的孩子在10岁左右容易表现出学习与记忆障碍。

3. 母亲情感压力

孕妇的心理健康状态也会对孩子的发展有长远的影响。如抑郁症，有多达10%的孕妇伴随着孕期抑郁。一些研究发现孕期抑郁与婴儿期的动作控制能力差，儿童期的行为控制能力不足甚至成年期情绪问题等有关。美国专家还对怀孕18—36周的孕妇进行研究发现，沮丧和焦虑程度高的孕妇，生下的孩子在4岁左右就会出现不同程度的行为和情绪问题，如过度活跃、无法集中精力等。

4. 早产

早产是产期并发症最突出的表现。因为早产儿在胎儿阶段并没有发育完全，因此他们患病和死亡的风险更高。早产儿发展上的不成熟可能会导致他们之后出现一些小问题，例如一些早产儿在6岁左右会表现出学习能力丧失、行为障碍，或是智商分数低于平均水平，或是存在身体协调上的困难等。

三、社会环境因素

社会上的各种信息、家庭生活方式、物质条件、文化素养、家庭氛围等都对幼儿心理发展产生直接、深刻和持久的影响。大量研究证明，儿童思想品德的养成教育、文化环境、家庭教养方式和社会信息等是影响儿童心理健康的关键因素。

(一)社会文化环境

社会文化环境是指代代相传的信仰、价值观、宗教信仰、道德规范、审美观念、风俗习惯等社会认可的各种价值取向及行为规范。社会文化环境对儿童心理行为发展的主要影响是制约儿童心理发展的水平和速度,是儿童个性差异的重要条件。

1.社会文化环境制约儿童心理发展的水平

遗传和成熟为儿童的心理和行为发展提供了可能的空间。在良好的社会环境中,儿童的心理和行为发展可以达到发展范围的上限,而在恶劣的社会环境中,儿童的心理发展只能达到发展范围的下限。对于一个健康的孩子来说,心理和行为发展的可能性是非常广阔的。研究表明,良好的社会环境比恶劣的社会环境更有利于孩子的心理健康。

2.社会文化环境制约个体心理行为发展的速率

优越的社会文化环境,特别是文化教育条件,可以使儿童的心理行为发展速率维持在一个较高的水平。左梦兰在一项对云南不同地区、不同民族儿童进行的认知发展的跨文化研究中发现,认知发展水平的差异并不存在于不同民族的儿童之间,而是存在于文化和教育条件有差别的各地区儿童之间(1998)。国外有一些研究也发现,在对儿童进行的运算测验中,由于文化教育条件的落后,农村儿童的水平普遍落后城市儿童2—3年。

3.社会文化环境是儿童个性差异产生的重要条件

儿童的个性差异主要体现在价值体系上。首先,社会环境(特别是文化教育)将一定的价值体现为一定的行为准则,形成一定的社会价值取向。其次,承载一定价值观的社会群体,如家庭、阶级集体、同龄人群体等,通过舆论和其他社会强制力量,使个人接受这些价值,并将其内化为个人的需要。由于个人所处的社会环境不同,他们的价值观也存在一定的差异。

(二)家庭环境

家庭是幼儿出生后生活的主要场所,家庭是幼儿受教育的第一个场所,也是儿童社会化的最初环境。家庭为幼儿提供了第一次人际交往、第一种人际关系、第一个社会角色等与社会化相关的第一次，在家庭成员的教养之下，幼儿逐渐掌握各种行为准则和社会规范。因此，良好的家庭环境对幼儿的社会性发展有着重要的影响，主要包括家庭结构、家庭氛围等因素。

1. 家庭结构

家庭是指因血缘和婚姻而组建起来的社会细胞，由成员的关系和人数的不同而形成不同的结构类型。不同的家庭结构对儿童社会性的发展有着不同的影响。对儿童社会性发展影响最深的家庭结构主要包括核心家庭、主干家庭和单亲家庭。

核心家庭，是指由一对夫妻及其未成年或未婚配子女组成的家庭。这种家庭结构比较简单，对儿童社会性影响最深的是父母的教养。因为核心家庭的家庭成员较少，人际交往也比较简单，父母将更多的时间和精力放在儿童的成长和教育上且对孩子的教育很容易达成一致。所以孩子会获得更多的爱，容易与父母形成亲密情感。因此，核心家庭的儿童一般认知发展较好，易形成活泼开朗、乐观向上、有强烈的安全感和归属感等特点。但是由于该类家庭家庭成员少，孩子是父母的重点关注对象，子女的需求一般都会满足，容易让儿童养成自私、自理能力差以及社会交往能力差、依赖性强等不良特征。

主干家庭，即指我们通常所说的三代同堂，由祖辈、父辈和孙辈三代人组成的家庭结构。与核心家庭相比，主干家庭的人际关系更加复杂，接受来自不同模式的社会化影响，可以锻炼儿童的社会交往能力。幼儿交往范围的扩大、交往能力的提高都会促进儿童社会化。但是，由于祖辈对孙辈一般都有偏爱，即隔代亲。祖辈对孙辈的疼爱一般表现在满足其各种各样的要求，哪怕是一些较无理的要求，在教育方式上也会与儿童的父辈产生分歧，当孩子犯错后，祖辈更倾向于娇惯、偏袒孩子。这容易让儿童形成不诚实的习惯和意志薄弱的性格，这对儿童的社会化发展是非常不利的。

单亲家庭，指因父母离异或一方亡故导致儿童与父母中的一方住在一起的家庭结构。这种家庭又被称为缺损家庭。有调查显示，父母离异对儿童产生的伤害要大于自然死亡所带来的伤害。这类儿童在同伴关系、自控能力等社会性发展方面往往出现不良的现象。

2. 家庭氛围

在家庭中，家庭成员之间关系和谐，家庭气氛充满理解、友爱、关心并且家庭生活有序、积极向上，会给儿童提供良好的榜样，有助于儿童在社会交往中注意到别人的情绪并关心体贴他人，从而促进儿童的社会性发展；反之，如果一个家庭中经常发生争吵，家庭气氛紧张，会使幼儿的内心产生严重的焦虑、矛盾等不良情绪，甚至产生反社会行为。因此，家长一定要为儿童创设良好的家庭氛围，以身作则培养儿童良好的社会性。

（三）社区环境

社区环境也是影响儿童社会性发展的重要环境之一，其影响力不容小觑。社区的文化环境、生活习惯和人际关系状况都在无声地影响着儿童各种行为习惯的养成。如“孟母三迁”的故事：孟子小时候住在墓地旁边，孟子和邻居小孩一起，学着大人跪拜哭号的样子，玩起办理丧事的游戏。孟母看到后，就带着孟子搬到市集旁边，孟子又和邻居小孩学起了商人做生意的样子。于是孟母带着孟子搬到了学校附近，孟子开始变得守秩序，懂礼貌，喜欢读书。在这之后大家就经常用“孟母三迁”来表示要接近好的人、事、物，才能学习到好的习惯。这也在一定程度上反映了周围环境对儿童社会性发展的深刻影响。

（四）大众传媒因素

随着时代的飞速发展，大众传播媒介，如电视、互联网各类短视频APP（抖音、快手等）的普及，使用和享受大众传媒已经成为儿童生活的主要内容。大众传媒因素对幼儿社会性发展的影响同家庭、幼儿园和社区的影响同样重要。当今社会绝大多数的幼儿能够独立打开电视、手机，这些设备也逐渐成为儿童获取信息的主要来源，影响着儿童的认知、人格和社会性发展。

电视对儿童的发展尤为重大和深远，它是一把双刃剑，能在一定程度上促进儿童的社会性发展，也有可能对幼儿的社会化产生消极作用。首先，儿童电视节目有利于儿童社会观念的获得。很多具有教育意义的动画片，儿童能从中获得环保观念、合作观念等。其次，儿童电视节目能增进幼儿的亲社会行为。如让幼儿主动对别人表示友善，关心别人，能设身处地了解他人的感受等。最后，有些内容不当的电视节目也会对儿童的社会化产生消极影响，如电视节目里的暴力行为增加了儿童对暴力行为的忍受能力；有些儿童沉迷于电视会变得懒惰，从而减少了人际交往的机会，导致孤僻、不善交际等。因此，引导儿童正确看待和使用电视、手机等现代社会生活必需品，发展其积极作用，避免消极影响非常重要。

四、教育因素

(一)家庭教养方式

家庭教养方式是影响儿童社会性的最重要因素之一。不同的父母教养方式对儿童的影响是不同的，通常可以分为民主型、专制型、溺爱型和放任型。

1. 民主型

一般来说，民主型是对孩子最有益的教育方式。这种父母对孩子的教育是建立在对孩子的尊重和理解的基础上的。他们会给孩子合理的要求，设定适当的目标，并对他们的行为施加适当的约束。同时，他们会表现出对孩子的爱，认真听取他们的想法。在这种教育方式下成长起来的孩子有很强的自信心和良好的自制力，并且会比较乐观、积极，喜欢与人交往，有很强的认知能力和社会能力。

2. 专制型

专制型育儿方式的特点是严格但不民主。专制的父母要求孩子无条件地服从自己。虽然有时父母给孩子设定的目标和标准很高，甚至不合理，但孩子们无法抗拒。在这种教育方式下，父母和孩子是不平等的。在这种教养方式下长大的孩子会表现出更多焦虑、退缩、缺乏主动性和自信心等负面情绪和行为，不善于与人沟通，只在学校表现得更好。

3. 溺爱型

溺爱型的父母对孩子表现出很大的关爱和期望，但很少对孩子提出要求和控制他们的行为。在这种教育方式下长大的孩子往往不成熟，自制力差。一旦他们的要求得不到满足，他们往往会表现出哭闹、任性等行为。对于父母来说，他们表现出很强的依赖性，很自我，做事往往缺乏毅力和坚持性。

4.放任型

放任型的父母不太关心孩子，不对孩子提出要求，不约束孩子的行为，不对孩子表现出爱心和期望。对于孩子来说，父母一般只提供吃、住、穿等物质基础，并不提供精神支持，他们缺乏爱和温暖。在这种教养方式下长大的孩子容易出现适应困难，适应能力和自制力往往较差。

（二）幼儿园教育

学前期的儿童社会性发展最大的影响因素就是幼儿园教育，这个时期的儿童离开家庭进入幼儿园生活，这段时间里，幼儿与教师和同伴的接触最多。幼儿园对儿童的影响是最直接的也是最深刻的。在幼儿园里教师与幼儿、幼儿与幼儿之间的关系直接影响着学前儿童的情感、交往行为和个性的发展。

1.师幼关系对学前儿童社会性发展的影响

师幼关系是指教师与儿童在教育教学过程中形成的相对稳定的人际关系。它不仅影响教育教学活动的效果，影响孩子对幼儿园的学习和适应，还通过与孩子的情感和行为沟通，对孩子的社会性发展产生重大影响。师幼关系除了一般的表现形式，如双向(即儿童与教师之间的双向交流)、双重性(即效果可能是正面的，也可能是负面的)、差异性(即不同性别、年龄、能力和行为的不同关系)，还具有游戏性、稳定性和亲密性、内隐的长久性和外显的单向性等特征。

师幼关系对儿童社会性，特别是自我的发展具有极大作用。儿童早期对教师权威的高度迷信，决定了他们更易受到教师的期望、评价、批评与表扬，甚至情绪、态度的影响。教师与儿童的积极交往，通过教师的直接指导，儿童能够获取社会知识，学习一定的社会行为规范和价值标准；通过教师的示范以及儿童的观察学习，儿童能习得分享、合作、同情、谦让等亲社会行为。有研究证实，那些感受到教师关爱和高期望的儿童更可能具有高水平的自我意识，更倾向于自信、自尊。

2.同伴关系对学前儿童社会性发展的影响

同伴关系是指年龄相同或相近的儿童之间的一种共同活动并相互协作的关系，是儿童除父母、教师及亲属以外的另一重要的社会关系。同伴交往是儿童社会性发展的一种重要手段。一般来说，儿童与成人的交往关系是不平等的，主要是照顾者、教育者与被照顾者、被教育者之间的关系。与此相比,幼儿与幼儿之间的同伴交往更加平等、互惠和自由。这种新型的人际关系为儿童的社会性发展提供了全新的体验和探索,从而更加有利于儿童社会交往能力和社会判断力的发展。同伴交往对儿童社会性的影响主要表现在以下几个方面:

有助于学前儿童摆脱自我中心性。幼儿的自我中心非常明显,不愿也不能意识到同伴的观点、意图、感情。儿童的同伴交往与他们和成人的交往关系有明显不同,他们在权利和地位上更近乎平等,其关系更容易涉及相互平等、分享心得、投入和回报的合作行为,任何一方都不是支配者。同伴交往的过程就为儿童体验冲突、谈判和协商提供了机会,这种冲突和协商不论是指向物体还是不同的社会观点,对树立协商互利和平等互惠的观念都起着重要作用。与同伴交往的过程让儿童意识到积极的、富有成效的社会交往是通过与伙伴的合作而获得的,经常和同伴在一起,儿童将锻炼自己和别人交流的能力,学会控制自己的行为。争论迫使儿童从自我中心转化到以别人、社会为中心。

有助于学前儿童认识到自我的价值。稳定的同伴关系是满足社交需要,获得社会支持和安全感的重要源泉,幼儿也需要获得归属感,被集体接纳和属于集体,这只能在集体交往中获得,而无法从一对一的友谊中获得。

有助于学前儿童社会认知的发展。学前儿童的社会认知主要包括自我意识、自我评价和对他人的认知。在个体发展过程中,人们都是按照自己在社会情境中的经验来定义自己的。在社会互动中,人们获得了自己怎样做和被他人知觉的信息,这种信息是形成自我的基础。由此,幼儿园中的同伴关系为儿童形成自我概念提供了机会。调查表明,与幼儿同伴中不受欢迎的幼儿相比,受欢迎的幼儿往往是那些善于合作、热心于各种活动、服从老师、自觉遵守班级规则的幼儿。

五、儿童自身的因素

在儿童社会性发展的过程中,儿童自身的各种因素,如气质、认知水平、参与的积极性都会影响其社会化的进程。

(一)儿童气质对社会化的影响

气质是儿童社会性发展的初始基础,儿童自身的气质特征在社会化过程中起着重要作用。婴儿出生时在气质上表现出个体差异,这些差异将影响他们未来的社会性发展。

1.气质影响儿童的社会认知

进入幼儿园后,由于孩子们的气质特征比较明显,思维的灵活性、注意力的稳定性、情感的表达和情感的理解都不同,所以在理解事物的过程中有更明显的差异。

2.气质影响儿童的社会交往

不同气质的儿童在社会交往方面存在一定差异。气质不仅通过儿童的行为影响亲子关系和同伴关系,还通过父母的教养方式和同伴交往影响孩子自身的社会性发展。

(二)儿童的认知水平对社会化的影响

一切外界影响,只有在儿童注意并认识了其意义之后,才有可能转化为自己的观念和行为。儿童的认知水平对于其了解社会知识、社会现象、遵守社会规则和产生相应的社会行为等有着直接的影响。

(三)儿童参与的积极性对社会化的影响

环境对儿童的影响只有在儿童与环境的互动中才能发挥作用。儿童只有与环境互动,主动适应环境,参与各种活动,才能接受环境的影响。如果他们不参与或参与较少,对环境反应少或没有反应,旁观者行为较多,态度消极,可能会使环境的影响难以进入儿童的主观世界发挥重要作用。

第四节　学前儿童社会性发展研究现状

一、学前儿童社会性发展新学派

（一）习性学

习性学诞生于20世纪30年代，其代表人物是奥地利的洛伦兹（K.Loren，1903—1989）和廷伯根（N.Tinbergen，1907—1988）等。[①]习性学是生物学的一个分支，研究物种在自然环境中进化的、有意义的行为。20世纪50年代，英国的精神病学家鲍尔比（J.Bowlby，1907—1990）把习性学与心理学正式联系在一起，对人类行为特别是儿童的行为发展进行了习性学的解释。

1. 习性学理论的基本观点

习性学的理论主要包括物种特有的遗传行为、进化观点、学习倾向和习性学方法。物种特有的遗传行为，指的是某一物种的所有成员基本都具有的行为，受基因控制，在特定的环境中表现出来。强调生物因素对行为的影响，习性学所指的遗传行为包括先天的反射、空间定向和固定的模式三种类型。进化的观点，指同一物种的几代之间发生的变化。个体发展的过程遵循着一定的方式，这种方式因其有利于生存而被物种所保留。学习倾向又叫作学习的预先安排倾向，包括敏感期和一般或特殊的学习能力两个方面。习性学方法主要借助自然主义的观察和实验室实验。

2. 发展心理学中的习性学观点

关键期，是习性学家洛伦兹1935年提出的一个著名概念。个体在一生中有某些特定时期对特定的刺激较为敏感，这时的学习效果比更早或更晚都要更明显。最典型的现象是鸟类的印刻反射和儿童的语言学习。[②]

依恋，是精神分析学说、社会学习理论、认知理论都十分关注的课题，是社会化的重要内容。鲍尔比是英国伦敦的一位精神分析学家，建立了以进化论—习性学观点为

① 王振宇.学前儿童发展心理学[M].北京：人民教育出版社，2015：31.
② 王振宇.学前儿童发展心理学[M].北京：人民教育出版社，2015：31-33.

核心的儿童依恋理论体系。1958年,他发表了《儿童与母亲关系的本质》,首次论述了依恋理论,其后又陆续出版了《依恋与缺失》三部曲,对依恋理论做了充分展开。根据鲍尔比的理论体系,可以从以下几个方面认识依恋理论的基本观点。①

依恋行为,依恋是亲子之间形成的一种亲密的、持久的情感关系。在儿童的发展过程中,婴儿可以建立多重依恋,但婴儿的首个依恋对象一般是母亲。依恋形成以后,婴儿会通过一系列行为保持与依恋对象之间的联系。这些行为包括吸吮、姿势调整、注视和跟随、倾听、微笑等。

依恋发展的阶段。儿童依恋形成是一个发展的过程,根据鲍尔比的研究,儿童依恋的发展主要有四个阶段:第一阶段"不分依恋对象的导向和信息阶段"或"无分化阶段",这个阶段的婴儿主要探索周围的人和事物以及在识别各种刺激的过程中表现出情感技能;第二阶段"指向一个对象已分化的导向和信息"的阶段或"低分化阶段"(3—6个月左右),这个阶段的婴儿的社会发展主要指向母亲,但对陌生人也具有友好的态度;第三阶段"运用运动和信号同已识别的对象保持亲近"的阶段或"依恋形成阶段"(6个月至2岁半),这个阶段的婴儿为了促进亲近和接触,能更加仔细地调节自己的行为以适应成人的行为;第四阶段"修正目标的合作阶段"(2岁半以后),这个阶段的特征是自我中心减少,能够从母亲的角度来看问题。

影响依恋的因素。儿童的依恋是在人际交往过程中发展的,母子交往的质量对依恋起着关键的作用。除此之外,还有婴儿的气质特点和智力水平、母亲的照看方式和照看环境等影响因素。

同伴的交往作用。儿童不仅与家庭成员进行交往,同样需要和同伴进行社会交往,同伴关系与亲子关系是相互平行、不可替代的儿童人际关系,具有重要的心理价值。习性学家认为,人与人之间进行社会相互作用的一个重要目的是获得各种资源,从而满足自身的部分需要,使个体正常地生活。从习性学的观点看,儿童的同伴交往行为也是为了获得资源。对于儿童来说,获得资源的手段和方式随着个体的发展而不断变化。刚出生的婴儿只要通过啼哭就能表达自己的需要并能获得资源,以后,儿童则需要运用各种社会技能,如帮助他人、分享、合作乃至攻击、威胁、争夺等获得资源。

---

① 王振宇.学前儿童发展心理学[M].北京:人民教育出版社,2015:190-229.

(二)发展心理生物学

发展心理生物学,又称发展生物心理学,是指发展心理学和生物学的交叉学科,发展心理学是心理学的一个分支学科。狭义上的发展心理学,是指研究个体从受精卵开始到出生、成熟,直至衰老的生命全程中心理发生与发展规律的科学。发展心理生物学研究影响和构成心理或行为心理成分发展的生物过程,成立于20世纪初,创始人是普莱尔和达尔文。发展心理生物学正式形成的标志是由一群美国心理学家于1968年创办的《发展心理生物学》杂志,它着眼于个体生命全过程中行为和心理的形成基础,其研究内容主要包括四个方面:幼儿的能力;智力的遗传问题;气质的生物学基础;非人类物种的智力水平。①

发展心理生物学的学科特点主要是:第一,与进化论和遗传学密切相关,该学科的研究者基本上接受达尔文的进化论思想,有的人还接受了胚胎学家的复演说观点;第二,深受现代心理生物学对亲子关系研究的影响,这种研究为发展心理生物学带来了独特的观念和方法;第三,神经科学的一些研究方法促进了发展心理生物学的发展,如对大脑神经系统的理化分析、对未成熟动物的药物学和神经系统发育的解剖学研究等方面的技术,都已运用到发展心理生物学之中;第四,重视对早期经验的研究,该学科的研究普遍承认早期经验在个体发展过程中的重要作用,力图探寻早期经验与个体发展之间的因果作用模型。②

发展心理生物学由萌芽到形成发展心理学中极具特色的领域主要经历了两个阶段,与心理生物学相分离和研究方法的改变。发展心理生物学萌芽之时,研究方法主要是吸收或借鉴心理生物学的一些方法,比如:跨种系比较研究、行为遗传研究等。但不久后该学科就进入对自己独立方法的探讨和实际应用阶段,发展心理生物学通常所用的方法是一对一比较。如果以心理生物学家开始研究发展心理学的问题或发展心理学家们开始去探索儿童心理发展的生物学基础作为发展心理生物学形成的萌芽或开端的话,那么独立方法的产生则是它形成的标志。③

---

① 车文博.当代西方心理学新词典[M].长春:吉林人民出版社,2001:80.

② 车文博.当代西方心理学新词典[M].长春:吉林人民出版社,2001:80-81.

③ 李虹.发展心理学领域中的交叉学科[J].北京师范大学学报,1992(01):82-87.

(三)社会生态学

美国心理学家布朗芬布伦纳(Urie Bronfenbrenner)在1979年出版了《人类发展生态学》,提出了著名的人类发展生态学理论。生态在这里是指有机体或个人正在经历着的,或者与个体有着直接或间接联系的环境。他认为,真实自然的环境是人类发展的主要源泉,他强调环境的作用。环境与人的发展是结合在一起的,环境尽管具有重要的作用,但环境对人的影响不是机械的,人作为环境中的人,脱离环境谈人的发展也是毫无意义的。布朗芬布伦纳进而提出了一个颇有影响的儿童发展理论模型,认为儿童发展的生态环境由若干相互镶嵌在一起的系统组成,并将这个系统分为微观系统、中间系统、外层系统、宏观系统以及长期系统。[①]

微观系统,指与个体直接的、面对面水平上的交流系统。例如,直接作用于儿童的各种行为的复杂模式、角色,以及家庭、学校、同伴、游戏场所中的个人的交互作用关系。家庭、学校、同伴群体中的个人都是社会生态系统中的微观系统的组成部分。个体微观系统中的每个人都以面对面、直接交流的方式与个体交互作用。

中间系统,是几个微观系统之间的交互作用关系。布朗芬布伦纳所讲的中间系统,其实就是个体的微观系统之间的交互作用关系。

外层系统,是指两个或更多的环境之间的连接与关系,其中一个环境中不包含这个个体。例如,儿童生活在家庭里,但家庭不是与外界隔离的。父母对待儿童的方式会受到学校、教师的影响,也会受到雇主和朋友的影响。个人的家庭微观系统与其他系统的成员之间有种种交互作用的关系。

宏观系统,是指与个人有关的所有微观系统、中间系统及外层系统的交互作用关系。这是一个有文化特色的系统,可以依据信念、价值观、做事的传统方式、社会角色、生活方式、宗教等内容来描述宏观系统。宏观系统的特色则反映在不同系统之间的交互作用之中。用布朗芬布伦纳的话来说,宏观系统是一种特殊文化、亚文化或其他更广阔的社会环境的社会蓝图。

长期系统,是指在个体发展过程中所有的社会生态系统随着时间的变化而发生的变化。个体的微观系统随着时间的推移可能会发生很多重要的变化,如弟弟妹妹的出生、父母离异、得到或失去宠物等等。

---

① 张岩莉.学前儿童社会教育[M].上海:复旦大学出版社,2012:27.

图1-3　布朗芬布伦纳的社会生态学理论

布朗芬布伦纳指出这些系统中的每一个系统都对儿童的发展有着复杂的生态学意义，各个系统之间是相互联系相互制约的，儿童的发展过程是其不断地扩展对生态环境的认识的过程，由家庭到幼儿园再到社会。

二、学前儿童社会性发展的热点问题

（一）学前儿童攻击性行为研究

攻击性行为，也被称为侵犯性行为，指的是伤害他人或破坏物体（不是出于好奇心）的行为。它是一种故意伤害他人，给他人带来身心伤害的活动。攻击性行为是学龄前儿童社会性发展中普遍存在的行为问题。攻击性行为总是建立在社会判断的基础上，不仅要考虑行为的环境和背景，还要考虑孩子的行为动机。从攻击行为的表现看，主要表现为言语攻击、身体攻击、抢夺或破坏物体等。学龄前儿童的攻击形式以身体攻击为主，很少依靠言语攻击，极少数学前儿童会使用工具攻击其他儿童。从儿童攻击行为的目的来看，可分为敌意攻击和工具性攻击两类。

引发攻击性行为的因素有很多，根据有关学前儿童攻击性行为的研究来看，主要包括家庭因素，如家庭教养方式、亲子关系和家庭氛围等；生物性因素，有些性格活跃、攻击性强的儿童常常继承了一部分父母的特质，不排除遗传因素是儿童攻击性行为形成的一方面因素；社会因素，同伴模仿和大众传播媒介，如电视、手机等都会让幼儿有行为可模仿，从而产生攻击性行为。目前，对学前儿童攻击性行为研究最多的就是儿童攻击性行为与家庭因素的关系。

（二）学前儿童亲社会行为研究

“亲社会行为”一词最早是由美国社会心理学家威斯伯乐于1972年提出的。亲社会行为是指人们在社会交往中表现出的对他人和社会有益的行为，如谦逊、帮助、合作、分享等。我国对亲社会行为的研究始于20世纪80年代。大多数研究者使用假设性情境问卷或对儿童的直接观察来研究亲社会行为。

王美芳曾指出学前儿童的亲社会行为具有以下特点：学前儿童的亲社会行为随年龄的增长而增多；各种类型的亲社会行为分布不均；亲社会行为指向同伴，且随年龄增长更多地指向同性同伴；学前儿童的亲社会行为大多未得到及时强化。①

影响学前儿童亲社会行为的因素主要有生物学因素、个体因素、外部环境因素和交互作用。现在，对于亲社会行为的研究已经很多，但针对0—3岁儿童的研究和与反社会行为相结合的研究还相对比较少。

（三）学前儿童同伴关系研究

同伴关系是指同龄或相近的儿童之间或心理发展水平相同的个体之间在交往过程中建立和发展起来的一种人际关系。同伴交流在儿童的成长过程中有着成年人无法替代的独特作用，孩子们通常喜欢与同龄人互动。

20世纪三四十年代，关于儿童同伴关系的研究在理论、方法和实证研究上都取得了长足的进步。研究人员调查了婴幼儿之间的同伴交流、社会参与、群体动机等。皮亚杰讨论了同伴交流在儿童认知发展中的作用。“二战”期间几乎没有关于儿童同伴关系的研究，随着20世纪70年代和80年代同伴交往研究的迅速兴起，研究者开始探索同伴关系在儿童发展过程中的性质和意义。20世纪70年代以来，我国实行计划生育政策，独生子女群体的出现，使得同伴关系研究成为研究热点。20世纪80年代，通过对国外儿童交往研究的介绍和借鉴，研究者开始了对我国儿童交往进行本土化的研究。自20世纪90年代以来，研究者主要集中在对儿童同伴交往和儿童交际能力培养的探讨上。现在，我国对学龄前儿童同伴交往的研究已经非常广泛，并从不同的学科

① 王美芳.学前儿童亲社会行为的发展特点与教育[J].山东师大学报(社会科学版)，2000(04)：74-76.

和角度对同伴关系的影响因素进行了研究。然而，这些研究成果都是应用于实际教学，并不足以通过改变影响同伴关系的因素来改善同伴关系，也不足以通过改善同伴关系来解决适应不良和情绪问题。

（四）学前儿童自我意识发展研究

自我概念最早由詹姆斯在他的《心理学原理》中提出，其后许多心理学家都曾关注这一领域并进行研究，但几乎每个人都有自己关于自我概念的定义产生。我国学者对于自我意识的概念也有不同，如林崇德、傅安球认为自我意识是关于作为主体的自我的意识以及人我关系的意识，是个体对自身的认识和态度；张春兴认为自我意识是个体自身心理、生理和社会功能状态的知觉和主观评价，指主体对自身的意识；张文新认为儿童的自我意识是儿童对自己在环境和社会中所处地位的认识。虽然自我意识的概念没有达到一致，但是也存在共同之处，即自我意识是对自我的认知。自我意识结构的划分也不相同，主要包括自我认识、自我体验和自我调控等。学前儿童的自我意识发展是儿童发展中不可忽视的一部分，但目前针对学前儿童进行的研究还相对较少。

本章小结

本章核心内容如下：

1. 明确了社会性的含义和内容。

2. 论述了学前儿童社会性发展的基本理论，介绍了精神分析理论、社会学习理论和认知发展理论关于学前儿童社会性发展的相关论述。

3. 从学前儿童自我意识的发展、儿童社会认知的发展、儿童社会情感的发展、儿童社会行为技能的发展、儿童社会适应能力的发展和儿童道德品质的发展六方面论述了学前儿童社会性发展的内容。

4. 分析了学前儿童社会性发展的影响因素。

5. 简要地分析了学前儿童社会性发展研究的现状和相关热点问题，为读者的深度学习提供思路和线索。

思考与实训

1. 阐释精神分析理论、社会学习理论和认知发展理论关于学前儿童社会性发展的观点。

2.阐释学前儿童社会性发展的内涵。

3.分析学前儿童社会性发展的影响因素。

4.阐述学前儿童社会性发展的新近研究成果。

5.结合幼儿园社会教育实践,谈一谈学前儿童社会性发展的相关热点问题。

专题探讨

父母怎样应对孩子的“哭闹要挟”?

几乎所有的父母都遇到过孩子的无理要求和“哭闹要挟”。孩子2岁以后,自我意识开始发展,逐渐有自己的想法和需求,4岁左右,自主性发展到一个新的阶段,于是与父母师长在需求上的冲突增多,以哭闹、执拗,甚至叛逆的方式与成人进行对抗,这让不少父母都感到头疼。为了解一时的烦恼,父母往往迁就而养成了孩子任性的毛病。

那么,应当怎样正确地对孩子说“不”呢?可怜天下父母心,孩子是父母的掌上明珠,都希望给孩子最好的,都喜欢满足孩子的一切需求。可是作为孩子,一味地满足终究有害。孩子要长大成人,在社会化的过程中自然要经历延迟满足、不满足,要通过适当拒绝让孩子明了是非,明白道理。我国著名幼儿教育家陈鹤琴先生说过,对于孩子的要求“切不可一一去允许他。可以允许的就允许他;如不可以的,那么应当毅然拒绝他。如果一听见小孩子哭,就立刻去应许他,那他以后就要以哭为惯技了”①。

这里有几条拒绝的方法和策略可供参考:

第一,父母要理解拒绝的重要性。适当的拒绝,掌握分寸、方法和有理的拒绝,对孩子的发展是大有裨益的。通过拒绝让孩子明白生活与做人的道理。

第二,拒绝孩子之后一定要给孩子解释拒绝的理由。既让孩子感到受尊重,也让孩子明白父母不是无理拒绝的。即使有时候孩子情绪激动不听解释,事后也应该及时寻找机会解释给孩子听。切忌把解释变成安慰自己,甚至寻求孩子原谅的手段。

第三,一旦对孩子说了“不”,就要坚持下去。不要因为孩子哭闹、撒娇而不耐烦、妥协。这样只会影响父母的威信,孩子更将以哭闹、任性、撒娇为“拿捏”父母的技巧。即使确实感觉拒绝不妥,也应当有理有据说明缘由,切不可给孩子留下父母出尔反尔的印象。

第四,引导孩子追求更有价值和意义的东西。例如拒绝买新奇玩具,可以跟孩子说明缘由的同时,引导孩子购买更有意义的东西,例如买书,买其他类型的益智玩具等。

探讨:生活中遇到孩子任性行为,还有什么好的经验和做法?请总结。

① 陈鹤琴著.家庭教育与父母教育[M].上海:上海人民出版社,2016:112.

第二章 学前儿童社会教育概述

学习目标

- 解释学前儿童社会教育的内涵与特点；
- 论述学前儿童社会教育的课程地位和意义；
- 阐述学前儿童社会教育的原则与方法；
- 分析学前儿童社会教育存在的问题，并在实践中学会解决这些问题。

学习重难点

- 重点：学前儿童社会教育的内涵与特点、原则与方法；
- 难点：学前儿童社会教育存在的问题。

案例破冰

爱哭闹的琪琪

刚入园的琪琪比别的小朋友爱哭，别的小朋友来幼儿园的第三天就能在大人离开后的一会儿停止哭闹，自己玩玩具，还能和老师一起做游戏。琪琪早晨来园时不停地哭闹，像膏药一样黏着妈妈，不让妈妈离开，离开妈妈后就要老师抱，或者一直站在教室门口发呆。在老师开展活动的时候，她吵着要老师打电话，"老师，给我妈妈打电话好不好，老师，打电话"，她这样反反复复地强调着。到了吃午饭的时间，琪琪又开始哭闹，不肯吃饭，不停地走来走去，不停地在教室门口张望，嘴里反反复复地说"我要妈妈，妈妈来接"。老师抱着琪琪，安慰她"我们好好吃饭，下午妈妈就来接你了"，可琪琪还是忍不住要哭。

刚入园的儿童进入一个陌生的环境，新的生活环境、生活规则以及新的同伴和老师都需要他们去熟悉和了解，这是他们适应群体生活的第一步。人总是在生活中学习与他人交往的技能，并积极适应社会生活。这些都是学前儿童社会教育的目标与内容。学前儿童社会教育以指导学前儿童进行社会学习，培养学前儿童人际交往能力和社会适应能力为要旨。本章主要讨论学前儿童社会教育的内涵和特点、地位和意义以及学前儿童社会教育的原则和方法。

第一节　学前儿童社会教育的内涵与特点

人是生活在一定的社会环境中的，人的行为必须符合他所处的社会环境，从一个“自然人”发展成为一个“社会人”。学前儿童自出生之时起，就生活在复杂的社会关系网之中，受社会因素的影响和制约，其社会性和社会化的发展是在长期与周围人、事、物的交互作用中实现的。儿童的成长是全面的，其社会性发展和社会化程度展现了学前儿童的整体发展水平，学前阶段是儿童社会性发展的关键时期，社会教育也是学前教育领域非常重要的内容。

一、学前儿童社会教育的内涵

（一）学前儿童社会化

每个儿童从出生的那一时刻起就处于一定的社会环境和社会关系中，特定的社会环境和社会关系构成了儿童身心发展的基本条件，也构成了其身心发展的重要内容。因为人无论如何“天生是社会动物”①，社会是个体发展的舞台，社会化是个体学习与发展的基本过程。社会化是指由自然人向社会人转变的过程，是个体在特定的社会文化环境中，学习和掌握知识、语言、规范、价值观等社会行为方式，适应社会生活的过程。幼儿借助在家庭和幼儿园的经验，将越来越熟练地融入更广泛的社会中。他们开始“解码”行为规范，并敏感地发现社会网络中人与人相互协作与依赖。同时，他们乐于观察人类角色的多样性。随着表达能力与批判性思维能力的发展，他们开始参与决策过程，并通过联系个人经历，意识到自己的生命是如何在特定的时间和地点出现的。在成人的支持下，幼儿从环境中获得满足感。

学前儿童社会化是指学前儿童在特定文化和社会环境中，学习社会中长期积累起来的知识、语言、技能、观念和规范，并内化为个人的品格与行为，形成独特的个性和人格，最终适应社会生活的过程。它不是一个简单的发展过程，而是一个复杂、持续的过

① 马克思．资本论，马克思恩格斯全集：第23卷［M］．北京：人民出版社，1972：379.

程，是学前儿童从自然意义上的“人”，逐步转变为社会意义上的“人”的过程。它既离不开社会群体、家庭成员、幼儿园教师的影响，也离不开儿童本身的观察与模仿、积极主动参与社会生活。社会化是学前儿童顺利融入社会的必经历程，如果剥夺了这个成长历程，儿童将无法成为一个有社会经验的社会人，而是永远停留在自然人的水平上。

野性的孩子

13岁的女孩吉尼被别人发现时，住在一间几乎全黑的屋子里，所有的百叶窗拉得严严实实，她的卧室里仅有一个金属笼、一个儿童坐便椅，没有任何玩具。白天吉尼被捆在坐便椅上，而晚上则被锁在金属笼的床上。这个家庭中，任何人都被禁止和她说话，她的食物被迅速扔给她，期间没有任何语言交流。如果她的父亲听到她发出声音，就会敲打她，呵斥她，让她安静。直到同样受到虐待，双目几近失明的母亲带着她逃出来，吉尼才被当局发现。通过一些治疗和训练，她学会了一些单词，也学会了微笑，行为举止发生了一些改变，但是她没有办法掌握语法，没有办法控制自己突然爆发的情绪，也缺乏独立生活的能力。①

为了能够较好地适应社会，能够与他人交往，学前儿童只有通过不断模仿、学习并接受这个社会特有的交往知识、交往技能和交往规则，形成正确的价值观念、行为规范以及积极的生活态度，才能较好地融入社会生活。

（二）学前儿童社会性发展

人的需要具有多层次、差异化等特点。根据人的发展需要，可以将其分为两大类，一类是生物性需要，即人的生理性需要，指能够基本保持和维持生命延续和生长，如吃饭、喝水、睡觉等需要，生物性需要是原始性的。另一类是社会性需要，社会性是指个体为适应社会生活所表现出来的心理和行为特征，是指人参与社会活动，并能与社会因素产生互动，如认知的需要、交往的需要、工作的需要等，社会性需要是后天习得的，源于社会生活。

学前儿童的社会性是指学前儿童在其生物性特征发展的基础上，在与社会互动过程中，获得社会需要的态度和价值，掌握社会规范、形成社会技能，能以独特的个性与

① 罗斯·D.帕克，阿莉森·克拉克－斯图尔特．社会性发展[M]．俞国良，郑璞，译．北京：中国人民大学出版社，2014：3.

人相互交往、相互影响，适应社会生活，在社会化过程中形成的学前儿童心理特征。学前儿童社会性发展是指学前儿童随着年龄的增长，其社会心理和行为发展变化的过程，是学前儿童学习社会规范、掌握社会生活技能、社会交往技能，最终形成良好的社会性行为的过程。

学前儿童社会教育是什么？这是研究和开展学前儿童社会教育首先要回答的问题，不同学者对学前儿童社会教育有着不同的界定。学前儿童是指0—6岁的学龄前儿童。有学者将学前儿童社会教育表述为：主要是指对幼儿进行社会认知、社会情感、社会行为等方面的教育，具体说来是指帮助幼儿正确地认识自己、他人和社会（社会环境、社会活动、社会规范、社会文化），形成积极的自然情感和社会情感，掌握与同伴、成人相互交往以及与周围环境相互作用的方式，以使幼儿能有效地在自然社会中生存与发展的教育。①也有学者将其表述为“以儿童的社会生活事务及其相关的人文社会知识为基本内容，以社会及人类文明的积极价值为引导，在尊重儿童生活、遵循儿童社会性发展规律与特点的基础上，由教育者通过创设有教育意义的环境与活动等多种途径，陶冶儿童心灵，使之形成良好的社会理解力、社会情感与品德及行为能力，成长为完整健康之人的教育过程”。②

结合已有学者的研究以及《幼儿园教育指导纲要（试行）》（2001）（以下称《纲要》）和《3—6岁儿童学习与发展指南》（以下称《指南》）中的相关要求，将学前儿童社会教育界定为是以发展幼儿社会性、促进其良好社会性品质的形成为主要目标，以形成良好的社会认知、社会情感与社会行为为主要内容的教育活动。社会认知主要是学前儿童对社会环境、社会活动、社会行为规范及社会文化的认知；社会情感主要是学前儿童在进行社会活动时所表现出来的依恋感、自尊感、同情心和羞愧感等；社会行为主要是学前儿童在社会交往中形成的合作、分享、助人等方面的技能。总之，学前儿童社会教育就是要引导儿童在社会认知、社会情感及社会行为方面的协调发展，成为适应社会的，健康、幸福的人。

学前儿童社会性的发展，仅仅依靠学前儿童自身是无法完成的，除了学前儿童内化学习和自我约束之外，更为重要的是对学前儿童进行社会教育，特别是在幼儿园中

① 李生兰．学前教育学[M]．上海：华东师范大学出版社，2006：110.

② 甘剑梅．学前儿童社会教育的内涵、性质与课程地位．学前教育研究[J]，2011(1)：53-59.

进行社会教育。学前儿童社会教育是学前儿童社会化的重要途径,通过创设良好的物质环境和精神环境,帮助其尽快适应生活环境和周围的人际关系,同时在尊重儿童生活、遵循儿童个性和社会性及品格发展规律与特点的基础上,由教师、家长及相关教育活动人员通过多种途径,培养儿童初步的社会生活能力,逐步形成符合社会发展需求的社会认知、行为和情感。

二、学前儿童社会教育的特点

(一)全面性和整合性

学前儿童社会教育目标涉及儿童多方面发展,既要引导其养成良好的性格和情感,又要培养儿童初步的社会生活能力,最终促进儿童身心和谐健康发展。其中养成良好的性格和情感是儿童一生幸福的基础,它的培养需要环境潜移默化地影响,而不是有意识地说教。社会教育的内容是社会生活事物和人文知识,是诸多学科内容的整合,教师在开展社会教育时,要保持一种知识整合观。教师要有一种宽广的教育视野,不能有"非此即彼"的狭隘教育观,非得为社会教育划一个界限。①学前儿童社会教育的根本目的是让儿童做一个人格完整、健全的人,因此教师不应只关注社会生活知识和社会生活技能的教育,更要关注学前儿童品格、情感与态度的教育,要整合幼儿园、家庭和社区的力量,共同构建对儿童社会性发展有益的环境,以使儿童社会性发展获得环境支持,教师在教育合力中扮演协调者和引领者的角色,最终促进儿童完整、健康发展。

(二)生活性和渗透性

学前儿童社会教育的生活性表现在它对幼儿生活的关注上:关注幼儿的生活,以生活的逻辑来考虑幼儿园的教育。《纲要》指出:"要在共同的生活和活动中,以多种方式引导幼儿认识、体验并理解基本的社会行为规则,学习自律和尊重他人……引导幼儿参加各种集体活动,体验与教师、同伴等共同生活的乐趣,帮助他们正确认识自己和他人,养成对他人、社会亲近、合作的态度,学习初步的人际交往技能。"学前儿童社会

---

① 甘剑梅.学前儿童社会教育(第2版)[M].北京:高等教育出版社,2021:5.

教育应该立足于真实世界，为儿童提供丰富的生活和生动的体验，解放孩子的身心，让孩子主动感受、亲近社会生活中的人和事，在人际交往的社会背景之下，实践爱与尊重。可见，学前儿童社会教育是源于儿童生活的教育，也是为了儿童生活的教育。学前儿童社会教育的内容非常丰富，包括社会认知、社会情感和社会行为等，有些内容教师可以通过组织集体教学活动实现，但集体教学活动只是其中的一部分，学前儿童社会教育应渗透在生活的各个环节。

（三）实践性和练习性

生活实践是学前儿童社会学习和发展的重要源泉，学前儿童社会学习和发展离不开实践与反复练习，社会教育要通过实践才能实现内化。如要引导儿童养成珍惜劳动成果的习惯，可以让其去商场、医院、超市等场所，体会这些机构给大家提供的便利和服务，懂得尊重工作人员，珍惜劳动成果。在社会教育中，教育者要有目的、有计划地给学前儿童实践锻炼和练习操作的机会，通过身体力行、反复练习形成良好的社会行为和习惯，避免简单、枯燥的说教。要为儿童营造感受、练习和巩固的机会，带领学前儿童参加丰富多样的社会实践活动，为他们今后的社会行为实践打下基础。

（四）长期性和一致性

美国心理学家埃里克森认为，儿童人格的发展是一个逐渐形成的过程，贯穿人的一生，他认为每个阶段都有一个普遍的发展任务。学前儿童社会学习是一个经验积累的漫长过程，他们在社会学习中表现出反复无常的行为属于正常现象，这就决定了学前儿童社会教育的长期性和反复性。教育者在设计、开展教育活动时，要考虑儿童社会性发展的特点和规律，适当地重复和强化。当学前儿童出现良好的行为时，教育者要对其明确表示肯定、赞同；当出现不良行为时，要用其能理解和接受的方式指出错误，改变其错误的社会行为。同时，学前儿童社会教育要促进学前儿童社会化朝着健康的方向发展，教育者对学前儿童的社会教育一定要自始至终保持统一，坚持一贯性，教育者自身的言行也要保持前后一致。

第二节 学前儿童社会教育的地位与意义

拓展阅读

假如真的有“普适父母机器”

1979年，美国科学家乔恩斯、亨德里克和爱泼斯坦曾经做过这样一项假想实验——“普适父母机器”(Universal Parenting Machine)：假设六名婴儿自出生起便被放入这台机器之中，这台机器装载着先进的设备，它能满足婴儿所有的生理需求，并且一直支持他们的发展直至成熟。在这台机器中，这些婴儿在十八岁之前除了彼此接触之外，不和其他人接触，他们不知道世界上还有其他人和社会的存在。如果这台普适父母机器真的能够为人类创造出犹如伊甸园一般的纯洁生活，到处是花草树木和鸟语花香，住着穹顶如天空般的房子，感受四季更迭和日月星辰，让他们完全生活在大自然的世界里，试想一下，他们是否能够获得愉悦？甚至是否能够生存下来？

人类之所以为人是因为他们的生活既不完全适用于弱肉强食的丛林法则，也不可能无限地被复制。他们需要其他人、需要文化、需要社会的支持，发展与他人的互动关系，从而由自然人变成社会人；发展爱别人、依赖别人或稳定的友谊关系；发展语言，从而有效地与他人沟通复杂的想法；发展复杂的思维方式，从而能够在解决问题的过程中顺利地实施和向他人表达思想；发展对自己和他人成就的自豪感，从而发现自己存在的意义；发展善恶标准，从而有规律地指导自己与他人的日常互动。这些意识和行为都无法脱离人的社会环境及其教化活动，否则人将等同于丛林的动物，或是生产线上可以无限复制的产品。

一、学前儿童社会教育的地位

(一)学前儿童社会教育的导向性与价值引领地位

2001年颁布的《幼儿园教育指导纲要(试行)》(以下称《纲要》)指出，幼儿园的教育内容是全面的、启蒙性的，可以相对划分为健康、语言、社会、科学、艺术等五个领域，各领域的内容相互渗透，从不同的角度促进幼儿情感、态度、能力、知识、技能等方面的发展。五大领域的教育共同作用于儿童的身心健康发展，但其中学前儿童社会教育起着导向性作用，为其他领域提供方向和价值指引。健康教育与社会教育相互联系、相互促进。科学的健康观是整体健康，不仅指躯体没有疾病，还要心理健康、具有良好的社会适应能力。对于学前儿童来说，健康包括身体健康、情绪情感健康、心理健康以及社会适应能力良好，这正是社会领域所关注的问题。语言教育是社会教育的基础，社会教育是语言教育的灵魂。语言既是人们思维的工具，也是人们沟通和交流的工具。语言教育中的故事、寓言等往往蕴含着丰富的生活常识和深刻的生活哲理，是对儿童进行社会教育的有效方式。科学教育需要社会教育给予价值上的引导。学前儿童科学教育的重要任务是引导孩子探索和认识周围的客观世界，在科学教育中，让儿童了解周围的客观世界，获得一定科学知识的同时，更重要的是让儿童学会如何理解和运用这些科学知识。即科学教育不仅要让儿童获得知识，更要培养儿童的科学态度、科学精神和科学意识。艺术教育与社会教育的目标高度统一。艺术教育是一种美的教育，其教育的核心是让儿童感受美、欣赏美、表现美和创造美，而这也是社会教育的真谛。这些都是社会教育的内容，可见社会教育指引着其他领域课程的价值方向，旨在帮助学前儿童建立与外部社会的和谐互动关系，使之成为有益于社会发展的人。

（二）学前儿童社会教育与其他领域教育的关系

作为从自然人向社会人过渡的个体，幼儿阶段不仅是身体的发育，还有艰巨的心理发展的任务，不仅发展智力、才艺、技能，还要发展他们不可缺少的情感态度、行为习惯等社会性品质。幼儿各方面的发展不是孤立地进行，各方面发展之间有着不可分割的联系。幼儿的学习发展具有整体性，任何一个方面的发展都影响和依赖于其他方面的发展。学前儿童社会教育与其他领域教育的关系十分密切。2012年颁布的《3—6岁儿童学习与发展指南》，从健康、语言、社会、科学、艺术五个领域描述学前儿童的学习与发展，五大领域的发展不是各自独立的，而是相互联系、相互渗透、相互影响的统一体，只是从不同角度促进幼儿健康、智力、技能、情感、态度、道德品质、意志、艺术等全面健康发展。

1. 社会教育与健康教育的关系

幼儿正处于身体和心理发育和发展的最初阶段和重要时期，促进幼儿身心健康发展是幼儿阶段的首要任务。健康是指身体、心理和社会适应方面的良好状态。《指南》中指出发育良好的身体、愉快的情绪、强健的体质、协调的动作、良好的生活习惯和基本生活能力是幼儿身心健康的重要标志，并根据幼儿学习与发展的内容划分为“身心状况”“动作发展”和“生活习惯与生活能力”三个子领域。其中“身心状况”包含的情绪安定愉快、具有一定的适应能力是社会教育关注的问题。当为幼儿营造温暖、轻松的心理环境时，就能让幼儿形成安全感和信赖感，保持良好的情绪状态，这是良好社会情感形成的基础。从具有一定的适应能力角度而言，健康领域更多是从适应物质环境出发，锻炼幼儿适应生活环境变化的能力。而社会教育在关注儿童身体健康的同时，更加关注其社会性的发展。幼儿对社会的适应不仅仅表现为对社会环境的顺应，也表现为对社会环境的积极同化。如果社会环境是不好的，那就要用积极的、正确的价值观引导儿童树立正确的价值观，将其转化为自己的行为。同时，体育活动不仅能促进幼儿身体健康发展，还能培养幼儿坚强、不怕困难的意志品质和乐观、合作的态度，这些都是学前儿童社会适应的必备品质。因此社会教育和健康教育是相互渗透、相互促进的。

2. 社会教育与语言教育的关系

语言是交流和思维的工具，幼儿期是语言发展，特别是口语发展的重要时期，幼儿语言的发展贯穿于各个领域，语言是儿童社会化的重要工具，也是儿童社会化的重要途径。语言的发展能够促进儿童社会性的发展，语言的发展能够帮助儿童逐步发展对外部世界、对他人和对自己的认识。倾听是感知语言的前提，也是理解语言的重要途径，只有懂得倾听、乐于倾听并且善于倾听的人，才能真正理解语言的内容，通过倾听与表达，儿童能够理解别人的感受和清楚表达自己的想法，使其情感获得极大满足。因此，语言教育可以提升幼儿的人际交往能力，学习建立良好的社会关系，促进社会性发展。同时，我们又应该看到语言能力本身就是幼儿社会性发展的方面，二者关系密切。

3. 社会教育与科学教育的关系

儿童从出生之日起，就开始了对周围世界的探索和认识。幼儿科学学习即科学探究和科学认知的对象都是客观世界，是自然界中的事物和现象。儿童早期科学的学习紧紧围绕着激发探究和认识兴趣，体验探究和解决问题的过程，发展初步的探究和解决问题的能力。学前儿童科学教育不仅是引导儿童认识和探索事物，还要让儿童意识到人类与世界的关系，引导儿童在认识与探索世界的同时，学会爱护动植物，关心周围的环境，养成初步的环保意识。同时在开展科学探究时，一般要经历提出问题、观察探索、思考猜测、验证假设、收集信息、合作交流等基本环节，探究中的合作既有利于幼儿体验和学习如何围绕探究任务与同伴分工合作，也有助于幼儿合作能力的提升，这也是社会教育的内容之一。因此科学领域的教育中蕴含丰富的社会教育要义。社会教育在价值取向上引导着科学教育。科学教育是支持学前儿童社会性发展不可或缺的方面。

4. 社会教育与艺术教育的关系

艺术是人类欣赏美、感受美、表现美和创造美的重要形式，也是个体表达自己对周围世界的认识和情绪态度的独特方式，儿童艺术的学习与发展包括感受与欣赏、表现与创造两个子领域，尤其强调儿童艺术兴趣、艺术感受和艺术创造能力的养成。同时，艺术教育的价值在于展示生命的美，弘扬生命的价值，它的目的在于培养幼儿能够运用艺术的语言和方式表达美好的情感。如在艺术欣赏活动时，幼儿能直观地获得有关社会生活与社会文化的知识，并通过欣赏获得美感，满足自己的审美需要，进而产生一种以情感愉悦为主调的心理状态，促进幼儿积极心理的产生，这也与社会教育内容相呼应，最终指向儿童人格的健全和完善。

二、学前儿童社会教育的意义

雅斯贝尔斯说："教育所要唤醒的是人的潜在本质，能让儿童逐渐认识自我、认识知识和探索道德。"[①]学前儿童社会教育在整个学前教育中起着非常重要的作用，其不仅能让学前儿童亲身体会到作为公民的权利和责任，还可以引导学前儿童认识、了解、

① 雅斯贝尔斯.什么是教育[M].邹进，译.北京：生活·读书·新知三联书店，1991：9.

接纳和认同自己，了解社会环境、社会和自己的关系、社会中的各种人际关系，培养其良好的个性和性格，从自然人发展为社会人。

（一）促进文化认同，培养合格公民

一个国家公民的素质直接关系到社会能否健康发展、国家是否稳定等重大问题，而公民的素质很大程度上取决于教育，尤其是学前阶段的教育。在现代社会，社会教育担负着培养现代公民的重要责任，将社会教育的核心任务定位于公民的培养，也是国内外教育界的一种共识。学前儿童社会教育的目标和内容受特定社会要求和社会发展水平的影响和制约，同时社会教育要将社会要求和社会状况反映在课程内容中。学前儿童社会教育通过引导儿童掌握我国优秀传统文化，如语言、文字、各种风俗习惯和各类蕴含丰富传统文化内容的材料，来实现传统文化的传承。同时，文化认同是人们在一个民族共同体中长期共同生活所形成的对本民族最有意义的事物的肯定和认可，其核心是对一个民族的基本价值认同，对于儿童来说，是建立正确价值归属感的生成基础。学前儿童社会教育通过引导儿童了解多元文化、创造新的文化来实现优秀文化的传承和发展，同时在文化学习过程中促进文化认同，为社会培养合格公民奠定基础。

（二）促进儿童社会化，培养儿童社会能力

《指南》指出，“幼儿社会领域的学习与发展过程是幼儿社会性不断完善并奠定健全人格基础的过程”，其社会学习内容主要包括人际交往与社会适应。幼儿阶段是社会性发展的关键时期，良好的人际关系和社会适应能力对幼儿身心健康发展以及知识、能力和智慧作用的发挥具有重要影响。“幼儿在与成人和同伴交往的过程中，不仅学习如何与人友好相处，也在学习如何看待自己、对待他人，不断发展适应社会生活的能力。”良好的社会性发展是幼儿身心健康全面发展的基础。社会化是儿童由自然人转变为社会人的必经历程，这一历程离不开社会教育。儿童出生时，只具备一定的生理条件，是一个自然实体，还没有成为社会实体。要成为适应社会生活的成员，就需要在与他人的互动中学习相应的社会经验，学习为满足社会需要的社会知识、经验和技能。对于学前儿童来说，他们对环境影响的接受大多处于不自觉的被动状态。当所处社会教育环境是积极时，儿童可能实现的是积极的社会化，如在民主型家庭中，互敬互

爱的父母可能让孩子学会的是尊敬和关爱他人的社会品质；当所处社会教育环境是消极时，儿童获得的可能是消极的社会化，如生活在现代资讯媒体中的儿童因为过早接触成人世界的资讯，正面临童年消逝的危险。①因此学前儿童社会教育首先应该为儿童的健康发展营造积极的环境，为儿童提供健康的、有品质的环境，在此基础上引导儿童实现积极的社会化。

社会能力是儿童认识并处理人际与社会关系，进而适应社会生活的能力，这些能力包括交流信息、合作、沟通、自我控制和调节、形成和发展人际关系、关心尊重他人、适应群体生活、遵守社会规则等。北京师范大学中国教育创新研究院与美国21世纪学习联盟开展合作，通过文献梳理、深入研讨和综合论证，提出了"21世纪核心素养5C模型"，具体如图2-1所示。

图2-1　21世纪核心素养5C模型

"21世纪核心素养5C模型"包括文化理解与传承素养、审辩思维素养、创新素养、沟通素养、合作素养5个方面，每个素养各有侧重。文化理解与传承素养是核心，该素养所包含的价值取向对所有行为都具有导向作用；审辩思维素养与创新素养侧重于认知维度，审辩思维素养强调理性、有条理、符合逻辑，创新素养强调突破边界、打破常规；沟通素养与合作素养侧重于非认知维度，沟通强调尊重、理解、共情，合作强调在实现共同目标的前提下做必要的坚持与妥协。同时，每个素养之间又相互关联。文化理解与传承是核心；创新离不开审辩思维，沟通是合作的基础；良好的审辩思维能够提升

① 尼尔·波兹曼．童年的消逝[M]．吴燕莛，译．桂林：广西师范大学出版社，2004：311.

沟通与合作的效率,有效的沟通与合作有助于实现更高质量的创新。①社会能力是21世纪人才核心素养的重要组成部分,贯穿于每个素养之中,创新、沟通、合作等都是社会能力的构成内容,学前阶段是培养这些能力的关键期。

了解自己,解自己和他人、自己与集体之间的关系,并初步掌握基本的集体规则和交往技能。通过社会教育,不仅能让学前儿童初步适应社会生活,还能为其成为未来社会的合格公民打下良好基础。

(三)促进儿童个性和社会性的和谐发展,形成完整人格

我国学前教育的总目标是促进学前儿童德智体美劳的全面发展,即儿童生命各方面的完整发展。完整人格是儿童一生持续发展的重要基础,它由个性与社会性的发展构成,学前儿童社会教育促进二者的和谐发展。个性是指个体在与环境互动过程中形成的具有社会意义的、稳定的心理特征系统,由个性倾向性、个性心理特征和自我意识构成。个性倾向是指人对社会环境的态度和行为的积极特征,它是推动人进行活动的动力系统,包括需要、动机、兴趣、理想、信念、世界观等。个性心理特征是指个体在其心理活动中经常、稳定地表现出来的特征,主要指人的能力、气质和性格。自我意识是对所有属于自己身心状况的意识,自我意识是个性系统的自我调节结构,是整合、统一个性各个部分的核心力量,也是个性成熟水平的标志。自我意识包括自我认识、自我体验和自我调控。社会教育有助于幼儿发展良好的自我意识,发展正确的自我概念,掌握适宜的社会性行为。在《纲要》中,社会领域发展的第一条目标就强调儿童自我意识的培养。学前期是个体个性形成与发展的关键期,学前儿童社会教育在个性形成过程中起着非常重要的作用。

儿童社会性发展的心理结构主要包括社会认知、社会情感、社会行为、道德品质和社会适应五个部分。童年早期的社会性发展对其一生有着非常重要的作用,如果这一时期得到成人耐心的照料和积极的关注,就容易形成友爱、温和的性格,形成自爱、自尊、自信的品质,反之容易出现恐惧、攻击性行为、不合群等特点。童年早期是儿童社会性发展的关键期。有研究表明,2—4岁是儿童秩序性发展的关键期,3—5岁是儿童自我控制发展的关键期,4岁是儿童同伴交往发展的关键期,5岁是儿童由生理性需要

① 魏锐,刘坚,等."21世纪核心素养5C模型"研究设计[J].华东师范大学学报(教育科学版),2020(2):20-28.

向社会性需要发展的关键期。[①]因此，教师应注意给予儿童恰当且及时有效的帮助，以促进其社会性发展。

个性和社会性紧密联系在一起，儿童社会化的过程就是其个性和社会性发展的过程，如果忽视个性发展，只强调社会性的习得和发展，则会影响个性心理，从而影响其创造性的发挥。同样，如果一味地追求个性发展，忽视集体与社会的共性关注，则会影响其融入社会的能力，从而影响社会和谐。社会教育不仅能帮助幼儿发展适宜的自我意识，掌握基本的人际交往规范，发展与他人交往的社会技能，让幼儿愿意并有能力与他人交往，还能帮助幼儿习得必要的社会品质，掌握相应的社会规范。因此，通过学前儿童社会教育，实现个性和社会性的平衡发展，最终促进其形成完整人格，促进其健康发展是学前儿童社会教育的意义所在。

① 杨丽珠，吴文菊．幼儿社会性发展与教育［M］．大连：辽宁师范大学出版社，2000：11．

第三节 学前儿童社会教育的原则与方法

一、学前儿童社会教育的原则

学前儿童社会教育需要遵循从总体原则的把握到主要实施途径的选择，再到具体教育活动方案的设计这一基本规律。总体原则能够帮助教师把握正确的学前儿童社会教育观，有效保障学前儿童进社会教育的科学性，从而引导学前儿童进行有效的社会学习。

（一）渗透性原则

《纲要》指出："社会领域的教育具有潜移默化的特点。幼儿社会态度和社会情感的培养尤应渗透在多种活动和一日生活的各个环节之中。"社会领域总是与其他领域存在着千丝万缕的联系，并渗透于幼儿的一日生活中。首先，幼儿园社会领域的教育活动往往与其他领域的活动结合开展，社会领域教育活动的核心目标在于促进其社会性的发展，同时需要积极地采用其他领域的活动形式来作为支撑。其他领域的教育活动虽然核心目标不在于促进社会性发展，但是其活动环境的创设等是建立在幼儿所能理解的社会生活中的。例如，语言教学中，绘本《你看起来好像很好吃》教学活动，在发展幼儿语言能力的基础上，理解爱与被爱的快乐；科学活动中，幼儿对植物进行浇水，观察、记录它们的成长过程，不但帮助幼儿了解植物的生长过程，而且培养了他们热爱自然的情感与关心周围环境的责任意识。其次，学前儿童社会教育渗透于幼儿的游戏活动中。如角色游戏，幼儿根据自己所扮演的社会角色调节相应的行为，学会处理不同角色间的人际关系；建构游戏中，幼儿在对材料的操作过程中，培养了认真仔细、不怕困难、团结合作的良好品质。再次，学前儿童社会教育渗透于幼儿的一日生活中。幼儿社会性发展水平的提高不仅局限于专门的社会领域教学活动中，日常生活也是进行社会教育的良好契机，如进餐时渗透着爱惜粮食、不挑食、文明进餐的良好习惯。因此，学前儿童社会教育应遵循整体观，遵循五大领域相应渗透的原则。

（二）实践性原则

《纲要》指出幼儿与成人、同伴之间的共同生活、交往、探索、游戏等，是其社会学习的重要途径。应为幼儿提供人际相互交往和共同活动的机会和条件，并加以指导。儿童社会学习依赖于实际生活的参与，儿童在实际参与中获得真实的体验：如自我服务，为他人和集体服务，和教师、同伴沟通、合作的技能等。因此，教师应根据社会教育的目标，有计划地为幼儿创设实践锻炼的机会。同时，游戏是儿童最喜欢的活动形式，儿童能通过游戏再现真实的生活，游戏又创造性地反映现实生活。在游戏中，他们了解不同职业人员工作的性质、特点、行为规范，学习解决问题、处理矛盾冲突，所以教师要为儿童提供参与游戏的机会。但是由于儿童缺乏社会经验，所以在刚开始学习社会行为时，教师应给出正确、具体的实践行为方式，比如想要加入其他小朋友正在玩的游戏，可以采用礼貌地提出要求、等待的方式，或以游戏角色的身份加入游戏，征求其他小朋友的同意。

（三）生活化原则

生活化原则是指儿童社会学习的内容要尽可能联系生活实际与生活经验或还原到真实的生活中，社会教育是在日常生活中，借助日常生活，并且为了日常生活而进行的。社会教育不能离开儿童的生活经验与需求空谈。儿童的社会性学习是在生活中随时进行的，具有长期性和反复性的特点，因此学前儿童社会教育必须坚持生活化原则。著名教育家陶行知指出："社会即学校，生活即教育。"儿童的生活中处处蕴含着、渗透着社会教育的内容，儿童社会教育的内容应指向儿童的日常生活，教学内容是儿童日常生活中经常遇到和熟悉的。比如从家庭生活来说，有家庭中的人与物，家庭成员间的关系，家庭成员一起外出散步、游玩、运动等活动，从幼儿园生活来说，有幼儿园中的人与物、同伴之间、幼儿与教师之间的交往、日常的生活、外出活动等。这些都是非常丰富而真实的社会生活，其中渗透着社会知识、人与人之间的真实情感、社会行为规范的要求，是儿童社会学习的重要内容。学前儿童社会教育的根本目的是把儿童培养成符合社会要求的人，使其适应日常生活并且具备独立参与社会生活的能力。坚持生活化原则，还由于社会教育内容的琐碎、随意和重复性，儿童只有在日常生活中反复练习，才能形成稳固的生活习惯。

(四)一致性原则

儿童社会学习是一个漫长的积累过程,需要幼儿园、家庭和社会密切合作,协调一致,共同促进幼儿良好社会性品质的形成。一致性原则是指教师、家庭要尽力为儿童的社会性发展营造一个连续与统一的环境,这个环境既包括教师自身影响的连续与统一性,也包括各方面力量的连续性与统一性。首先,教师呈现给儿童的观点、行为与情感要保持内与外的统一以及时间上的统一,教师不一致的言行会使儿童对教育充满怀疑和不信任。对于教师来说,言传身教、表里如一是重要品质。另外,教师对儿童提出的教育要求,要坚决执行,以帮助儿童持之以恒地练习,养成终生受用的习惯。其次,儿童社会性学习是一个漫长的过程,同时又无处不在,具有随机性和反复性的特点,所以学前儿童社会教育要进行长期的系统规划,还要长期一贯地坚持教育要求。如培养幼儿遵守基本的行为规范,要帮助幼儿了解基本行为规则,在一日生活中不断强化,对幼儿遵守规则的行为要及时肯定,对违规行为给予纠正,同时评判标准要一致。再次,社会教育不是单靠一方的力量就能完成,必须将其置于广阔的社会背景中,利用多方面的教育因素。幼儿教育机构和家庭是幼儿在成长中非常重要的两个环境。在幼儿社会教育中,两个环境对幼儿的社会性发展要求和步调必须要一致,这样才能给幼儿提供一个稳定的、连续的行为环境,有利于幼儿行为规范的养成。如果家庭和幼儿教育机构的要求不一致,幼儿在幼儿园和在家庭里的行为表现得到的评价不一致,容易引发幼儿认识上的混乱和行为上的矛盾,教育的效果就会降低。我们经常听到有教师说幼儿在家待几天后返回幼儿园时,行为完全变了,其中一个重要的原因可能就是家庭教育要求和幼儿园不一致。例如,幼儿园教师要求幼儿把用过的玩具、文具放到指定的位置,要求幼儿学会整理,但是有的家长在家里却允许幼儿将玩过的玩具、看过的图书随便乱扔,整理工作都由家长代替完成。这种不一致在很大程度上削弱甚至抵消了教师在幼儿社会性发展过程中所做的努力。因此,教师要经常和家长相互沟通交流,就幼儿社会发展的目标和要求与家长共同探讨,共同寻求积极的途径来促进幼儿的社会性发展。

案例

教育的“5+2=0”效应

明明今年刚上幼儿园，在幼儿园里，教师要求游戏结束，收拾整理完物品才能回到座位。一天，妈妈要带明明出去玩，明明先把他玩的积木一一收拾起来，整整齐齐地装回盒里，放回到玩具架上，走了几步后，回头看了看，见积木盒摆得不是很正，又跑回去，将积木盒子重新摆正，这才出来。妈妈嫌他太磨叽了，他说：“老师说，要养成自己收拾玩具的好习惯。”妈妈说：“你现在又不是在幼儿园，等会儿回来你还要玩，还不是白收拾。”

二、学前儿童社会教育的方法

社会领域是一个综合的学习领域，社会学习往往融合在各种学习活动中，并渗透于幼儿园一日生活的各个环节。在幼儿社会领域的学习与发展中，“体验”是一种非常重要的学习方式，特别是情感态度类的学习，更不是简单地“讲道理”所能奏效的。原则上讲，态度不是“教”出来的，也不是可以脱离其他内容而单独存在的东西，它是伴随着活动过程而产生的体验。①由此可见，学前儿童社会教育方法的基本特点是实践练习、在做中学，在真实体验中学习。

（一）环境陶冶法

环境陶冶法是指利用环境条件、生活氛围和教师本身的言行举止，对幼儿进行积极感化、熏陶，潜移默化地影响幼儿社会态度和行为的方法。优美的自然环境、良好的社会环境和教育者有意识创设的教育情境为幼儿社会性发展与教育提供了有利的条件。幼儿社会学习具有很大的随机性和无意性，相较于专门的社会教育活动，通过环境熏陶，于潜移默化中培养幼儿的良好行为习惯，是幼儿容易接受的教育方式，其效果也要比言语传递好得多。因此，环境陶冶法在培养幼儿社会情感和适宜社会行为方面具有重要作用。良好心理环境的创设，能够使学前儿童与环境开展积极的互动，让学前儿童在环境中认识自我、学会与他人交往，实现社会性的发展。反之，则会阻碍学前儿童社会性发展，甚至使其发展趋于迟滞。

① 李季湄，冯晓霞.《3—6岁儿童学习与发展指南》解读[M].北京：人民教育出版社，2013：102.

环境陶冶法包括环境陶冶和榜样熏陶。环境陶冶就是通过环境对幼儿进行社会化的影响，如优美的自然环境、良好的社会环境或教育者创设的教育情境，如“孟母三迁”说的就是环境对人的影响作用；教师在重阳节带幼儿到敬老院看望爷爷奶奶，从而培养幼儿尊敬老人等，就是通过创设教育情境，影响幼儿的社会行为。榜样熏陶法在学前儿童社会教育中运用是指教师利用自身或故事中的榜样去影响和教育儿童，形成良好社会品质的方法。因为幼儿模仿性很强，教师的一言一行都在潜移默化地影响儿童。图画书、绘本、童话故事等以生动、形象的方式使幼儿明辨是非，促进幼儿道德认知的发展。如故事《粗鲁的老鼠》中，通过对故事情节的理解，能给幼儿无言的熏陶和感染，使幼儿明白讲文明、懂礼貌的重要性。

运用环境陶冶法，需要注意以下几个问题：

1. 充分挖掘和利用环境条件，为幼儿创设良好的、相互关爱的环境。

2. 让环境说话，让行动说话，避免过多的言语说教，以发挥环境陶冶法潜移默化的特点。

（二）观察学习法

观察学习法建立在班杜拉的社会学习理论之上，这一方法要求教师设置一定的社会情境，树立一定的榜样，使幼儿对榜样进行模仿，通过观察学习而获得相应的社会认识和行为。

观察学习法强调幼儿的主体作用。观察学习法有三大优越性：一是通过观察、模仿、学习，幼儿可以学习新的行为模式；二是通过观察学习，可以激励隐藏在内心的行为倾向变为外部的实际行动；三是对行为模式的模仿可以改变、消除或强化个体原有的行为模式。社会心理学家将观察学习分为四个步骤，分别是注意—记忆—行为复出—强化或调节。教师在进行观察学习时，要选择具有代表性、教育意义强、符合幼儿心理特征的人物或范例进行学习。如，想帮助幼儿养成分享的品质，可以先让幼儿观看《孔融让梨》的动画片，引起幼儿的注意；然后通过教师的讲解和分析，帮助幼儿将谦让的画面留存至表象记忆；教师再创设需要幼儿分享的情境，开展食物或玩具的分享活动，让幼儿经常能实践观察到的分享行为；最后，对幼儿出现的积极的分享行为以鼓励、奖励等方式进行及时的正强化，增强幼儿产生模式行为的欲望。

运用观察学习法，需要注意以下几个问题：

1.教师应当设计提供容易引起幼儿关注的行为模式，这种行为模式应该有鲜明的特点或具有权威感等引人注目的特点；

2.教师要给幼儿记忆的机会，模式出现停留时间应长一些，行为展示慢一些、清楚一些，以便于幼儿注意和观察之后，脑中存入刺激留有表象记忆；

3.教师应当创设环境，提供条件，让幼儿实践观察到的行为模式。

（三）角色扮演法

角色扮演法是指在创设的社会情境中，儿童通过模仿、扮演角色，体验社会行为的方法，寓教育目标于社会情境中，让儿童通过模仿现实中的某种情境，扮演相应的社会角色，进而体验角色的情绪情感，并表现出与角色相一致的社会行为，从而掌握自己承担的角色所应遵循的社会行为规范和道德要求。角色扮演往往是幼儿尝试扮演实际生活情境中不属于自己的角色，幼儿需要掌握所扮演角色的某些经验和行为习惯。角色扮演法在学前儿童社会教育中常见且实用，它为幼儿自主的社会性发展提供了一定的控制感。如教师在区角游戏活动中，可以为幼儿提供两个布偶扮演一对好朋友，并创设相应的冲突情景使布偶双方发生争执。观察幼儿所控制的布偶的反应，布偶作为幼儿的代表真实地表达了幼儿的内心活动，可以预见若此类活动真实发生在这两名幼儿之间，他们会用与布偶类似的方式应对问题。这样的游戏为幼儿积累了社会交往的认知经验，使幼儿在未来面临此类冲突时做出符合社会规则的行为，从而提高社会性发展水平。角色扮演培养了幼儿对社会角色的认识，提高了幼儿的亲社会行为水平，有利于利他行为的产生，使幼儿在轻松愉快之中掌握良好的社会行为习惯。因此，角色扮演实际上是儿童的一种学习过程。

案例

“医院”游戏

下午，两个幼儿玩起了“医院”的游戏，其中一个幼儿扮演医生，另外一个扮演病人。只见“医生”先拿体温计量体温，之后开始询问病情，最后判定病人是发烧了，于是，就给病人开了些退烧的药方。扮演“病人”的，必须按程序进行挂号、看病、交费、拿药。此游戏的开展,要求幼儿在日常生活中注意观察,在了解了医生和病人的行为规范基础上才能顺利进行。幼儿通过扮演医生和病人的角色,进一步丰富了他们的生活经验。

运用角色扮演法,需要注意以下几个问题:

1.教师创设的生活场景应该是幼儿熟悉的,扮演的角色应基于幼儿足够的知识水平、生活阅历和情境理解力,对所扮演的角色具有相应的理解和经验储备。

2.角色扮演要有针对性,教师要根据社会教育目标和儿童社会性发展的水平来确定角色,但不能分配角色和导演角色,要尊重儿童选择角色、变化角色和创造角色的愿望,充分发挥儿童的主动性、积极性和创造性,角色的分配要尊重儿童的意见。

3.由于幼儿好模仿,因此扮演的角色应以正面为主,避免经常扮演反面角色。

(四)实践法

学前儿童社会教育中的实践法是指通过真实的生活事件和生活情境,培养幼儿的社会生活能力和技能,增进幼儿相关知识、经验和技能,获得社会情感的方法。《纲要》强调:“幼儿与成人、同伴之间的共同生活、交往、探索、游戏等,是其社会学习的重要途径。应为幼儿提供人际交往和共同活动的机会和条件,并加以指导。”幼儿期是孩子行为习惯形成的关键期,此时形成的行为习惯将持续一生。这种方法的特点是充分利用现实生活,在生活事件、生活活动中,利用一切可以利用的机会,让幼儿练习、实践,以形成、巩固或改变幼儿基本的社会行为,如小小值日生、帮老师做事、自我体验等。儿童的实践主要有生活实践和游戏两种形式,真实生活中的实践是丰富多彩的,如自我服务、为他人和集体服务、和同伴或其他人交往等。游戏是儿童最喜爱的活动形式,也是最适合儿童的实践形式。在游戏中,他们再现真实生活,又创造性地反映现实生活,教师要保证儿童每天的游戏时间。

案例

修补图书

幼儿园的阅读角,小朋友们在认真地看着自己喜欢的图书,小丽突然说:

“老师，这么好看的故事书被琪琪撕坏了，我没法看了！”琪琪说：“不是我撕的，我看的时候就是坏的……”其他的小朋友也拿着书委屈地走过来说：“老师，我的这本书也坏了。”于是一场检查和修补图书的活动自发地开始了。

眼前的一切不仅让老师感到欣慰，还引起了她的思考：小朋友已经喜欢阅读了，可是如何让孩子们在喜欢阅读的同时又爱护书籍呢？于是她走到小朋友们中间说：“我们的图画书坏了，影响我们阅读，用什么办法来解决呢？”接下来，小朋友们积极主动地发表了意见。有的孩子说：“让老师帮我们修修吧。”“我们自己的小手能修吗？谁愿意尝试？”“我来！我来！”“我会！”“我能！”……于是一场自愿修补图书的活动在争先恐后中进行着……孩子们认真地忙活起来，有用胶水粘的，有剪的，有画封面的……大家分工合作，忙得不亦乐乎。

当一本本图书旧貌换新颜，小朋友看着自己的劳动成果都兴高采烈。老师趁热打铁，引导大家一起观察修补后的图书，说说图书的变化，让幼儿养成爱护图书的良好习惯。

运用实践法，需要注意以下几个问题：

1.要充分利用生活中的真实事件，引导幼儿在实践中养成基本的社会行为。

2.发挥幼儿的主动性和积极性，使幼儿成为行为练习的主人，避免简单、机械地操作。只有以幼儿为中心，才能让幼儿在练习中体验到快乐，达到练习的目的和效果。

3.实践练习要循序渐进，同时要适合幼儿的年龄特征和身心发展规律，良好的行为习惯需要慢慢养成，教师要注意引导，使儿童的行为得到巩固。

（五）行为练习法

行为练习法是指教师在学前儿童社会教育过程中，组织儿童按照正确的社会规范进行实际练习，促使儿童掌握和巩固某种社会行为技能的方法。行为主义心理学认为儿童良好的行为是在不断地试误与练习的过程中建立起来的，所以，对良好行为进行经常性的强化练习，是行为习得的根本途径。幼儿的良好行为习惯、生活习惯以及与他人交往的社交能力，不是靠几次活动和说教就能奏效的，只有经过反复认知和练习，才能形成自觉行动，在实践中不断适应社会。行为练习法主要包括三种方式：一是在实践活动中练习，如在擦桌子的过程中练习擦桌子的技能；二是在自然的交往环境中练习，如在与同伴交往过程中练习分享、合作、请求、协商等交往技能，如入园和离园的礼貌行为练习；三是在创设的特定情境中练习，如通过创设交通信号灯情景，训练儿童遵守交通规则的行为习惯。

运用行为练习法，需要注意以下几个问题：

1. 教师要有目的、有计划地进行指导，引导幼儿明确行为练习的目的和要求；

2. 尊重幼儿，发挥幼儿的主观能动性和积极性，行为练习的方式多样化，以引起儿童练习的兴趣和愿望，避免单一机械的操作和模仿；

3. 行为练习要循序渐进，练习的内容应为幼儿所能接受，同时前后一致，持之以恒，以使儿童行为得到巩固。

案例

爸爸再见

中班入园时间，李老师带着先来的小朋友在户外活动区做游戏。乐乐拉着爸爸的手走到老师旁边，明亮的笑脸看着李老师，并说："老师，早上好！"李老师也亲切地摸摸乐乐的头说："早上好！"乐乐看到小朋友们玩得开心，撒开爸爸的手就要加入进去，老师拉住马上就要跑开的乐乐，说："还没有跟爸爸说再见呢。"乐乐向爸爸挥了挥小手说："爸爸再见！"爸爸呵呵地笑了笑，看了一眼说完话就一头扎进小伙伴中间的乐乐，然后对老师说了声"再见"就离开了。

幼儿早晨入园时，我们经常会看到上述情境。教师日复一日地要求幼儿对要离开的爸爸妈妈或者爷爷奶奶说"再见"，这种持之以恒的反复训练使幼儿逐渐掌握尊重长辈、对分开的人说"再见"的社交礼仪。

（六）移情训练法

移情训练法是一种旨在提高幼儿善于体察他人的情绪、理解他人的情感，从而与之产生共鸣的训练方法。[①]学前儿童社会教育中移情训练法的运用是指通过故事、生活情境体验、主题活动等形式，引导幼儿理解、分享别人的情绪情感体验，使幼儿在日后生活中，对他人类似的情绪、情感产生习惯性的理解和分享。儿童情绪、情感发展的主要特点之一是其情绪的易感染性，培养幼儿的移情能力是形成幼儿早期社会性行为

① 张文新著.儿童社会性发展[M].北京：北京师范大学出版社，1999：30.

的动机基础。移情训练可以引导幼儿产生情感共鸣，体会助人为乐、合作分享等快乐情绪体验，同时使儿童摆脱“自我中心”，学会站在他人的角度、立场来考虑问题，逐渐形成亲社会行为。儿童移情行为的产生是一个有目的、有计划的教育过程，需要通过教师、家长的训练才能出现。

运用移情训练法，需要注意以下几个问题：

1. 依据幼儿社会性情感发展的需要，选择符合幼儿年龄与认识发展需要的情绪、情感，创设儿童所熟悉的社会生活情境，这样才能利于孩子理解进而产生移情。

2. 移情训练要通过换位，让儿童去理解他人的情绪，并以自己本身的情感体验去感受、理解他人的情感需要，以引起幼儿的情感共鸣。因此要重视儿童情感体验的特点，充分利用儿童已有经验，以唤起情感共鸣。

3. 移情训练本身不是教育目的，移情训练重在对幼儿进行良好行为的教育，引导幼儿用自己的实际行动去关心他人，不能仅仅停留在对情绪的理解和分享上。

拓展阅读

芬兰幼儿园的5个秘密：学习是为了更好地生活[①]

1. 教知识不是幼儿园的事

教育是国家至关重要的事情。学习是为了更好地生活。芬兰学前教育的核心理念有三个，第一个是教育互动，这种互动不仅是教师和孩子的互动，同时也是孩子之间的互动；第二个是平衡发展，也就是全面发展；第三个是学习中心的理念。芬兰幼儿园里基本上是不教知识的，教知识不是幼儿园应该干的事。

2. 儿童在游戏中学习最自然

对于儿童的学习来说，游戏是最自然的方式，也是非常重要的一种学习方式。如果观察宠物，会发现它们其实就是互相游戏，在游戏的过程中学会猎食，学会与同伴交往。

3. 教师的行为会直接影响孩子

在幼儿的教育中，模仿非常重要。教师的示范作用非常重要，教师对孩子的影响，不在于说了什么，传递了什么信息，重要的是怎么做。

---

① 来源于知乐网，https://zlme.com/685835.html，20220507，有改动。

4.分享故事的重要性

北欧国家童话故事都有悠久的传统。这些童话故事在向孩子传递有关价值观和道德标准的信息。孩子听故事的过程,其实也是让孩子产生共情、集中注意力、发挥想象力、锻炼记忆力的过程。相互交流阅读感受,包括不懂的地方等,这就为未来孩子们讲出自己的故事奠定了很好的基础。

5.创造力不是教育出来的

对于学前教育来说,怎样为孩子的创造力培养提供良好的环境最为关键。第一点是愉悦的安全环境;第二点是自由和自主性;第三点是一定要有社会归属感。同时,知识和经验非常重要。同伴之间的互动也是培养创造力非常重要的因素。

第四节 学前儿童社会教育存在的问题

随着幼儿园课程改革的进一步深化以及学前儿童社会教育理论研究和实践探索的丰富开展,学前儿童社会教育取得一定成效。但是,相比于健康、语言、科学、艺术四个领域而言,社会教育的实践是最为复杂、最为繁杂的。关于幼儿园社会教育的这个特征,不仅一线教师们在实践中反复体验着,研究者们的实证研究也已多次证实。[①]因为社会教育的繁杂和随机性,社会领域课程在幼儿园整体课程中处于边缘化的尴尬境地,不仅所占比例偏低,安排上也有一定的随意性,这些问题需要引起我们的关注。

一、学前儿童社会教育的地位被边缘化

《纲要》指出,社会领域是一个综合的学习领域,社会学习往往融合在各种学习活动中,并渗透于幼儿一日生活的各个环节。因为领域内容的繁杂性,教师往往比较难把握,所以在当前的教育实践中,社会教育的地位在无形中被边缘化。虽然教师都知道社会性的培养对于儿童一生的发展来说具有重要价值,但是在具体实施的过程中,并没有将社会教育放在与健康、科学、语言和艺术教育同等重要的位置。相比而言,教师倾向于把更多的精力投入在幼儿知识的获得和技能的训练上,对幼儿社会性培养关注不够。社会学习是一个漫长的积累过程,在幼儿园社会教育的实践中,教师只单方面注重专门的社会领域集体教学活动,或是渗透在一日生活中的社会教育,都是不适宜的。社会教育既需要专门的社会集体教学活动,也需要渗透在其他领域和一日生活中的集体、小组或个人形式的社会教育。二者相辅相成、互为补充、相互促进。社会教育是一个长期的教育过程,幼儿的行为会反复,也容易受到周围环境的影响,教育的效果不可能立竿见影,所以应该坚持社会教育的随机性和持久性。

① 刘晶波.不知不觉的偏离:关于当前幼儿园社会教育活动困境的解析[J].幼儿教育,2013(1):16-17.

二、学前儿童社会教育整体性和随机性体现得不够

社会教育是一个整体教育，需要幼儿园、家庭和社会密切合作，协调一致，共同促进幼儿良好社会性品质的形成。目前，学前儿童的社会教育更多局限在幼儿园，对于家庭和社会的资源整合力量不够，没有充分利用各种资源。同时幼儿园和家庭社会教育还呈现出要求不一致的现象，致使“5+2=0”现象的出现。随机性是学前儿童社会教育的一个重要特征，但目前学前儿童社会教育仍然比较强调预成性和计划性，教师基本是按照预先设计的课程计划、课程目标、课程内容进行社会教育，幼儿在教师的指导下参与，导致在社会教育实践中，幼儿的实践性、随机性等受到影响，造成社会教育与幼儿社会性行为相脱节。

案例

可以搭完再吃吗？

大一班的幼儿正在活动区自由活动，到了吃水果的时间了，老师把水果放在餐盘上，并叫大家可以吃水果了，东东一边用积木搭着房子一边说：“老师，我还没搭完呢，可以搭完再吃吗？”老师微笑着点点头说：“那你要加油了，不然大家都吃完了。”一旁的婷婷一边收拾刚刚搭的积木一边说：“东东，我等你。”过了一会儿，东东搭好了，他看到一旁的婷婷还没收完，便开始帮婷婷整理刚刚搭的积木，两人收拾完了之后洗完手一同走向餐桌，开始津津有味地吃水果。他们吃完后像其他小朋友一样，漱漱口，然后把盘子收到回收餐盘区。

案例展示的是一个生活环节。该幼儿园为幼儿创设了一个有利于培养自理能力的环节，幼儿的自主性、自我管理能力和规则意识都自然而然地培养了起来。教师只有真正理解社会领域的目标和幼儿学习的特点，才能将整个领域的教育自然地渗透，融入生活、游戏和各个领域的教育中。

三、学前儿童社会教育重说教轻体验

体验既是活动过程，又是活动结果，体验是幼儿重要的学习方式，是认识和态度形成的基础，也是社会领域学习的重要途径。一般而言，情感态度类目标实现的基本途

径就是体验，态度不是“教”出来的，也不是可以脱离其他内容而单独存在的东西，它是伴随着活动过程而产生的体验。如社会教育中自尊、自信属于情感态度类目标，它的形成主要来自交往过程和各种活动过程中的“体验”，与个人的自我价值感密切相关。目前社会教育中存在教育方法不当，重说教轻体验的问题，教师较多运用语言说教，不利于幼儿社会性的培养，比如对于规则的认识和理解，并不是只靠说教就能实现，而需要以实际的体验为基础。

案例

热闹的理发店

记得“理发店”刚开张时，孩子们都被吸引了过来，店内一下子挤进了十几个小朋友，不一会儿，争吵声、告状声就传了出来。

“老师，你看那么多人在这里，都不能玩了。”

“老师，是我先说要当理发师的，可是我的工具都被抢走了。”

“老师，我们的东西都被弄乱了。”

针对这一现象，游戏结束后，教师及时组织孩子们一起讨论：先请大家说说今天游戏时发生了什么不开心的事情，再说说玩得不开心的原因是什么。大家一致认为是不能一下子进那么多人。

最后请孩子们讨论有什么办法来解决，有的说这里最多只能进五个人。有的说先来的先玩，后面的小朋友想玩，得有人出去了才能进来。

通过讨论，大家一致找出了问题产生的原因，同时想出了解决问题的办法。由于规则是幼儿自己想办法确立的，游戏中他们能主动遵守规则，并互相监督。孩子们体验到没有规则的不方便，理解了规则的必要性，于是在教师的启发下，结合自身体验制订了规则，并自觉遵守。

拓展阅读

人对自己态度的影响因素①

有研究表明，人对自己的态度主要受三个因素的影响。

别人对自己的态度与评价。别人的态度和评价被自己感知到，就会影响

① 李季湄，冯晓霞.《3—6岁儿童学习与发展指南》解读[M].北京：人民教育出版社，2013：102-103.

自己对自己的看法。英国著名社会学家库利指出，“自我概念是他人反馈的函数”，“人是在他人眼中照见自己的”，他人的态度像是自我的一面“社会性镜子”。一个人如果经常感到别人对自己是友好、关爱、尊重的，那么他的自我价值就会较高，就容易形成自尊和自信；反之，则容易自卑。

个人活动经验（自我感觉）。人在活动中的成功感或挫败感会影响其对自己的看法和态度。经常获得成功的体验，人的自尊、自信就会增强；反之，就会降低。

社会比较。在活动过程中，人常常自觉或不自觉地把同伴作为衡量自己的标准，并根据比较结果对自己做出评价。

幼儿最初的自我价值感来自父母无微不至的关怀和照顾，最初的能力感与其动作的发展和对环境的“控制”有关。安全感、归属感、成功感等直接影响幼儿的自尊、自信。

教师对幼儿的关爱、肯定、信任、尊重的态度及为幼儿提供的自主、成功的机会等，都有利于提高幼儿的自尊、自信；反之，不考虑幼儿之间的个别差异，用同一难度的任务要求所有幼儿，必定会使一部分幼儿产生挫败感，降低他们的自尊、自信。而拿一些幼儿的弱项与其他幼儿的强项比较，更是一种严重伤害自尊、自信的错误做法，一定要加以杜绝。

本章小结

本章主要讨论了学前儿童社会教育的内涵和特点、地位和意义，学前儿童社会教育的原则与方法以及存在的问题。核心内容总结如下：

1. 明晰学前儿童社会教育的内涵和特点是教师开展社会教育的前提。学前儿童社会教育是以促进学前儿童社会化为目标，以形成良好的社会认知、社会情感与社会行为为主要内容的教育活动。它具有以下特点：全面性和整合性、生活性和渗透性、实践性和练习性、长期性和一致性。

2. 学前儿童社会教育在五大领域课程的实施中起着导向性作用，为其他领域提供方向和价值指引，并与其他领域课程有着密切的关系。学前儿童社会教育可以引导学前儿童认识、了解、接纳和认同自己，了解社会环境、社会和自己的关系，社会中的各种人际关系，培养其良好的个性和性格，从自然人发展为社会人。其意义和功能主要包括促进文化认同，培养合格公民，促进儿童社会化，培养儿童社会能力和促进儿童个性和社会性的和谐发展，形成完整人格。

3. 学前儿童社会教育的原则是指学前儿童社会教育应该遵循的基本原理与规则，

主要包括渗透性原则、实践性原则、生活化原则和一致性原则。学前儿童社会教育的方法主要包括环境陶冶法、观察学习法、角色扮演法、实践法、行为练习法和移情训练法。

思考与实训

1.论述你对学前儿童社会教育内涵和特点的理解。

2.简述学前儿童社会教育与其他领域教育的关系。

3.简述学前儿童社会教育的原则。

4.简述学前儿童社会教育的主要方法。

5.请结合本章所学知识,联系幼儿园实际,分析幼儿园如何为儿童的社会学习创设适宜的环境。

专题探讨

作为幼儿较早接触到的文学作品形式,绘本以其独特的性质与特点,在幼儿教育中扮演着重要角色。绘本中所讲述的故事往往蕴含着社会的价值观、生活规范和各种主题性知识,幼儿通过模仿、学习故事中主人公的行为方式、处理办法,将绘本中所蕴含的知识内化到自身的行为中。此外,图文并茂的绘本,集视觉与听觉于一体,更加符合幼儿的心理发展与学习特点。近年来越来越多的幼儿园尝试开展社会主题绘本教学活动,培养幼儿社会性的发展。

社会主题绘本指故事内容有关社会生活、人际交往等的绘本,它有利于促进幼儿的社会认知,有助于幼儿解决常见的社会交往问题,进而培养幼儿的亲社会行为。

探讨:你如何看待该现象?请设计一个社会主题绘本教学活动方案。

第三章

学前儿童社会教育的目标与内容

学习目标

- 知悉学前儿童社会教育目标确立的依据与原则；
- 阐述和解析学前儿童社会教育目标的结构和实现途径；
- 熟知并叙述学前儿童社会教育内容的体系与确立原则。

学习重难点

- 重点：学前儿童社会教育的目标结构和内容体系；
- 难点：学前儿童社会教育目标和内容的落实途径。

案例破冰

“孩子王”池亦洋

纪录片《小人国》讲述了北京一所名为巴学园的幼儿园里发生的故事，纪录片中人物形象最为突出的就是“孩子王”池亦洋。5岁的小男孩池亦洋个头最大，力气也最大，总是爱骂人、威胁人、欺负人，孩子们都不敢惹他。他经常不遵守纪律和规则，在一场幼儿园组织的足球赛上，因为手球，池亦洋被球赛裁判大李老师判罚违规，结果小男孩不仅不服从判罚，还怒吼大李老师不懂足球比赛规则，大发脾气甚至和老师动起了手，最后对老师骂了一声“混蛋”罢赛了。有池亦洋在的地方总是是非不断，不论是集体活动中，还是一日常规生活中，总有小朋友或哭泣或生气地告池亦洋的状，池亦洋也因此常被请到反思角。在一次家长会上，有家长对池亦洋的行为非常不满并提出要池亦洋转园，很多家长也表示赞同。

在生活和工作中我们也可能会遇到类似的难题。假如你是该幼儿园的园长你会怎么解决这个问题？本章内容会带给我们一些启发，帮助我们分析解决这样的问题。

第一节　学前儿童社会教育的目标

一、学前儿童社会教育目标的内涵

学前儿童社会教育旨在培养合格的社会成员，发展儿童和谐的人格，为学前儿童提供有计划的社会活动，促进学前儿童的社会化。学前儿童社会教育目标是学前儿童社会教育活动的根本指向，是学前儿童社会教育课程设计的首要环节，更是学前儿童社会教育活动预期结果的标准和期盼。学前儿童社会教育的目标不仅为活动的设计与实施提供了基本遵循，也为社会教育活动的组织与开展提供了基本的评价标准，能够反映出教师的教育理念和活动组织水平，是衡量、检查、评价社会教育活动方向与质量的重要依据。从维度划分来看，我国的学前儿童社会教育目标是从社会关系和心理结构两个维度提出来的，社会关系是指幼儿与自身、与他人、与集体以及与社会的关系，心理结构是指社会认知、社会情感、社会行为等。从教育取向来看，强调以儿童为本的价值取向、以儿童情感性发展为基础的目标取向、以社会关系建构为维度的内容取向。目前学前儿童社会教育的目标已经形成一个由多种内容构成的、多层次的标准体系。

二、学前儿童社会教育目标确立的依据

（一）理论依据

首先，确立学前儿童社会教育的目标必须考虑学前儿童社会性发展的特点。学前儿童的社会认知、社会情感、社会行为的发展有其自身的规律和特点，在确立目标时应当从学前儿童的年龄阶段、接受水平和成长需要等多个方面考虑学前儿童社会性发展的特征，以决定社会教育活动的内容和难易程度，避免学前儿童社会教育目标过高或过低，从而降低学前儿童社会教育的质量，阻碍其社会性发展。其次，确立学前儿童社会教育的目标必须考虑所涉学科的基本目标和知识体系。学前儿童社会教育涉及社会学、人类学、历史学、经济学等多个学科，每个学科的基本逻辑和启蒙目标都会或多

或少地对社会教育目标的确立产生影响，比如人类学中关于对不同民族文化的理解和尊重等也会融入学前儿童社会教育目标体系当中。最后，确立学前儿童社会教育的目标必须考虑新时代学前教育课程理念，服务于学前教育课程的改革与发展。

（二）政策依据

《幼儿园教育指导纲要（试行）》《3—6岁儿童学习与发展指南》《幼儿园工作规程》是贯彻党的教育方针制定的学前教育政策文件，是指导全国学前教育事业发展的统领性文件，更是学前教育各领域教育活动开展必须考虑的政策依据。学前儿童社会教育目标的确立离不开政策的指导，也不能离开政策文件另起“炉灶”，必须受到《纲要》《指南》等文件中关于学前儿童社会发展相关陈述的制约。我国的教育目的与《纲要》《指南》等是学前儿童社会教育目标制定的可操作性依据，为学前儿童社会教育目标的制定提供了陈述性指导，使学前儿童社会教育目标与整个教育目标体系一致。可以说，政策文件中的理念和方针是航标灯，是确立学前儿童社会教育目标的基本依据和指导思想。

（三）价值取向

学前儿童社会教育目标确立的价值取向可以从三个方面来讲：一是要考虑当前社会对社会成员的期待和要求，切合新时代社会发展需要，符合新时代的社会价值理念。不同时代对社会成员的伦理道德、文化素养、行为习惯、价值观等都有不同的要求，在确定学前儿童社会教育目标时必须考虑新时代对学前儿童的社会认知、社会情感、社会行为的要求。二是要考虑国家对公民、对人才的需求。任何教育目标都不能不考虑为谁培养人的问题，学前儿童社会教育目标的确立也必须依据国家的教育目的和教育方针来定。我国学前儿童社会教育目标的确立要考虑到培养社会主义事业的建设者和接班人，考虑到国家社会主义现代化建设需要怎样的人才。三是要考虑个人在未来的社会和世界的需要。确立学前儿童社会教育的目标要有未来的眼光和世界的眼光，充分考虑社会的发展变化和未来个体在世界立足的需要。伴随着全球科技的进步，当前的社会也发生着巨大的变化，越来越多的社会机构和职业涌现，人与人的沟通交流、社会关系等正逐步呈现新的局面，在未来世界，社会成员需要具备怎样的核心素养才能融入社会并体现个人的社会价值，这些都是学前儿童社会教育需要考虑的。

拓展阅读

中国学生发展核心素养

《中国学生发展核心素养》(2016)指出,学生发展核心素养,主要指学生应具备的,能够适应终身发展和社会发展需要的必备品格和关键能力。

中国学生发展核心素养,以科学性、时代性和民族性为基本原则,以培养“全面发展的人”为核心,分为文化基础、自主发展、社会参与三个方面。

综合表现为人文底蕴、科学精神、学会学习、健康生活、责任担当、实践创新六大素养,具体细化为国家认同等十八个基本要点。分别为:

(一)文化基础

1.人文底蕴。包括人文积淀、人文情怀与审美情趣。

2.科学精神。包括理性思维、批判质疑与勇于探究。

(二)自主发展

1.学会学习。包括乐学善学、勤于反思和信息意识。

2.健康生活。包括珍爱生命、健全人格和自我管理。

(三)社会参与

1.责任担当。包括社会责任、国家认同和国际理解。

2.实践创新。包括劳动意识、问题解决和技术运用。

资料来源:百度百科

三、学前儿童社会教育目标确立的原则

学前儿童社会教育目标确立的原则是指确立学前儿童社会教育目标必须遵循一定的要求。学前儿童社会教育目标的确立是学前儿童社会教育活动开展的起点,一定要遵循一些基本的原则才能保证目标的科学性和可行性。确立学前儿童社会教育目标需遵循的基本原则如下:

(一)方向性与基础性原则

方向性原则是指学前儿童社会教育目标的确立需要一定的思想和价值引领。主要是指我国学前儿童社会教育的目标确立必须符合新时代中国特色社会主义教育思想,符合我国的教育目的和教育方针,符合我国学前教育的法律法规和政策精神,符合有关儿童教育和保护的法律精神,使学前教育目标的确立具有明确的思想和价值指

引。确立学前儿童社会教育目标的基本指向是培养社会主义事业的建设者和接班人，同时要考虑《幼儿园工作规程》《幼儿园教育指导纲要》《3—6岁儿童学习与发展指南》等与学前儿童社会教育紧密相关的学前教育法规文件。《规程》明确了促进幼儿身心和谐发展的任务；《纲要》强调要尊重学前儿童的人格和权利，关注个别差异，促进每个幼儿富有个性的发展；《指南》则指明了3—6岁儿童各年龄段具体的发展方向，即知道什么、能做什么。

基础性原则是指学前儿童社会教育的目标应当是社会教育领域中最基础的、启蒙性的目标，这种目标是学前儿童社会性健康发展所必需的，同时，也有终生持续的发展性的目标，如自信、同情、责任等，都是作为人必须具备的社会性品格。这种目标应以学前儿童的社会生活经验为前提，尤其是社会教育中与一定的学科系统知识有关的目标更应注重基础性、启蒙性，这是由学前儿童身心发展的特点决定的。因而，"最基本""最粗浅""最初步"等限定语经常出现在学前儿童社会教育具体目标的描述中。

方向性原则保证了目标制定的理想性与价值性，基础性原则保证了目标制定的现实性与适宜性。

（二）层次性与整体性原则

层次性原则是指学前儿童社会教育目标的建构是有层次的系列，这是由学前儿童社会性发展水平的层次系列所决定的。层次性原则可以保证学前儿童社会教育目标制定的差异性。不同年龄段的儿童有不同的发展水平与要求，在目标制定中应考虑这种层次的差异，不能以同一标准对待所有年龄段的儿童。同时，由于受生长环境与自身特质的影响，同一年龄段的儿童也存在发展水平的差异。国家课程标准中对某一年龄段的统一要求是绝大多数学前儿童应达到的标准，而不是每一个学前儿童都必须达到的标准。教育目标要考虑学前儿童的层次与个体差异，使目标具有层次性，这是因人施教原则的要求。

整体性原则即在建构学前儿童社会教育目标时，要确立一种层次结构的整合观。这种整合观包括横向的类别整合与纵向的层次整合。横向的类别整合包括学前儿童社会认知、社会情感和社会行为三个方面发展目标的整合，学前儿童社会性发展是这三个方面的协调发展，要避免只重知识传授而忽视情感和行为习惯培养，应把三者有机地协调起来。横向的类别整合还包括各教育系统学前儿童社会教育目标的整合,即家庭、社会与幼儿园的社会教育目标要基本一致,以形成教育的合力,促使学前儿童健康发展。纵向的层次整合主要指学前儿童社会教育各层级目标的整合,即各相连层级间的目标是相互联系、相互支持的。整合性原则保证了学前儿童社会教育目标建构的综合系统性。

(三)科学性与动态性原则

科学性原则是指学前儿童社会教育目标应当是一个符合学前儿童自身发展与教育规律的科学体系。一方面,它要反映和遵循学前儿童身心发展的规律,是适合学前儿童发展的;另一方面,它应当符合教育的原理与规则,具有可教育性与可操作性。一个目标体系只有能付诸实践,并能通过实践真正起到引导学前儿童健康发展的效果,才是科学而有效的。因而,学前儿童社会教育目标应该是在充分研究学前儿童社会性发展规律与教育原理的基础上制订的。

动态性原则是指学前儿童社会教育的目标并不总是固定不变的。虽然教育目标是综合考虑各因素在教育活动展开之前制订下来的,具有相对的稳定性,但教育过程中总有预料之外的情景发生,有时会有偏离原有目标的情况出现。当出现目标偏离时,需要分析到底是目标设计的问题,还是教育策略的问题。如果是目标设计问题,则需要适时地调整目标,以适合具体的学前儿童与具体的情境。目标制订的最终目的是帮助教育者更好地引导学前儿童的发展。如果在教育实践中,教育者机械、教条地用目标要求学前儿童,就违背了教育要从儿童出发的基本原则。学前儿童的情感、社会性与品德的发展本就很难有一个精确的目标结果,因此,要关注学前儿童的个体差异与即时表现,要根据具体情况及时、灵活地调整目标,以促进学前儿童个性的健康发展。由此,教育目标的制订应有一定的弹性空间,保持目标的动态性与开放性,可以让教师有更多的创造空间,也可以让学前儿童有更多的发展空间。

科学性原则保证了学前儿童社会教育目标制订的合理性,动态性原则保证了学前儿童社会教育目标制订的生成性与开放性。

四、学前儿童社会教育目标的结构

教育目标总是以一种较为稳定的形式加以组织，我们称这种组织状态为结构。学前儿童社会教育目标的结构可以从两个角度来看：一是从纵向的角度来看具有层级结构，包括总目标、年龄阶段目标、单元目标和教育活动目标四个层次；二是从横向的角度来看具有分类结构，其内容总体可分为人际交往和社会适应两个方面，具体包括自我意识、社会交往、社会环境与社会规范、社会文化四个类别。

（一）学前儿童社会教育目标的层级结构

1.总目标

学前儿童社会教育的总目标是社会教育所期待的学前阶段的最终目的，是学前儿童社会教育任务和要求的总和，是制订其他层次目标的依据和基础。教育部于2016年3月起施行的《幼儿园工作规程》提出了有关幼儿社会性发展的目标：萌发幼儿爱祖国、爱家乡、爱集体、爱劳动、爱科学的情感，培养诚实、自信、友爱、勇敢、勤学、好问、爱护公物、克服困难、讲礼貌、守纪律等良好的品德行为和习惯，以及活泼开朗的性格。《幼儿园教育指导纲要（试行）》中明确列出了学前儿童社会领域教育的目标：

（1）能主动地参与各项活动，有自信心；

（2）乐意与人交往，学习互助、合作和分享，有同情心；

（3）理解并遵守日常生活中基本的社会行为规则；

（4）能努力做好力所能及的事，不怕困难，有初步的责任感；

（5）爱父母长辈、老师和同伴，爱集体、爱家乡、爱祖国。

《3—6岁儿童学习与发展指南》也明确指出了学前儿童社会教育的目标：幼儿社会领域的学习与发展过程是幼儿社会性不断完善并奠定健全人格基础的过程，主要包括人际交往与社会适应。可分为七个方面：愿意与人交往，能与同伴友好相处，具有自尊、自信、自主的表现，关心、尊重他人，喜欢并适应群体生活，遵守基本的行为规范，具有初步的归属感。

2.年龄阶段目标

学前儿童社会教育的年龄阶段目标是其总目标的具体化，明确了各年龄段人际交往和社会适应的关键点，点明了各年龄段应然的发展水平，指出了教育活动开展的方向和评价指标。在《3—6岁儿童学习与发展指南》中学前儿童社会教育的年龄阶段目标呈现出了一种层层推进的特点，小、中、大班儿童的某方面社会性发展目标是连续的、衔接的，有着从低到高的发展趋势。例如关于学前儿童社会交往的培养目标：小班的要求是学前儿童愿意与他人交往，初步学会有礼貌地同他人交往；中班的目标是学前儿童有与他人交往的愿望，能够准确地使用礼貌用语；大班则希望学前儿童能够主动并准确地使用礼貌用语，以恰当的方式与他人交往。综上可知，年龄阶段目标是总目标分化出来的具体目标，相比总目标更加的深入，并且各年龄段的目标之间是连续的和衔接的，教育的要求会随着年龄的增长而逐步加强。

3.单元目标

单元目标是围绕一个主题而展开的一系列具体教育活动所要达到的目标，是对教育主题单元系列活动目标的综合说明，具有一定的系统性和综合性。单元目标的系统性表现在主题下的各个教育活动目标之间环环相扣、紧密结合，每一次教育活动是对上一次教育活动的延续，同时又能够延伸出新的教育活动，最终通过这些一系列的连续性的教育活动来实现单元目标。单元目标的综合性是指其系列教育活动的目标内容覆盖面广，涵盖学前儿童多方面的发展，例如“能干的我”这一主题活动可以分解为“我是服务小能手”、“我是情绪小主人”、“我们的才艺”、“好哥哥好姐姐”等活动，这一系列教学活动会涉及学前儿童社会认知、社会情感、社会行为等多方面的发展目标，充分体现了单元目标的整合性。

4.教育活动目标

教育活动目标是一个具体教育活动应该达成的目标，是最具体、最直观的目标，与总目标、年龄阶段目标、单元目标等更高层级的目标保持一致和对应。教育活动目标的主要特点是具有可操作性和可验证性，可以通过具体的教和学的行为，通过师生及环境的相互作用得以实现。一般来说包括社会认知、社会情感、社会技能三个方面的目标，其中关于社会认知的有自我意识、社会文化知识等，社会情感包括情感、态度、价值观等，社会技能涵盖合作能力、交往能力、自主能力、移情能力等。对于幼儿园教师而言，设计出科学、合理、可行的单元目标和教育活动目标是一项基本功，考验着其对学前儿童社会性发展的观察能力和分析能力。

(二)学前儿童社会教育目标的分类结构

1.自我意识

自我意识是指人对自己身心状态以及自己同客观世界关系的认识,包括自我认识、自我体验、自我控制三种。自我认识是指幼儿对自己的认知和评价,例如引导学前儿童知道自己、家人和朋友的姓名、性别等基本信息,了解自己和他人的异同,学会评价自己和他人的行为等。自我体验是指幼儿对自己肯定或否定的情绪体验,例如引导学前儿童认识到自己的优点并比较满意,能够独立完成自己的事,有表现欲望,愿意做事并具有自豪感等。自我控制是指幼儿对自己行为、情绪、欲望等的控制,例如引导学前儿童控制自己波动的情绪,具有规则意识,能够主动遵守规则,能够控制自己的欲望等。

2.社会交往

社会交往是指人与人之间的信息交流和情感沟通。学前儿童的社会交往可分为同伴交往、亲子交往、师幼交往、与其他人的交往等。同伴交往是指同龄幼儿之间的交往,例如鼓励学前儿童采用合理的方式参加同伴游戏,具有合作意识,能够与同伴合作解决困难、协商解决争端等。亲子交往是指幼儿与父母之间的交往,例如引导学前儿童主动与父母参加活动、交流谈话,有事情愿意和父母分享等。师幼交往是指幼儿与教师之间的交往,例如引导学前儿童主动和老师参加活动,有问题愿意向老师请教等。与其他人交往是指幼儿与亲戚、快递员等社会上其他人员的交往,例如引导学前儿童与他人打招呼,愿意与他人交流并表达自己意愿等。

3.社会环境与社会规范

学前儿童对社会环境的认知包括身边环境和其他社会环境。其中身边环境有家庭、幼儿园、社区,例如学前儿童能够说出自己家所在街道和小区的名称,知道自己所属民族等。其他社会环境包括家乡、国家等,例如了解我国国歌、国旗的基本知识,为祖国而骄傲等。学前儿童对社会规范的认知包括基本道德规范和公共行为规范。基本道德规范要求幼儿文明礼貌、关爱尊重他人、学会感恩等,是公民基本道德规范的细化。公共行为规范是指人们普遍认同的行为标准,对于学前儿童来说主要是一日生活中应该遵守的基本规则,例如遵守游戏规则和公共场所规则,爱护身边环境,注意节约资源等。

4.社会文化

学前儿童社会教育目标中关于社会文化的部分包括家乡风俗教育、民族文化教育、世界文化教育、节庆文化教育等。关于家乡风俗教育的目标如引导学前儿童感知家乡的自然景观和人文景观,萌发爱家乡的情感。关于民族文化教育包括伦理道德观念、民间艺术、风俗习惯、民族英雄、特色故事和文学等,例如引导学前儿童感知我国的民间艺术及传统文化精品;引导学前儿童了解我国主要的自然景观和人文景观,引发其对民族文化的兴趣和保护自然、社会环境的初步意识;关于世界文化教育的目标有引导学前儿童感知世界著名的人文景观及优秀艺术作品,培养学前儿童对世界文化的兴趣等。节庆文化教育包括中国传统节日、国际重大节日、其他国家的节日等,例如引导学前儿童了解重大的节日,感受节日的快乐。

五、学前儿童社会教育目标实现的途径

(一)实现途径

1.树立明确的目标意识

目标是活动组织实施过程中必须要取得的结果,拥有明确的目标,才能更加清楚组织活动的方向,才能全面地掌控活动实施的各个环节,为取得最好的活动结果提供保障。学前儿童社会教育的目标必须通过教师组织的各类教育活动、游戏活动、生活活动以及环境创设得以实现,在组织各类活动中教师必须要有明确的目标意识,以保证组织实施各类活动的目的性和计划性,及时调整与目标相背离的行为和态度,把控教育活动和环境创设的方向,将努力达成教育目标作为行动指南。

2.合理地分解教育目标

为确保学前儿童社会教育目标的实现,教师要学会观察和了解本班幼儿的特点和个体差异,结合其社会发展水平将社会教育目标逐层逐级分解,最终落实到学前儿童社会发展的真实水平上。分解学前儿童社会教育目标时要将目标指导过程的意识贯穿于各个活动环节,同时要考虑目标层次之间的紧密联系,具体的可以从以下两个角度来进行:一是时间角度,注意年月日目标间的联系,将学前儿童社会领域的发展目标

分解为年目标、学期目标、月目标、周目标、日目标等；二是从教育的范围来考虑，将学前儿童社会领域的发展目标分解为幼儿园目标、班级目标、教育活动目标以及学前儿童个体的发展目标等。

3.有效地组织教育活动

目标的实现依赖于活动的组织与实施，科学有效的活动是学前儿童社会教育目标实现的必要前提，教师在确立要达到的目标之后要选择适合学前儿童年龄特点、能够激发学前儿童兴趣的具体内容，结合学前儿童社会教育特点，采用游戏化、生活化、故事化等多种方式提高活动开展的有效性。同时，教师还应注意幼儿园各类活动间的相互影响，挖掘一日活动中的教育机会，突出整体教育作用，将学前儿童社会教育融入其他领域和活动环节当中。

(二)注意事项

1.认知、情感与行为目标应有机统一

学前儿童社会性发展的过程是其社会认知、社会情感和社会行为有机统一的过程，认知目标、情感目标和行为目标三者之间互为支撑，缺一不可。对更高一层级的目标进行分解时要有意识地从认知、情感和行为三方面考虑，合理地具体化。另外在设计学前儿童社会教育活动时也要注意将三者有机地统一起来，教师可以在一个活动中呈现三种目标，也可以通过多个活动分别促成社会认知、社会情感和社会行为目标的达成。总之，学前儿童社会性的发展是整体的发展，避免目标实现的单一化。

拓展阅读

学前儿童社会教育活动目标的表述①

学前儿童社会教育活动目标表述有三个基本要素：行为，即通过活动能让学前儿童做什么；条件，即说明这些行为是在什么条件下产生的；标准，即指出合格行为的最低标准。

下面根据教学目标的分类，从三个方面列举各学习目标行为动词。

---

① 王晓戎.学前儿童社会教育[M].第1版.芜湖：安徽师范大学出版社，2017：70-71.

1.认知学习目标行为动词举例

(1)知识(对信息的回忆):举例、说出……的名称、复述、排列、背诵、回忆、选择、描述、辨认、标明。

(2)领会(用自己的语言解释信息):分类、叙述、解释、选择、归纳、猜测、举例说明、区别。

(3)应用(将知识应用到新的情境):运用、计算、示范、说明、解释、解答、改变。

(4)分析(将知识分解,找出各部分之间的联系):图示、指出、创编、设计、提出、归纳、总结。

(5)评价(根据一定的标准进行判断):比较、评定、判断、证明、说出……的价值。

2.情感学习目标行为动词举例

(1)接受和注意(愿意注意某事件或活动):知道、注意、接受、赞同、选择。

(2)反应(乐意以某种方式加入,以示做出反应):陈述、回答、列举、遵守、完成、听从、承认、参加、完成。

(3)评价(对现象或行为做出价值判断,表示接受):区别、判别、支持、评价、判断、比较。

(4)组织(将不同的价值标准组成一个体系,并确定它们之间的相互关系):讨论、确定。

(5)价值或价值体系个别化(具有个别化的价值体系,以指导自己的行为):相信、拒绝、改变、判断。

3.动作技能学习目标行为动词举例

(1)知觉技能(根据环境刺激做出调节):旋转、接住、移动、踢、保持平衡。

(2)体能(基本素质的提高):有耐力、反应敏捷。

(3)技能动作(进行复杂的动作):演奏、使用、操作。

(4)有意的沟通(传递情感的动作):用行动表达感情、改变脸部表情。

2.活动目标应具体明确

学前儿童社会教育目标有着明显的层级结构,层级越高其目标的表述概括性就越高,而教育活动目标作为低层级的目标,在制定时就要尽量避免抽象和笼统,因为教育活动目标不仅仅是活动的实施方向,更是对教育活动和学前儿童社会性发展的评价指标,因此越具体、越明确的教育活动目标越好。只有明确具体的教育活动目标才能把学前儿童的社会性发展落到实处，所以教师在设定社会教育活动的目标时应充分查找相关资料，准确地了解学前儿童社会领域的基本概念，把促进学前儿童社会性发展的目标具体化，以求有的放矢，提高学前儿童社会教育的质量。

拓展阅读

大班社会活动：安全小卫士①

一、原定目标

1.了解安全行为的重要性。

2.形成初步的安全意识，能分辨安全的事和不安全的事，增强自我保护意识。

3.能结合自己的经验创造性地设计安全标志。

二、实践与反思

由一个受伤幼儿打来的电话引出活动主题，通过幼儿讲述自己受伤的经历，观看安全主题的展板，开展区分安全与不安全的游戏以及设计安全标志，将活动逐步深入。整个过程中，教师一直停留在安全辨别层面上引导幼儿开展活动。在制作安全标志这一环节中，由于幼儿经验储备不足，出现明显的困难。作为一节幼儿社会教育领域的教育实践与研讨活动，教育活动结束后，参与研讨的专家、教师都有一个疑问：这次活动的社会教育属性是否明确？参与研讨的专家、教师产生这种疑问是否由于教育目标定位出现偏差？如对于大班的幼儿，还可以让其掌握一些常用的自我保护方法，并且可以将主题提升到遵守规则的重要性层面上。因此，有必要对原定目标加以修正。

三、调整目标

1.认识安全标志，理解并学习遵守日常生活中基本的社会行为规则。

2.引导幼儿学习互助、协商等社会交往技能，与他人合作设计安全标志。

3.能主动地参与活动，从活动的快乐体验中激发幼儿的自信心。

四、修改理由

研究认为，原定目标1很难界定是健康教育目标还是幼儿社会性发展教育目标，通过将安全标志的认识归入社会行为规则中，侧重于社会行为规范的培养，成为较典型的幼儿社会性发展教育目标；原定目标2较为抽象，幼儿的社会经验有限，必须在一定的范围内让幼儿区分安全系数；原定目标3的设定是为

① 赵雪梅.幼儿社会教育活动目标解析[J].新课程研究·教师教育，2008(7)：14-15.

了激发幼儿的创造性，事实上安全标志具有规范性、一致性等特征，由此开展富有创意的安全标志设计可能缺乏针对性。因此，立足于社会领域教育，按照认知、技能、情感三个层次，对该活动的目标加以改进。

五、修改价值

社会领域教育是幼儿园教育的组成部分，与其他领域教育一样，社会领域教育有自身的特点。幼儿的“社会学习”必须是具体的，使幼儿在参与性活动中去感受、体验，以增进幼儿的社会认知，激发幼儿的社会情感，培养幼儿的社会行为。

3. 活动目标应突出重难点

学前儿童社会教育活动目标的设计要与儿童的发展水平和个体需要相匹配，在对儿童进行教育时要考虑当前教育的重难点。也就是说同一个方面的社会教育内容，放到不同年龄段、不同发展水平的学前儿童身上，教育的侧重点应该有所不同。例如，“遵守基本的行为规范”这一方面，小班的重难点在于行为上对规则的遵守，中班的重难点则突出了学前儿童对相关规则意义的感受和理解，而大班重难点强调了学前儿童在对规则理解的基础上尝试制定相关规则。总之各年龄段的儿童在社会领域某一方面的学习目标难度应当具有明显的梯度。

拓展阅读

区域活动中的人际交往规则①

小班

1. 不争抢玩具；不争抢他人正在操作的材料。

2. 遇到困难时，知道寻找老师的帮助。

中班

1. 能与伙伴友好交往、共同游戏，并进行言语交流。

2. 独立游戏时不影响他人，坚持完成自己的操作项目后，与同伴协商交换。

3. 不大声喧哗，不乱跑动，不影响别人，能遵守基本的礼仪。

4. 区域活动中，与同伴小声交流，能控制自己的音量。

5. 在游戏中遇到问题能与同伴商量，实在无法解决寻求老师帮助。

---

① 邓文静. 学前儿童社会教育[M]. 北京：中央广播电视大学出版社，2017：150-151.

6.有一定的坚持性,能完成自己的游戏任务。

大班

1.活动时保持愉悦的情绪,会使用礼貌用语,能主动寻求帮助。

2.合作看书,将书放在中间,顾及同伴感受。

3.修补、制作图书时,能协商、合作完成。

第二节　学前儿童社会教育的内容

一、学前儿童社会教育内容的含义

学前儿童社会教育的内容主要是指学前儿童社会领域所包含的特定的现象、事实、规则及问题等基本的组成成分，它们依照一定的原则，形成一个有机的整体。学前儿童社会教育的内容是幼儿园社会领域课程的主体部分，是幼儿园社会领域课程发挥其功能的关键因素，是实现社会教育目标的重要保证，是幼儿教师设计和实施社会教育活动的主要依据。它既要贯彻社会对儿童发展的要求，又要反映出社会教育理论研究的最新成果，更要符合幼儿个性和社会性发展的规律，立足于幼儿综合素质的早期培养，促进幼儿的社会化。

二、学前儿童社会教育内容选择的依据

（一）以社会教育目标为依据

社会教育目标是教育活动组织实施的纲领，在选择学前儿童社会教育内容时首先要考虑所选内容是否在目标规划范围、是否能够促进目标的达成。《规程》《纲要》和《指南》规定了幼儿园社会教育总的目标，同时也规定了学前儿童社会教育内容选择的范围和标准。其次，在选择内容时，要把握好目标和内容两者之间的关系，要认识到同一个目标是可以通过多种内容来实现的，与此同时，同一个教育内容也可以服务多个目标的达成。因此在确立学前儿童社会教育目标后要认真考虑内容和目标的关系，考虑当前所选内容能否促进教育目标的达成，还有哪些内容可以达到同样的效果，在多个内容中选择最适宜的来组织实施。最后，还需注意的是教师不仅仅要考虑当前活动所要达到的目标，还要始终考虑《纲要》《指南》中所规定的目标，对目标和内容都要做到心中有数。

（二）以学前儿童发展为依据

学前儿童社会教育内容的选择以促进学前儿童发展为目的，同时也要以学前儿童发展为前提。学前儿童的发展是一个多方面、多层次的动态过程，教育内容首先要考虑学前儿童各方面的心理发展特征，了解各年龄段儿童的认知特点、情绪情感和个性特征，选择适于学前儿童操作的、易于理解的、能够接受的内容。例如对社会规范的认知，要基于学前儿童思维的发展水平和发展特点选择易于其接受和理解的内容，尽量避免需要抽象逻辑思维推理判断的内容。其次，教育内容的选择要考虑学前儿童的学习能力，立足于学前儿童的最近发展区，结合学前儿童发展的关键期，把握最适宜的学习时机，以达到最佳的学习效果。最后，教育内容的选择要考虑学前儿童的已有经验，从其经验着手，逐步拓展和延伸，开发利用其潜在的教育价值，以保证学前儿童社会领域的学习有一定经验的支持。

（三）以社会现实生活为依据

学前儿童社会教育内容的选择要从儿童所处的社会现实生活出发，避免脱离儿童的实际生活环境选择儿童从未体验也无从想象的社会教育内容，在选择时尽量选择贴近儿童实际生活，能够为儿童所感知和体验到的内容。随着城镇化的发展，城市人口越来越多，城市生活中的种种社会规范逐渐成为学前儿童社会教育的主要内容，比如：社区生活规则、乘坐公共交通的规则、电梯的使用规则等等，与此同时我国很多家庭和社区依然保留着传统的社交礼仪、节庆文化、风俗习惯等，因此教师在选择教育内容时要考虑学前儿童周围世界的发展变化，将其所感受到的传统文化氛围与现代都市生活的要求等融入教育中，激发学前儿童参与社会生活的兴趣和愿望。只有在真实的社会生活环境中，学前儿童才能真切地感知到社会现象、体验到社会情感、产生适宜的社会行为。

三、学前儿童社会教育内容确立的原则

学前儿童社会教育内容的选择是一项复杂的工作，选择时要考虑多种因素，要兼顾社会发展、幼儿园教育、学前儿童、家长等各方面的需要，以保证教育内容的科学性和适宜性。确立学前儿童社会教育内容需遵循的基本原则如下：

(一)时代性原则

学前儿童社会教育是面向未来的基础教育,就学前儿童终身学习和发展的角度而言,随着时代的发展和科学技术的不断进步,新的适合学前儿童认知和发展的教育内容越来越多。因此,学前儿童社会教育应不断吸收、补充或更新教育内容,以适应时代发展变化的要求。这就要求教师在选择学前儿童社会教育内容时,要突破现有教材或内容的限制,选取反映现代学前儿童特点的内容,这样才能培养出符合社会教育目标和社会发展的人才。

(二)生活性原则

学前儿童社会教育与学前儿童的生活是紧密联系在一起的。因此,学前儿童社会教育的内容主要应该来源于现实生活。教育活动应该是促进学前儿童美好生活的有效途径。衡量学前儿童发展最核心的依据是学前儿童在现实生活中的表现。因此,学前儿童社会教育应从现实生活中挖掘教育资源,选择教育内容,把各种教育内容与学前儿童的现实生活联系起来。《纲要》指出:学前儿童社会教育内容应该"既符合幼儿的兴趣和现有经验,又有助于形成符合教育目标的新经验;既贴近幼儿生活又有助于拓展幼儿的经验;既体现内容的丰富性、时代性,又注重幼儿学习的必要性、妥当性以及与小学教育的衔接"。这些要求都是围绕学前儿童的生活经验提出的。所以,学前儿童社会教育内容的选择必须以学前儿童的生活经验为基础,遵循各年龄段学前儿童在认知、情感态度、能力、个性和社会性发展方面的一般规律,提出既与学前儿童原有经验相适应又有利于学前儿童主动建构的内容,同时,要协调好社会生活经验与学前儿童生活经验之间的矛盾。

(三)兴趣性原则

兴趣具有动机力量,能使人产生一种吸收信息、拓展自己的倾向,为观察、探索、追求和进行创造性努力提供可能性。学前儿童的年龄特征决定了兴趣是直接支配他们学习的最大动力。有了兴趣,学前儿童就有了主动参与活动的愿望和积极的态度。首先,要关注学前儿童的兴趣,从他们感兴趣的事物中选择教育价值丰富的内容。把学前儿童的直接兴趣转化为间接兴趣、短时间兴趣转化为长时间兴趣、外部兴趣转化为内部兴趣,使兴趣成为学前儿童学习与发展的真正动力。学前儿童社会教育内容趣味性的增强可以更好地引发学前儿童主动学习、快乐发展，使学习活动变得轻松愉快，让学前儿童在自愿自觉、积极主动中获得健康发展。其次，教师要将必要的教育内容转化成学前儿童的兴趣。有些教育内容对于学前儿童的长远发展是必要的，但不是所有学前儿童都感兴趣，这就需要教师尽量把它们转化为学前儿童的兴趣。

（四）内容和目标相一致的原则

教育内容是实现教育目标的手段。教育目标一旦确定，就要求选择与之相符的内容来保证它的实现。教师在选择学前儿童社会教育内容时首先要考虑选择这个内容是为了实现哪一个或哪几个目标，这个内容是否与目标有关联，有什么样的关联。教育内容与教育目标并非一一对应的关系，一项教育目标往往需要多项教育内容才能实现。因此，在确立教育目标时，教师要善于整合各项教育目标，围绕一个教育目标协调各种教育活动为它服务；同时，要能最大限度地发挥某一教育活动的教育功效，使一项活动能实现多方面的教育目标。

（五）因地制宜原则

我国是一个多民族的国家，各民族经济发展水平、教育文化、风俗习惯、自然资源、气候等有较大的差别。因此，在选择学前儿童社会教育内容时，应尽量选择那些能反映幼儿园周围环境和社区特点、能充分利用当地的各种教育资源和条件的内容，使教育内容区域化、本土化。

四、学前儿童社会教育内容的体系

学前儿童社会教育的内容以学前儿童社会教育的目标为先导和依据，因此教育者在选择教育内容的同时，必须要有目标意识。依据学前儿童社会教育的总目标和分类目标，学前儿童社会教育的内容可分解成六个主要方面，包括自我意识、社会认知、社会情感、社会交往技能、社会适应能力和个性品质。

（一）自我意识

自我意识是指人对自己身心状态以及自己同客观世界关系的认识，包括自我认识、自我体验、自我控制三种。自我认知包括自我概念、自我形象、自我评价和独立性等;自我体验包括自尊心、自信心、自我价值感、成就感和进取心等;自我控制包括自制力、自觉性、坚持性和自我延迟满足等。具体包括:

1.了解自己与周围环境的关系。

2.能用适当的方式表达自己的需求、爱好、情绪和情感。

3.学习正确评价自己和他人,能正确对待他人的评价。

4.能积极主动参加各种活动,有好奇心和探究解决问题的能力,能积极发表自己的见解。

5.在活动中勤于动脑思考,自觉按自己的意愿选择活动、设计活动和完成活动。

拓展阅读

文化如何塑造自我表征①

想要了解文化是如何塑造儿童的自我表征的,下面两个6岁儿童对自我的描述是很好的例子:

①我是一个很好也很聪明的人;我很风趣幽默;我为人和善、待人体贴;我是个成绩很好的学生。

②我是一个人;我是一个孩子;我是爸爸、妈妈的孩子,爷爷、奶奶的孙子;我是个很刻苦的孩子。

如果告诉你第一个孩子来自欧美国家,第二个孩子来自中国,你一定不会感到惊讶。这些自我描述体现了西方文化和亚洲文化不同的价值观。西方文化强调一个自主的自我,从独一无二的个人特质方面进行自我描述;中国文化强调一个相互依存的自我,从社会角色和关系网络中的责任中进行自我描述。王琦(音译)(Wang Qi)通过让成人和儿童描述自我,以让研究者"能写一个关于他们的故事"这一方式考察了美国人和中国人的自我表征。研究发现,欧美儿童的描述更偏向于"自身的"——提及个人特质("我很可爱")、喜好("我喜欢弹钢琴")、拥有物("我有一只泰迪熊")、与其他人无关的行为("我很高兴")。中国儿童的描述更偏向于"社会性"——提及群体成员身份("我是女孩")和人际关系("我爱我的妈妈""我的堂兄弟和我一起做了很多事")。

文化同样在自我概念的其他维度上留下了印记,如在自我描述中体现出来的积极性和自豪水平。西方文化鼓励儿童拥有积极的自我观;而中国文化

① 王晓戎.学前儿童社会教育[M].第1版.芜湖:安徽师范大学出版社,2017:33-34.

则看重自我批评和谦虚,因为这能够促进群体的团结与和谐。

(二)社会认知

社会认知是指幼儿对自我与社会中的人、社会环境和社会规范等的认知,主要包括对社会环境的认知、对社会规范的认知、对他人的认知和对性别的认知等。具体包括:

1.认真倾听并理解任务性语言,掌握记忆任务的方法,能牢记委托,并力争完成。

2.了解一些日常生活规则,感受规则在生活中的重要性,具有秩序意识。

(1)生活秩序:个人卫生、饮食、衣着、睡眠等的规则。

(2)游戏秩序:学会遵守游戏规则,需要时要排队、轮流等。

(3)学习秩序:在学习活动中能够集中注意力,勤于思考,勇于探索,积极回答教师提出的问题等。

(4)交往秩序:在交往活动中要做到礼貌、友好、谦让、合作、分享、尊重。

(5)外出秩序:遵守购物、乘车等活动秩序。

(6)购物秩序:在购物活动中不能损坏尚未购买的商品,买东西时要付钱。

(7)乘车秩序:排队上下公共汽车(或电车、地铁等),先下后上;上车后及时买票;乘车时不把头、手伸出窗外,坐要坐稳,站要扶好扶手,坐时不能把自己的脚横着伸出去,不能在车上大声说笑;下车前先到后车门处,上车时要出示车票等。

(8)马路秩序:在街上行走时只能走便道;过马路要走人行横道(或过街天桥、地下通道等),要看交通信号灯,要看有没有来往的车辆;不能在街上踢球,不能在街上乱跑等。

3.了解自己和家人的关系,感激父母长辈的养育之恩。

4.了解不同职业劳动与自己生活的关系,尊重劳动者的劳动。

5.了解祖国的传统民俗节日,对祖国的传统文化感兴趣。

6.了解并熟悉幼儿园的位置及环境,熟悉幼儿园运行规则,适应集体生活。

7.了解家庭成员、住址、电话,清楚家庭成员及亲属之间的关系,懂得尊敬长辈,能够与兄弟姐妹和谐相处。

8.了解自己所在的城市及社区,了解自己家乡的风俗、名胜古迹、物产等,激发爱家乡的情感。

(三)社会情感

社会情感是幼儿在社会生活和社会交往中的情感体验。社会情感包括依恋、愉快、同情心和责任感等。具体包括：

1.愿意与他人共同游戏、活动，并能和睦相处。

2.能感受到周围自然环境、文化环境的美，愿意参加社区的大型活动，萌发爱社区、爱家乡、爱祖国的情感。

3.愿意参加一些力所能及的家务劳动，形成爱家、爱家人的情感。

4.愿意做力所能及的事，不怕困难，有初步的责任感。

5.愿意了解或接触不同国家、不同种族的人，感知他们的风俗习惯。

6.能主动参与各项团体活动，体验与同伴交往的快乐。

(四)社会交往技能

社会交往技能是指幼儿在与人交往或者参加社会活动时表现出的行为技能。社会交往技能包括亲子交往、同伴交往中的各种技能。具体包括：

1.在遇到困难或需要帮助时，会用适当的方式向成人表达自己的需要和想法。

2.在与人交往时，懂得问候、交谈、与人合作及参加活动的技巧，掌握交往的策略。

3.养成按规则进行活动的习惯，增强执行规则的能力。

4.能围绕自己的生活、学习和游戏制订简单的规则。

(五)社会适应能力

社会适应能力主要包括幼儿对新环境的适应能力、对陌生环境的适应能力、对陌生人的适应能力、对同伴交往的适应能力、独立克服困难的能力等。具体包括：

1.遇到困难和挫折时，尽可能自己解决。

2.能主动帮助弱小同伴和有困难的人，能自愿分享玩具、食物、衣物等。

3.能尽快适应环境变化，学会生活自理。

4.能学习和适应变化，愿意尝试新鲜事物。

5.有自信心，能有始有终地完成一件事。

6.具有自我保护意识，了解周围环境中可能存在的危险，学习应急及自救措施，提高生存能力。

(六)个性品质

个性是在个体的各种心理过程和心理成分发生发展的基础上形成的,是一个人全部心理活动的总和。具体包括:

1.具有克服困难、承受挫折、勇敢和诚实的品质。

2.有自尊心、自信心和同情心。

3.有社会责任感和集体意识。

4.独立自主、做事有毅力和自我约束能力。

五、学前儿童社会教育内容实施的途径

(一)实施途径

1.专门性的社会教育活动

专门性的社会教育活动是指教师依据社会教育目标和原则,选择适宜的教学内容与方法,通过精心设计和组织实施对学前儿童进行社会教育的活动。这类活动具有明显的计划性和针对性,教学内容系统并且集中,教师对活动的各个环节起着主导的作用,能够有效地使教学走在儿童发展的前面。其主要的教育活动形式有主题教育活动、游戏活动、区域活动、环境创设等,主题教育活动强调教育内容的整合性,各个方面的内容围绕一个核心主题来开展,能够使儿童对主题的认识更加系统和全面,教育效果也比较好。游戏是儿童最喜爱、主体性发挥最好的活动,并且其本身就是儿童参与社会的一种独特形式,在社会教育方面具有其他教育形式不可替代的作用。在组织社会教育活动时,游戏可以作为独立的活动来开展,也可以融合到其他社会教育活动中。区域活动主要通过投放材料,让儿童在与材料、同伴、环境的互动中促进社会教育目标的达成,往往以小组的形式展开。幼儿园环境创设包括物质环境创设和精神环境创设两种,是社会教育的组成部分更是重要手段,教师可以有计划地组织学前儿童参与到环境创设中来。

2.渗透性的社会教育活动

渗透性的社会教育活动是指将社会教育的内容渗透到学前儿童社会教育的各个环节当中,结合各种具体的活动来组织教育内容,分为日常生活教育和其他领域活动

教育。日常生活教育如入园、早操、进餐、盥洗、如厕、离园、值日、偶发性事件等都是渗透社会教育的机会，教师可以针对具体情况进行随机式的教育。幼儿园其他领域的教育活动中也蕴含着丰富的社会教育契机，教师应提高社会教育意识，挖掘各领域活动中的社会教育因素。渗透性社会教育活动要求教师有清晰的社会教育意识，明白在各类活动中如何关注到社会教育的层面，并对什么样的环境适于学前儿童学习有正确的认识。这是一种宽泛意义的教育内容组织，它很难有明确的操作流程与思路，但学前儿童社会教育大部分内容都需要以这种方式呈现。

3.家园合作中的社会教育

家庭是学前儿童生活和学习的主要场所，对儿童社会化的影响是潜移默化的，并且具有连续性和稳定性的特点，是教育机构不可替代的。在家庭中，家长可以根据对孩子的了解和具体表现进行针对性的教育，教育效果也比较好，因此幼儿园应当与家长密切联系，相互配合，共同完成教育任务。家园合作的方式包括家访、个别交谈、家长开放日等。家访的目的在于了解幼儿和幼儿家庭的基本情况，基于幼儿发展进行交流合作，教师可以向家长提出建议也可以接受家长的建议。个别交谈是指教师在儿童入园或离园时就儿童的表现与家长进行简短的交流，以便于教师和家长及时了解幼儿情况，并进行有针对性的指导。家长开放日是指幼儿园定期向家长开放，邀请家长来幼儿园参与活动，了解孩子在园的真实情况，熟悉幼儿园教师的工作，学习幼儿园教育理念和方法，以改进家庭教育。总之，幼儿园作为专业的幼教机构，不仅要通过家园合作宣传自己的教育理念，还应该积极主动地指导家长在家庭中开展学前儿童社会教育。

（二）注意事项

1.社会教育内容实施应确保活动内容的全面性及趣味性

学前儿童社会教育不仅要教会儿童正确认识自己、认识周围的人，帮助儿童建立良好的社会关系，形成良好的交际能力。同时也需要教会儿童认识社会环境和文化，掌握适应社会生活的准则，帮助儿童更好地认识社会，由自己走向他人，走向社会，融入社会，成为合格的社会公民。因此，在对学前儿童进行社会教育内容实施的过程中，教师既要确保教育内容能帮助儿童形成良好的人际交往，又要确保儿童能有良好的社会适应，促进学前儿童社会性协调发展。

2. 社会教育内容的实施应符合儿童的最近发展区

适合儿童身心发展特点，难度适宜的教学内容，能让儿童更好地参与到学习过程中，激发儿童的学习兴趣。学前儿童现有的心理发展水平、学习能力等，制约着学前儿童教育内容的深度和广度。在实施学前儿童社会教育内容的过程中，教学内容要紧紧围绕儿童的最近发展区，在儿童已有的社会性发展基础上，以适当的方式帮助儿童学习更多的社会性发展内容，让儿童在丰富多彩的学习方式中促进自身的提高和进步。

3. 社会教育内容的实施应符合儿童的年龄特征

随着儿童年龄的增大，他们的生活经验、理解能力等发生变化，能接受的事物慢慢由易到难，经验累积越来越丰富。儿童在不同年龄段对社会教育内容的学习应该区分明显的年龄阶段，在《3—6岁儿童学习与发展指南》中学前儿童社会教育的年龄阶段目标呈现出了一种层层推进的特点，小、中、大班儿童的某方面社会性发展目标是连续的、衔接的，有着从低到高的发展趋势。因此，在对儿童进行教育内容的实施过程中，教师要使教育内容符合儿童的年龄特征。

拓展阅读

阿德勒的人格理论及其启示①

阿德勒是奥地利精神病学家，个体心理学创始人，人本主义心理学先驱。

阿德勒认为必须在了解研究个体整体人格的基础上，才能理解个体的某个特定行为。因此，我们要想了解儿童的某个特定行为，就必须首先了解其总体的人格图式。同时，不能撇开儿童所在的社会环境来研究儿童，而是要了解儿童的生活史，联系儿童整体的生活背景进行研究。阿德勒个体心理学的核心就是强调社会因素决定人格。

阿德勒提出儿童社会性发展的内容包括：社会兴趣、性格特征、情感与情绪、生活风格、性别角色观念这五个方面；它们彼此之间联系紧密，共同决定着儿童社会性发展的方向。与此相对应的社会领域教育的目标有：发展儿童的社会兴趣；培养儿童快乐、善良、谦虚、勇敢、具有同情心等性格特征；教会儿童

① 嵇珺．我国幼儿园社会领域教育研究[D]．南京：南京师范大学，2012.

正确认识、理解自己与他人的情绪与情感,学会适当地表达自己的情绪与情感;发展儿童正确的性别观念;发展儿童健康的生活风格。

对幼儿进行社会性教育的首要方法是教师与幼儿建立起密切、友好的关系。这是促进幼儿社会性发展的第一步。教师在了解儿童的基础上,与儿童建立起互相尊重和爱的友好关系,才能赢得儿童的信任,并使儿童愿意与自己合作。其他方法还有:鼓励和促进儿童的勇气;通过游戏活动扩展儿童的社会兴趣;在集体谈话与讨论中对儿童进行社会性教育,给予孩子充分机会各抒己见;利用学校生活中的日常活动对儿童进行社会性教育;在学校建立教育咨询诊所矫正儿童的问题行为,帮助儿童发展社会兴趣。

本章小结

本章作为学前儿童社会教育的基础章节,重点界定了学前儿童社会教育的目标和内容。核心内容总结如下:

1.学前儿童社会教育目的是通过有计划的教学活动,让儿童成为符合社会发展规范的、具有健全人格的社会成员。

2.学前儿童社会目标确立的原则主要有方向性与基础性原则、层次性与整体性原则、科学性与动态性原则。学前儿童社会教育目标的结构有层级结构和分类结构。

3.学前儿童社会教育目标的结构有层级结构和分类结构,其中层级结构有:总目标、年龄阶段目标、单元目标、教育活动目标。分类结构有自我意识、社会交往、社会环境与社会规范、社会文化。

4.学前儿童社会教育的内容主要是指学前儿童社会领域所包含的特定的现象、事实、规则及问题等基本的组成成分,它们依照一定的原则,形成一个有机的整体。

5.学前儿童社会教育内容确立的原则有时代性原则、生活性原则、兴趣性原则、内容和目标相一致的原则、因地制宜原则。

6.学前儿童社会教育内容的体系可分解成六个主要方面,包括自我意识、社会认知、社会情感、社会交往技能、社会适应能力和个性品质。

思考与实训

1.请结合篇首案例中的实际问题,运用本章的所学知识,尝试回答学前儿童社会教育的意义是什么,应该从哪些方面进行教育?

2.学前儿童社会教育目标确立的原则主要有哪些?

3.学前儿童社会教育内容确立的原则主要有哪些?

4. 学前儿童社会教育目标的实施途径是什么?

5. 学前儿童社会教育内容的实施途径是什么?

专题探讨

背景资料:近年来,幼儿园的“兴趣班”如雨后春笋般兴起。轮滑、手工、美术、足球、跆拳道、书法、舞蹈、钢琴等课程应有尽有。家长们趋之若鹜,不少家长让孩子参加了至少2个兴趣班,一些孩子参加的兴趣班达到了3个甚至更多。更离谱的是,有些家长的宝宝才2岁,老师就三天两头叫她报兴趣班。“她连中午吃什么都说不清楚,哪里知道自己有什么兴趣呢?”

乍一看,现在的孩子们可真幸福,只要有兴趣,想学什么有什么。但仔细一琢磨,其实不然。这些兴趣班大多一周上两个半天的课,每门课程一个学期近300元学费,多个兴趣班交叉起来,每天下午的时间都被这些“额外教育”占据,换句话说,如果你的孩子没有参加兴趣班,而别的孩子都参加了,每天下午你的孩子只能一个人孤零零地待在教室里。更有家长表示:“老师让报英语班的孩子进教室,让没报的孩子在外面吹风,太不合理了!”不报班的孩子被老师晾在一边,区别对待。

探讨:对于当前家长们热衷于将幼儿送入各种不同的兴趣班这一社会现象,结合本章内容谈谈你的观点。

第四章

学前儿童社会教育活动的设计与实施

学习目标

- 阐释学前儿童社会教育活动设计与实施的价值取向及基本原则；
- 熟悉学前儿童社会教育活动设计的基本思路、方法和过程；
- 运用学前儿童社会教育活动实施的方法和途径。

学习重难点

- 重点：学前儿童社会教育活动设计的基本思路和程序；
- 难点：学前儿童社会教育活动实施的方法和途径。

案例破冰

自带玩具活动中的规则

小朋友经常会自带玩具到幼儿园玩，在这个过程中应该制订怎样的规则，遇到问题教师可以怎样处理，学习下面的案例，看看会给你带来什么启发？

一班的小朋友每个星期一上幼儿园的时候，都会从家里带来各种玩具，可以玩自己的玩具，也可以交换着玩。过了一段时间，老师和孩子一起讨论，制订了一个规则：无论是谁，不一定要主动将自己的玩具给别人玩，但是在玩别人玩具的时候，一定要事先征求别人的同意。

琪琪带玩具到幼儿园，只自己玩，不玩的时候就装在书包里，却不客气地拿别人的玩具玩。如果别的小朋友要回自己的玩具，她还会说："我再玩一下嘛，小朋友不要那么小气的。"因为这样，经常发生争抢玩具的纠纷。但每次争抢琪琪都失败，别的小朋友都站在他的对手那边，并且说琪琪是个小气的小朋友。到后来小朋友都躲着她，不和她一起玩。

琪琪很委屈，到老师那里去倾诉："老师，他们都不跟我玩。"老师想了想说："我给你想个办法，下次你玩别人玩具的时候呢，要跟别人商量好了才能玩，这个办法一定很管用的，要记住哦。"后来琪琪要玩别人玩具的时候，都会事先询问："让我玩一下你的玩具，好吗？"小朋友会说："那我们换着玩，你玩我的玩具，我玩你的玩具。"琪琪有点犹豫，有时候就算了，有时候也会忍痛割爱。

慢慢地过了一段时间，琪琪不再把玩具藏在书包里了，愿意和别人商量、换着玩了。

第一节 学前儿童社会教育活动设计

一、学前儿童社会教育活动设计的基本原则

学前儿童社会教育活动的设计是关系到活动能否取得成功的关键环节，教师在设计学前儿童社会教育活动时，必须考虑《纲要》对社会领域教育提出的要求和建议，考虑学前儿童自身的年龄特点和发展水平，遵循一定的原则。

（一）目标性原则

学前儿童社会教育活动设计的目标性原则，主要包括两方面的含义：

1.学前儿童社会教育活动的设计要符合《纲要》对幼儿园社会领域教育提出的要求

《纲要》中明确指出，幼儿园社会领域教育的目标为：能主动参与各项活动，有自信心；乐意与人交往，学习互助、合作和分享，有同情心；理解并遵守日常生活中基本的社会行为规则；能努力做好力所能及的事，不怕困难，有初步的责任感；爱父母长辈老师和同伴，爱集体爱家乡爱祖国。幼儿园社会教育活动的设计一定要紧紧围绕这一目标，针对该目标来选择教育内容，确定教育方法，实施教育过程，开展教育评价等。

2.幼儿园组织的各种类型的社会教育活动必须要有明确而具体的目标

《纲要》提出的目标是幼儿园社会教育的总目标，教育者在设计具体的社会教育活动时，还必须把《纲要》中的目标进行分解、细化，将幼儿园教育的总目标分解为幼儿园小班、中班、大班的年龄阶段目标（学年目标），将各年龄阶段目标（学年目标）分解为上、下学期目标，将学期目标分解为月目标、周目标，最后将月、周目标分解为每日的具体教育活动目标。就具体教育活动的目标而言，目标的表述要具体、明确，目标的设计要具有较强的可操作性和可检测性。

（二）针对性原则

学前儿童社会教育活动设计的针对性原则，也有两方面的含义：

1.学前儿童社会教育活动设计要针对社会领域教育的内容

幼儿园社会领域教育的内容丰富,涉及面广,包括学前儿童自我意识教育、人际交往教育、社会环境与社会规范教育、多元文化教育等各个方面,教师在设计社会领域教育活动时,要选择明确的、具体的社会教育内容来设计。

比如中班的社会认知活动《有用的标志》,活动的目标是幼儿认识日常生活中常见的标志,了解它们的名称、用途或功能等,并且让幼儿帮助班级和幼儿园设计一些有用的标记,如交通标识、物品摆放标识等。在设计该活动时,要突出幼儿对各种日常标志的认识、理解和运用,标志的制作过程可以适当弱化,这样才能突出社会领域教育的内容。

2.学前儿童社会教育活动的设计要针对幼儿的实际情况

幼儿是教育活动的主体,真正有价值的教育活动都是来自对幼儿实际的深入了解和透彻分析。真正了解和尊重幼儿的实际,才能实现教育活动的目的。教育者在设计社会教育活动时,要充分考虑本班儿童的生活环境、地域特色、社会性发展状况以及个体差异,有针对性地确立活动目标及活动内容。

比如,农村和城市的幼儿园都可以开展《各种各样的交通工具》这个活动,但是在选择教育内容时,要充分考虑儿童所处的地域差异,农村的儿童对地铁、磁悬浮列车、城市观光车等可能知之甚少,而城市的儿童对拖拉机、平板车等则非常陌生。

再如,开展环境保护的主题活动,当我们面对的是小班幼儿时,可结合日常生活,引导儿童把垃圾扔入垃圾箱,养成好的习惯;但到了大班,就可以组织幼儿讨论"为什么要保护环境"、"为什么要保持水与空气的清洁"、"如果空气很脏的话,对我们人类的生活有什么影响"等问题,引导儿童逐渐了解事物之间的联系,知道保护环境的意义。

(三)活动性原则

对于幼儿而言,只有在活动中的学习才是有意义的学习,只有以直接经验为基础的学习才是理解性的学习,活动是幼儿心理发展的基础和源泉。

活动性原则就是指教师在设计社会教育活动时,要注重"实践",尽量鼓励学前儿童动手操作。无论教师设计什么样的社会教育活动,必须保证幼儿是活动的主体,社会性教育活动不是教师告诉幼儿“你该怎么做”，而是幼儿要“怎么做”，教师只是对幼儿的选择和行动起引导和帮助作用。社会品质的形成是幼儿主体选择、接纳和实践的结果。因此，教师的活动设计不应立足于“告知”儿童，而必须给儿童主动体验、观察、操作、实践的机会，使其自主、自觉地获得社会认知。

（四）整体性原则

对于整体性原则，也可以从以下两个方面进行理解：

首先，学前儿童社会教育包括对学前儿童社会认知、社会情感、社会行为三个方面的教育，在设计社会教育活动时，要将这三者有机地结合起来，促进学前儿童社会性的整体发展，并融入社会教育活动当中，这是整体性原则的第一层含义。

其次，整体性是指开展社会教育活动所需要的教育资源和教育手段的整体性。学前儿童的社会性发展不是一朝一夕之功，不是单靠某一次活动就可以完成的。因此，在设计社会教育活动时，教师要充分考虑活动前后的延续性，各种类型活动的渗透性，同时还要学会利用家庭和社区的教育资源，增强学前儿童社会教育的合力。例如，要培养学前儿童懂礼貌讲文明的好习惯，不仅要考虑幼儿园教育活动的环节安排，还要考虑在游戏活动中、一日生活中如何渗透等，同时，不能忽略家长的教育力量，一定要争取家长的支持和配合。

（五）全体性原则

全体性原则是指社会性教育活动设计要面向全体幼儿，使全体幼儿在原有水平上得到发展和提高。

面向全体是社会性教育的出发点，面向全体不是否认个别差异，而是尊重个体差异。贯彻全体性原则，教师就要在活动设计的过程中充分了解孩子的个体差异，尊重孩子的个体差异，使每个孩子的社会性发展水平在原有基础上得到发展，实现真正的教育公平。教师在贯彻全体性原则时，要避免走入一个误区，即“同步发展”或“共同发展”，也就是说，所有学前儿童都要得到发展，但并非强求每个孩子都达到同一发展水平，而是每个孩子在自己原有的水平上得到发展。

二、学前儿童社会教育活动设计的基本思路

(一)确立教育活动目标

确定活动目标是社会教育活动设计中最重要的一环。目标设置得是否恰当,对整个活动设计有着决定性的影响。设计者应根据学前儿童的社会性发展水平来确定社会教育活动的具体目标,然后根据目标选择教育活动内容,进而选择合适的活动方法和形式。

(二)选择教育活动内容

活动内容是社会教育活动目标的具体化,是实现教育目标的载体。在幼儿园中,社会教育没有统一的教材,教育内容主要由教师选择。教师首先可以根据活动的目标来选择内容,比如为了激发儿童热爱家乡的情感,可以将家乡的美景、家乡的美食等作为教学内容;其次,教师应根据学前儿童社会性发展的水平以及存在的问题来选择活动内容,注意内容的生活化,所选择的活动内容要符合儿童的生活经验。

对于具体的社会教育活动而言,活动的目标与内容并没有明确的先后关系,两者是相互依存的,只要有明确的年龄阶段目标或学期目标,有时候可以先有具体活动内容,然后再确定具体教育活动目标,有时可以先有具体活动目标,再寻找相应的活动内容。

(三)选择恰当的教育活动方法

学前儿童社会教育的活动方法主要是根据教育内容的性质、学前儿童特点及发展现状来决定的。社会教育活动方法既要适应不同类型社会教育活动的特点,又要引起儿童对学习内容的浓厚兴趣,从而使学前儿童积极主动地参与活动。

如果活动内容涉及的社会认知成分较多,就要多使用讲解、讨论、谈话、演示等方法;如果活动内容偏社会情感体验,可多使用角色扮演、参观、调查、访问等方法;如果活动内容偏重社会行为,则要多使用观察学习、行为训练、角色扮演等方法。

(四)拟定具体的教育活动方案

在确定活动目标,选好活动内容以及活动方法后,还需要拟订一份详细的社会教

育活动方案。一般来说，社会教育活动方案包括活动名称、活动目标、活动准备、活动过程和活动延伸等几个方面。

三、学前儿童社会教育活动设计的基本程序

（一）活动名称

活动名称即某一次具体教育活动的名字。活动名称要写清楚社会教育活动的类型，适用于何种年龄班，具体的内容是什么。如《我是大班的大哥哥（大姐姐）》《认识交通标志》等。

（二）活动目标

活动目标要写清楚本次活动要达到的目的，如要形成学前儿童怎样的认识、培养学前儿童怎样的情感、提高学前儿童哪些能力等。在目标的表述上，要做到明确而详细地说明目标内容，要用特定的术语描述学前儿童在活动前后的变化，包括认知目标、情感目标和能力目标，以便于检测。主要有以下三方面的要求：

1. 活动目标要全面，目标内容应包括培养幼儿的社会情感、获得社会认知和行为方式、提高适应和参与社会生活的能力等。在学前教育阶段，应把活动目标的重点放在培养幼儿积极的社会情感和相应的社会行为方面，同时兼顾对幼儿社会认知能力的提高。

2. 设立目标要具体，有可操作性，并且便于检验。比如教师设立了一个目标为“发展幼儿的交往能力”，这样的目标就过于空泛，不具备操作性，也不易检验。我们将之改为“幼儿懂得有时候要谦让”，然后通过故事《小羊过桥》引导幼儿懂得谦让，教师通过观察幼儿在活动中的表现，就可以检验该目标是否实现。

3. 目标的表述角度应保持一致，或从教师的引导出发，或从幼儿的发展出发。当前学前教育更重视幼儿的主动活动和主动发展，因此，教师设计教育活动方案和确定活动目标时还是要尽量从幼儿发展的角度来表述。

（三）活动准备

活动准备是指在活动之前，教师和学前儿童应做好的准备。一般包括两个方面：

一是物质准备，如有的活动需要图片、挂图、实物，有的活动需要录音机、磁带、多媒体课件，有的活动需要一定的场景布置等，物质准备是幼儿获得直观感性经验，并有兴趣积极主动参与活动的重要条件。

二是经验准备，这是针对学前儿童而言，如开展《生活中有用的标志》活动时，需要学前儿童在活动前多多观察与记录生活中的一些标志。经验准备包括认知准备和能力准备等。

（四）活动过程

活动过程一般按活动环节的先后顺序可以分为以下几个步骤：

1. 导入部分：写清楚导入的方式

导入部分的作用在于引发幼儿参与活动的兴趣，吸引幼儿的注意力，使活动有个良好的开端。教师在设计活动方案时常用的导入方式有提问、出示直观教具、讲述故事、猜谜语等。

2. 基本部分：如何引导学前儿童积极主动地参与、表现、表达以及提问的方式

在活动的基本部分，教师引导幼儿积极主动地参与活动，通过积极的感知、体验、表达、交流，引导幼儿获得某些具体的知识、经验和技能。教师示范直观教具或行为方式，通过具体的提问，引导幼儿逐渐深入活动过程，深化幼儿思考，提高幼儿能力。

基本部分是教育活动的主要环节。在活动过程中，教师既要注意引导幼儿积极主动地参与活动，尊重其发展的主体地位，同时也要通过调节幼儿的学习兴趣和已有经验，创设相应的情境，始终引导幼儿朝教育目标的方向发展。

3. 结束部分：如何总结

活动的结束部分，教师主要是引导幼儿归纳自己在活动中获得的经验、技能和情感体验，由教师或教师引导幼儿进行活动的小结，也能帮助幼儿总结学习经验，强化自己的社会行为，提高社会认知水平。

拓展阅读

活动过程三部曲

Step1

开始部分的主要作用在于引发幼儿参与活动的兴趣，吸引幼儿的注意力。教师在教案中一般用简单的方法，如提问、出示直观教具、讲述故事、猜谜语等开头，体现出组织教育活动开始的过程。

Step2

进行过程体现教师如何引导幼儿积极主动地参与到活动中，并进行积极地感知、体验、表达和交流，使幼儿获得某些具体的知识经验和技能。教师通过具体的提问，引导幼儿逐渐深入活动过程，深化思考，提高能力。进行过程是教育活动的主要环节，在活动过程中，教师既要注意引导幼儿积极主动地参与活动，尊重其发展的主体地位，同时，要通过调动幼儿的学习兴趣和已有的经验，创设相应的环境，始终引导幼儿向教育目标的方向发展，也就是说，教师要把握教育过程的方向。

Step3

当教育活动的预期目标基本达到时，教师要适时组织活动的结束环节。应引导幼儿归纳自己在活动中获得的经验、技能和情感体验，由教师或教师引导幼儿进行活动的小结，帮助幼儿总结学习经验，强化积极的社会行为，提高社会认知水平。

（五）活动延伸

活动延伸是指在活动结束后，教师准备通过哪些途径使幼儿在活动中获得的经验得以延续和巩固。如开展《有用的标志》活动后，让小朋友们为班级、幼儿园设计一些路标，摆放物体的指示标志等。

经典案例

互相谦让（中班）

活动目标：

1. 幼儿懂得谦让的益处，愿意在某些时候谦让别人。

2. 幼儿能够用文明的语言表达谦让。

3.幼儿在角色扮演中体验谦让带来的成就感和喜悦感。

活动准备：

白山羊、黑山羊的木偶和头饰，用积木搭成的独木桥。

活动过程：

1.讲故事

教师用木偶表演的形式讲述故事《两只山羊》，讲到“白山羊和黑山羊都走到了桥中间，他们谁也不让谁”时，提问请幼儿思考：

白山羊和黑山羊，这样做对不对啊？为什么？

谁也不让谁，会发生什么情况啊？（幼儿自由回答）

2.游戏表演

教师将幼儿分成两人一组，分别用头饰模仿白山羊和黑山羊，让两位幼儿走到桥中间，看看幼儿怎样自己解决过桥问题，让他们表现出自己的想法和处理办法。

3.表演结束后进行讨论

自己遇到有争执的事情，应该怎样做？为什么要这样做？

活动延伸：

教学活动后，幼儿在生活中、在角色区继续讨论交流，此活动使幼儿的社会认知、社会情感和社会行为技能三方面达到了协调统一。

四、学前儿童社会教育活动设计的注意事项

第一，教师在设计活动过程时，要尽量使幼儿有“动手操作”式的主动参与。幼儿是教育活动的主体，幼儿在活动中能主动参与，有感知、体验和实践操作，且与环境因素积极作用时，教师组织的教育教学活动才能真正达到目的。尽管幼儿的经验很少，能力较低，但是教师要引导儿童在活动中尝试、学习、锻炼、发展，对由于经验和能力不足造成的错误要宽容，鼓励儿童，耐心地引导儿童总结经验。

第二，教师要精心准备提问语言，当提问不够具体时，幼儿很难被引导着思考问题，教育活动中就会出现师幼沟通不畅导致的无法互动现象。所以教师的提问起着关键性的引导作用，问题一定要有针对性、导向性，要具体，符合幼儿的知识经验和语言水平。

第三，教师讲解、演示的过程中，要避免成人化语言或专业化术语，以确保与幼儿的有效沟通。

第二节　学前儿童社会教育活动实施

一、学前儿童社会教育活动实施的价值取向

(一)忠实取向

教育活动实施的忠实取向,指的是把教育活动实施过程看成忠实地执行活动计划的过程。忠实取向视野中,教师角色的实质是教育活动计划的忠实执行者。他们按照教育计划循规蹈矩地实施教学活动,作为教育内容的传递者,教师对教育活动的成功起着关键的作用。为了使教师忠实地传递教育活动内容,在活动实施前应对教师进行适当的培训,在活动实施过程中应对教师的行为进行有效的支持与监督。

(二)相互适应取向

教育活动实施的相互适应取向,指的是把教育活动实施过程看成活动计划与班级实际情境在活动目标、内容、方法、组织模式各方面相互调整、改变与适应的过程。为了使活动计划适合具体实践情境的需要,教师可以对活动计划进行改造,教师对预定的活动方案进行积极的、理智的改造是活动实施成功的基本保证。

(三)课程创生取向

教育活动实施的创生取向,指的是把教育活动实施看成教师与幼儿联合创造的教育经验,活动实施本质上是在具体的教育情境中创生新的教育经验的过程,而活动计划只是供这个经验创生过程选择的工具而已。在创生取向视野中,教师是课程的开发者,教师连同幼儿成为建构积极的教育经验的主体,创生的过程是教师和幼儿持续成长的过程。

二、学前儿童社会教育活动实施的基本原则

（一）正面教育原则

正面教育是一切教育的最基本的原则，其核心是在尊重的前提下对幼儿提出要求，在肯定的前提下对幼儿的行为作出补充和修正，在维护幼儿自主性和创造性的前提下渗透课程的要求。具体做法如下：

1. 以积极的方式对幼儿提出要求

所谓积极的方式就是我们在希望幼儿做一件事情的时候，直接告诉幼儿具体如何去做和做什么，而不是告诉他们不要如何做和做什么。比如，教师看到一个幼儿在美工区里将剪掉的纸屑胡乱扔到地上，他可能会制止，对他说："不要乱丢纸屑，把纸屑捡起来！"他也可能采用另外一种方式，比较温和但坚决地说："这里有一个纸篓，我们把剪下来的废纸丢在里面！"如果孩子比较小，还可以帮助他一起收拾。后一种方式是我们提倡的。

2. 创设积极的环境

不同的环境可以诱发不同的社会行为。从社会性发展的角度看，一个良好的、积极的环境是一个能够诱发、维持、巩固和强化积极的社会行为的环境。这样的环境，一般具备以下几个基本特征：

（1）在物质上是丰富和多样的；

（2）在气氛上是宽容和接纳的；

（3）在制度上是明确和必要的；

（4）在设计上是具有某种倾向性或暗示性的。

3. 纵向比较而不是横向比较

以往教师常常用"比赛"的方式来鼓励幼儿参加活动的积极性，如谁起床早、谁吃饭快、谁能够第一个冲出教室等。但这种比较的副作用就在于比赛的结果总是会产生一些失败者，作为失败者，他们经常感到灰心丧气和不满，胜利也并非总是好的，胜利者容易产生一些不恰当的优越感。

而用纵向比较的方法，既可以肯定幼儿所取得的进步（他和以前不同了），又可以鼓励他继续向前发展（他会在以后做得更好）。

4. 行动和言语相互强化

有经验的教师总会用相应的行动来强化他所提出的要求。比如他会在要求幼儿收拾玩具的同时以身作则，一边收拾玩具一边提要求："好了，该收拾玩具出去玩了！"这就是身体力行的重要性。

（二）生活教育原则

《纲要》指导要点中，不仅体现出正面教育的思想，也渗透着生活教育的理念，即社会性的教育，是在日常生活中，借助日常生活，并且是为了日常生活而进行的。这种理念包括以下做法：

1. 抓住生活中的教育契机

同其他领域的教育相比，社会领域教育更具有贴近生活的特征。因为我们所讲的社会性本来就是生活中的认识、情感、意志和行为，它不可以脱离生活进行。教育既然要依托生活来进行，就必须要求教师在大量的生活细节中，在不改变生活原有的特质的前提下，将与某种生活内容或生活方式相应的社会性教育的目标结合进去，即抓住生活中的教育契机。

2. 长期一贯地坚持

由于生活是随意的、漫不经心和自然的，也未经系统规划和安排的，所以在教育的效果上，生活教育不如正规性的集体教学效果来得立竿见影。但是生活本身又有另外的特点，就是日复一日的重复性，从而可以弥补上述的缺憾。不断重复这一优势，使得我们有可能进行长期的规划，把那些比较笼统的、综合性的社会教育目标放在日常生活中，借助于日常生活的不断重复的特性，日积月累地形成和巩固。

（三）直观性原则

直观性原则是指利用幼儿的各种感官和已有经验，通过各种直观手段吸引幼儿注意力，丰富幼儿的直接经验和感性认识，帮助幼儿形成正确的社会性概念，获取社会知识和社会技能，发展社会能力。

这一原则是根据幼儿思维形象具体的特点，为了解决教育教学中抽象的词、概念和事物之间的矛盾关系而提出的。它符合幼儿的信号系统占优势的特点，能使教育教学活动过程生动形象、自然活泼、激发幼儿的学习兴趣和积极性，集中幼儿注意力，有助于幼儿理解、接受和记忆,发展观察力和形象思维能力,对提高教学效果有重要作用。

通常运用的主要直观手段有以下几种:

实物直观:包括观察实物、标本、实地参观、做小实验等。

模具直观:包括观察图片、图书、玩具、模型、贴绒、教具、沙盘等。

电化教育直观:包括幻灯、录像、电影、电视、录音、唱片等。

语言直观:指教师生动、形象、准确的语言描述。

动作直观:包括演示、示范、教态等。

三、学前儿童社会教育活动实施的途径

(一)专门的社会领域的集中教学活动

专门的社会领域的集中教学活动是幼儿园实施社会教育的一个重要途径,这是指幼儿园有目的、有计划、有组织地对学前儿童进行社会教育的活动。根据儿童的身心发展规律和年龄特点,选择合适的教育内容,采用正确有效的教育方法,具有相对保证的教学时间和教学效果,幼儿教师对儿童的社会性指导才能直接明显、更具针对性。

教师要精心设计每一个具体的社会教育活动,其目标要明确具体,具有较强的针对性与可操作性,寻找能承载目标的教育内容,采用有针对性的各种方式方法。比如对于新入园的儿童,必须进行社会适应性教育,让他喜欢幼儿园,喜欢老师和同伴。这可以选择《高高兴兴上幼儿园》为活动的主题与内容,教师精心设计的一系列入园适应性教育活动,达成入园教育目的。

(二)日常生活活动

在日常生活中,蕴含着许多社会教育的因素,教师可以在幼儿园一日生活活动中随机开展社会教育活动。教师应具有高度的日常生活养成教育的意识,提高日常生活中进行随机教育的能力,有效地对学前儿童进行生活习惯、社会行为的教育。

例如,在幼儿早晨来园活动和下午离园活动中,可以渗透人际交往、文明礼貌、自我服务等教育;盥洗时,可以进行个人卫生教育和环境保护、资源再利用教育,培养儿

童节约用水的良好习惯，并保持地面的干燥和清洁；进餐时，可以对儿童进行爱惜粮食、用餐礼仪等教育，还可以介绍博大精深的中外各国、各地区的饮食文化；午睡时，可以进行不干扰、不影响他人的礼仪教育；值日生服务活动和班级集体劳动活动，既可以渗透儿童的独立生活能力培养，又可以对儿童进行为集体、为他人服务的教育。

（三）在其他领域活动中的随机社会教育渗透

幼儿园教育是促进学前儿童全面发展的教育。儿童的发展是整体的、和谐的发展，各发展领域是有机联系、相互关联和相互支持的。幼儿园各领域的教育内容也必然是有机联系、相互渗透的。幼儿园社会领域教育不是封闭的，总是要借助其他领域的教育内容手段和方式，同时，健康、语言、科学、艺术等领域的教育也必然渗透社会领域教育的目标和内容。

例如，在大班的主题社会教育活动《我国的民间传统节日》中，其内容和要求必须通过其他课程领域或幼儿园全部的教育来实现，在实现这一主题过程中，必然渗透其他各领域的内容和要求。这里有健康领域的教育内容，如“登高活动”、“划龙舟”等民间游戏活动；有语言领域的教育活动，如“话说民间节日”、“大拜年”等谈话活动，“嫦娥奔月”、“年的故事”等神话故事和民间传说教育活动，“重阳节的礼物”、“我和敬老院的爷爷奶奶同过节”等想象讲述活动；有科学领域的“多变的月亮”、“菊花”等内容；有数学教育活动如“果子丰收”、“分月饼”等内容；有艺术教育活动如“赏菊”、“做元宵花灯”、“折龙舟”等内容。

（四）幼儿园区域活动与游戏活动

区域活动主要是通过创设活动区角，如角色游戏区、建构区、美工区、音乐区、表演区、语言区、饲养区、种植区等，给儿童提供自主选择、自由交往、大胆表达、共同合作、探索发现的机会和空间。教师可以通过活动区域的创设、活动材料的投放来满足儿童的现实需求，实现社会教育的功能，达成社会教育的目标。如教师为了培养儿童的团结合作能力，可以有意识地专门辟出一个积木区，投放一些需要儿童互相合作、互相帮助的建构游戏材料，指导和鼓励儿童共同协商、分工合作，让儿童在与活动材料、环境、同伴的互动中实现社会性发展。

游戏是幼儿园最基本的活动方式，游戏可以促进学前儿童社会交往能力的发展和协作能力的发展，使其社会角色意识和社会角色规范得到强化。在游戏活动中可以对学前儿童进行合作、分享、助人、利他等亲社会行为的教育。游戏还可以较好地解决学前儿童要求参加社会实践活动与能力经验缺乏之间的矛盾，特别是角色游戏，更是促进儿童社会性发展的有效手段。教师要针对儿童的年龄特点和社会现实需要，通过学前儿童扮演的社会角色，引导儿童树立正确的社会行为意识，体会角色的社会职责，逐渐形成良好的社会行为习惯。比如扮演医生角色，学习医生对人的关爱、耐心、和蔼，以及认真、仔细的工作态度和工作作风；扮演警察角色，学习警察爱憎分明、公私分明、忠于职守、无私奉献的精神；扮演售货员，学习他们热情周到的规范服务，文明礼貌的态度等。

（五）节日文化教育活动

各种重要节日和纪念日都是对学前儿童进行社会教育的宝贵资源和重要机会，也是儿童分享不同风俗习惯的好时机。幼儿园应当适时地加以充分利用。

教师可以利用春节、元宵节、清明节、端午节、中秋节、重阳节等传统节日，对儿童进行优秀的传统文化教育。比如在农历正月十五元宵节组织儿童包汤圆、吃汤圆、挂灯笼、赏花灯、猜灯谜；在清明节带领幼儿祭扫烈士陵墓；在端午节对幼儿讲述我国民间“包粽子”、“划龙舟”的由来，学习包粽子的制作手艺；在中秋节组织儿童一起欣赏“嫦娥奔月”的故事，与全班小朋友学习制作月饼，或是一起赏月、品尝月饼等；使学前儿童逐渐了解和热爱我国的传统民族文化，热爱祖国和家乡。

拓展阅读

表4-1　中国传统节日一览表

节日名称	时间	释义及来源	习俗
除夕	每年农历腊月的最后一个晚上	除夕之夜，含有“旧岁到此而除，明日另立新岁”的意思，即“除旧布新”	北方过年包饺子、蒸馍，南方各地习俗不同，如做年糕、包粽子、煮汤圆等。水饺形似“元宝”，年糕音似“年高”，都有吉祥如意的寓意

续表

节日名称	时间	释义及来源	习俗
春节	农历正月初一至正月十五	春节是指汉族文化圈传统上的农历新年，俗称“年节”。1949年9月27日，中国人民政治协商会议正式把正月初一至正月十五的时间定为“春节”	贴春联、放鞭炮、守岁、拜年，吃饺子
元宵节	农历正月十五	正月十五晚上是一年中第一个月圆之夜，也是一元复始、大地回春的夜晚，人们对此加以庆祝，也是庆贺新春的延续，元宵节又称“上元节”	元宵节有张灯、看灯的习俗，民间又称“灯节”，此外还有吃元宵、踩高跷、猜灯谜、赏花灯、舞龙舞狮等习俗
清明节	公历四月四日或五日	清明节是中国最重要的祭祀节日，是最适合祭祖和扫墓的日子。扫墓俗称上坟，祭祀死者的一种活动。汉族和一些少数民族大多在清明节扫墓	按照旧俗，扫墓时，人们携带酒食果品、纸钱到墓地，将食物供奉在亲人墓前，将纸钱焚化，为坟墓培上新土，折几枝嫩绿的新枝插在坟上，然后叩头行礼祭拜，最后吃掉酒食回家
端午节	农历五月初五	端午本名“端五”，端是初的意思，因为人们认为五月是恶月，初五是恶日，因而避讳五改为端午。端午节是中国人民纪念屈原的传统节日	赛龙舟、吃粽子、饮雄黄酒、佩香囊
中秋节	农历八月十五	农历八月十五这一天，正当秋季的正中，故称“中秋”，是赏月的佳节。到了晚上，月圆桂香，圆月是团圆的象征，要备上各种瓜果和熟食	吃月饼、赏月
重阳节	农历九月初九	农历九月初九，为重阳节，又称老人节。因为《易经》中把六定为阴数，把九定为阳数，九月初九，两九相重，故而叫重阳，也叫重九	登高、吃重阳糕、赏菊并饮菊花酒、插茱萸和簪菊花
冬至	公历十二月二十一日或二十二日	中国古代对冬至很重视，曾有“冬至大如年”的说法。人们认为，过了冬至，白昼一天比一天长，阳气回升，是一个节气循环的开始，也是一个吉日，应该庆贺	在中国北方地区有冬至吃饺子、吃羊肉的习俗，南方地区在这一天则有吃冬至米团、冬至长线面的习惯
腊八节	农历腊月初八	古代十二月祭祀“众神”叫腊，因此农历十二月叫腊月	喝腊八粥、泡腊八蒜

(六)家-园-社区合作共育

幼儿园、家庭、社区作为儿童最早接触的社会文化环境,对儿童社会性发展所起的作用是其他任何因素所不可比拟的。我们应开发和整合园内外社会教育资源,在家-园-社区合作共育中提高学前儿童社会性教育的成效。

家长是儿童天然的第一任教师。家长要做儿童社会行为的楷模和榜样,还要通过家庭日常生活、外出活动以及参观游览等活动,丰富和增强儿童的社会认知,激发儿童的社会情感,培养儿童良好的社会行为习惯等。幼儿园可以通过定期的家长会、家长开放日、家长园地等活动,提高家长对学前儿童社会教育重要性的认识,让家长明确学前儿童社会教育的目标,以及相应的社会教育内容,使他们积极配合幼儿园的社会教育活动。这样家园同步协调一致,促进学前儿童社会性的发展。社区里蕴藏着丰富的社会教育资源,应当组织儿童走向社区,拓展儿童社会交往的空间,增强儿童对周围社会环境的认识,促使学前儿童融入社会。

拓展阅读

美国孩子的社区图书馆

为了培养孩子们对书的感觉,社区图书馆把儿童区装饰得像游乐场一样。这里不仅仅有书,更和童年的快乐联系在一起。

星罗棋布的社区图书馆是让孩子们爱上阅读的启蒙地。社区图书馆都有很大的儿童区,甚至还有专门的儿童图书馆。美国家庭很重视阅读,父母从小就把孩子带到图书馆,在这样的文化氛围里,让孩子从小养成爱读书的好习惯。

走进儿童图书馆,随处可见孩子的绘画和手工作品展示在四周的墙上,适合儿童身高的小圆桌和小座椅,专门设计的儿童书架,大大的毛绒和充气卡通玩具置身其中,各式的拼图、积木整齐地摆放在桌上,另外,还有孩子们最喜欢的各种形状和图案的贴纸,让小朋友乐在其中。

阅览区内的小木屋,是孩子们嬉戏的地方。小木屋里有好多玩具,孩子们在里面玩儿过家家。

图书馆不仅借书方便,还书更是快捷。图书馆的工作人员除了负责图书推广活动外,还提供推荐图书的咨询服务,随时把最新的书单介绍给家长,方便他们用最短的时间，更有效地选择所需要的图书。儿童图书区内的图书分类很详细，除了琳琅满目的可供借阅的图书外，还有适合孩子们的有声读物，CD、Video和DVD。这里丰富的藏书让孩子大开眼界。图书馆也是家长育儿的场所。每到周末，社区图书馆的人总是很多，特别是带小孩的家庭，汇集到这里参加图书馆组织的各种免费活动。活动使孩子更亲近书籍，让阅读慢慢成为一种生活的习惯。

四、学前儿童社会教育活动实施的方法

（一）讲解讨论法

讲解讨论法是以语言为主的方法，主要是教师借助语言来影响学前儿童社会性发展的方法。该方法又可以分为讲解法和讨论法。

1.讲解法

讲解法指教师以幼儿能够理解的语言对社会教育内容进行解释和说明，使幼儿明白一些简单的社会道理、规则及其意义，能明辨是非，懂得应该怎样做和为什么要这样做的教育方法。讲解法是幼儿社会教育中常用的方法，无论是幼儿对人际关系的了解，对社会行为规范的学习，还是对社会环境和社会文化的认识，都需要教师用通俗易懂、深入浅出的语言进行讲解启发和引导。讲解法包含的信息量大，可以帮助幼儿在较短的时间内获得较多的信息，开阔幼儿的眼界，丰富幼儿的知识，提高幼儿的语言理解能力。

使用讲解法教师应注意的问题：

第一，讲解要有针对性，要选择那些幼儿无法直接实践和体验的内容来讲解，而且讲解时要考虑幼儿的语言能力和思维能力，尽量做到化抽象为具体、化复杂为简明，使幼儿能够真正理解和明白。

第二，讲解要配合辅助教具，例如实物、图片、多媒体等，借助这些生动形象的材料，能够激发幼儿的兴趣，吸引并保持幼儿的注意力，更好地帮助幼儿理解教师所讲的内容。

第三，讲解形式可以多样化，既可以由教师来讲，也可以由幼儿来讲，还可以请当事人，如消防队员、超市工作人员等来讲，教师可以和他们提前共同准备讲解内容，使

其符合教育目标。

2.讨论法

讨论法是指在学前儿童社会教育中，师生相互提问、讨论或幼儿在教师的指导下相互讨论、交换看法的一种教育方法。讨论可以充分调动儿童的积极性，使儿童的思维能力得到锻炼，语言表达能力能够得到提升，同时教师也能够及时得到反馈，根据儿童的认知情况，合理调整谈话内容，引导学前儿童的学习进程。

运用讨论法应注意以下四点：

第一，讨论内容是儿童熟悉的或符合儿童认知水平的，这样才可以引发儿童情感共鸣，提高他们参加谈话的积极性，使他们在谈话过程中获得更多的社会知识，实现教育目的。例如，春节是学前儿童熟悉的节日，学前儿童有丰富的节日体验，教师在进行“春节的起源”等讨论时，学前儿童会更有兴趣，教学效果会更好。

第二，教师提出的问题应具体、明确，这样才能引导儿童进行思考和回答。此外，教师提出的问题要有一定的发挥空间，使儿童能够合理想象。例如，教导儿童合理使用金钱，不能直接提问“小朋友们怎样合理使用零花钱”，而应该把问题具体化，例如，“如果你有十块钱零花钱，你会怎么花?”这样的提问既明确，又易于儿童理解，并且有一定的发挥空间。

第三，讨论应层层递进，步步深入，根据幼儿的年龄，由简单到复杂，逐步进行。例如，在培养互助能力的教育中，教师的提问应该循序渐进，首先提问“生活中有谁帮助过你”、“别人是怎么帮助你的”，进一步提问“你帮助过别人吗”、“你是怎么帮助别人的”，再进一步启发“哪些人需要我们的帮助”、“我们应该怎样帮助他们”等。

第四，在讨论的最后，教师要进行总结。在谈话过程中，儿童会产生很多想法和意见，有时候还难以达成共识，教师应该有总结概括的能力，对所有的问题进行归纳总结，阐明正确的观点，使儿童对教学目标产生清晰的概念。

经典案例

压岁钱

老师:压岁钱是谁给你们的?

儿童:爸爸、妈妈、爷爷、奶奶、叔叔……

老师:你们想用压岁钱干什么呢?

儿童1:我用来买布娃娃。

儿童2:我用来买玩具飞机。

儿童3:我用来买好吃的。

儿童4:我要把钱攒起来,将来买一架真的飞机。

……

老师:想一想怎样用压岁钱更有意义?

儿童1:给娃娃买菜。

儿童2:给爷爷买苹果。

儿童3:买书么,说看书多的孩子聪明。

儿童4:把钱捐给上不起学的小朋友。

……

(二)情境体验法

情境体验法是指教师提供或创设一定的社会情境,儿童通过模仿、表演、参观、交流等活动,体验社会行为的方法。

情境体验法寓教育目标于教育情境中,使儿童的社会教育活动与社会生活紧密联系,使儿童通过亲身体验,能更好地掌握亲社会行为的道德标准,感知社会角色及其规则,丰富儿童的道德思维,强化儿童的社会情感,增强其判断是非的能力,培养良好的行为习惯。

例如,带领学前儿童参观邮局,既增加了幼儿的社会认知,了解了邮局的位置功能;同时在参观过程中也培养了学前儿童的社会交往能力;参观结束后,还可以在幼儿园进行拓展延伸活动,例如开展"邮票展"、"寄信"等活动。

(三)角色扮演法

角色扮演法是通过模拟现实生活中的某些情境,让儿童扮演其中的角色,以这个角色的身份处理问题、体验情感，了解他人的需求和感受，更好地掌握与角色相适应的行为特征和规范。通过角色扮演，儿童能够更好地理解他人，体验他人在不同环境下的内心情感，感知社会角色及其规则以及角色之间的关系。

运用角色扮演法时应注意以下几个要点：

1.创设的情境应是儿童熟悉并且喜欢的，扮演的角色也应当是儿童认识并且能够理解的。例如：请儿童扮演老师，体会老师工作的辛苦；请儿童扮演交通警察，体会遵守交通规则的重要性。

2.要给儿童自主选择扮演角色的权利，而不能由老师硬性安排。在角色扮演中，老师应引导儿童对同一角色采取不同的表现方式扮演，这样同样的情境就可能会产生不同的结果，从而有利于学前儿童发挥主动性和创造性。

3.尽量以扮演正面角色为主，若需要反面角色，则应避免让某一儿童经常性扮演；不能用扮演反面角色的方式来惩罚儿童；在反面角色选派时要注意观察，以免儿童困窘或不安。

4.教师要对儿童进行个别指导，特别是对那些个性内向不善于或者因害羞而不愿意扮演的儿童进行鼓励和启发。

（四）移情训练法

移情训练法就是教师或者家长通过在儿童身边发生的生活事件，或者讲故事、情景表演等方式，让儿童设身处地地站在他人的角度去体验他人的情感、理解他人的需要的教育方法。移情能够训练儿童理解和分享他人的情绪情感，使儿童在日后的生活中对他人类似的情绪情感能主动、自然地理解和分享，与之产生共鸣。移情训练法的使用，本质上就是引导幼儿学会换位思考，学习处理人际交往中的问题。

移情训练法运用的要点如下：

1.创设的情境应该是儿童熟悉的，贴近儿童生活的，还要符合儿童的年龄特点以及认知水平，使儿童在理解的情境中产生移情。

2.移情训练中，应当充分调动儿童已有的经验和认知，通过让儿童角色换位，设身处地地感受他人的情绪，以唤起自身曾有的类似体验，更能使儿童产生情感共鸣。

3.在移情训练中，儿童移情的对象应不断延伸扩充，由人到物，由有生命的到无生命的，由近到远，由熟悉到陌生，由一般到特殊，层层递进。

4. 促使儿童在移情训练中养成良好的行为习惯，不能只停留在情感同情和共鸣上，而要在此基础上让儿童养成良好的社会行为，去关心和帮助他人。

经典研究介绍

加强儿童移情训练，促进儿童亲社会行为发展

根据儿童的发展特点对儿童进行恰当的移情训练，培养和提高儿童的移情能力，对促进其亲社会行为的发展有着积极的意义。移情是指儿童在觉察他人情绪反应时所体验到的与他人共有的情绪反应。

美国著名儿童心理学家霍夫曼在1982年提出一个“移情发展的模型”，把移情的发展划分为四个阶段。

阶段一：非认知的移情阶段（0—1岁）。在生命的第一年，在儿童获得个体永久性概念之前，儿童对自我和他人的关系尚未达到分化。

阶段二：自我为中心的移情阶段（1—2岁）。在出生后的第二年，儿童初步的自我意识开始萌芽，自我中心的移情出现。

阶段三：推断和认知的移情阶段（2—3岁）。随着儿童观点采择能力的发展，他们不断提高区别自己与他人观点和情感的能力。

阶段四：超越直接情境的移情阶段（童年晚期以后）。儿童时期是移情能力发展的关键时期，对儿童进行合适的移情训练，必然会促进其移情能力的提高与发展。

移情训练的方法有认知提示、情绪追忆、角色扮演、情境讨论、分享体验、情感换位、作品深化与作品分析等。需要注意的是，即使通过移情训练，有些亲社会行为也不一定是真正处于自愿的情况下产生的。所以我们对儿童进行移情训练时，一定要充分了解儿童的年龄差异和认知发展状况，制订合适的训练方法，从而真正促进儿童移情能力的提高，推进其亲社会行为的发展。

（五）强化法

强化法是指教师对学前儿童社会行为进行正面或负面的评价，以增强其好的行为，消除其不好的行为的一种社会教育方法。强化法一般分为正强化和负强化。正强化是指当儿童出现良好的社会行为后，立即给予其所需要的强化物，则儿童再次出现

该行为的可能性和次数增加;负强化是指当儿童改正问题行为,表现出正确的社会行为后,取消使其感到厌恶的刺激。为了避免厌恶刺激,儿童会增加表现正确行为的几率。

强化法的使用要点如下:

1.明确强化行为

不管是正强化还是负强化,教师应当明确学前儿童要强化的行为是什么,尽可能使行为具体化,这样才能更好地实施。如果强化行为过于宽泛,则强化的针对性不强,也无法考察强化的效果。例如,教师夸奖幼儿:"明明真棒!"其效果就不如"明明帮老师收拾玩具,真棒!"后一种夸奖更能使儿童明白老师倡导的行为是什么。

2.选择适当的强化刺激物

强化刺激物在强化过程中起着关键的作用,恰当的强化刺激物,可以有效地引发幼儿出现所期待的行为。强化物又可以分为正强化物和负强化物。

正强化物的类型很多,例如,满足儿童生理需求的消费性强化物:糖果、饮料等;满足儿童活动本能的活动性强化物:外出游玩、看电视、做游戏等;满足儿童社会交往的社会性强化物:赞扬、拥抱、鼓励等。教师根据儿童的需要,可选择他最喜欢的事物做强化物。教师在运用强化物时应该把握好运用的分寸、尺度,同一刺激物反复使用可能会对儿童失去吸引力,特别是消费性强化物。

负强化物是能够使儿童产生消极情绪体验的事物。例如,语言警告、自由受限以及各种强烈的感觉刺激或心理惩罚。对学前儿童的负强化行为必须是学校教育和社会道德允许的事物,必须对儿童身心健康发展没有不利影响。除非儿童所犯错误性质十分恶劣,否则尽量避免使用。

无论是正强化还是负强化,运用都必须及时,才能使儿童良好的行为得到保持,不良行为得到消退,否则时间过长,强化的效果就会减弱。同时避免强化法的误用,避免对不当行为进行正强化,避免期望行为还未出现就撤销厌恶刺激。

经典案例

正强化与正强化的误用

正强化：小倩天天上学，却不跟小朋友一起玩，总是独来独往或在泥土堆里找小虫子。老师认识到她是个喜欢昆虫的女孩儿，就对她说，“小倩是位昆虫博士哟！”当时正好幼儿园要养些昆虫，老师就问小倩，“要给小虫吃些什么才好呢？”“怎样给小虫盖房子呢？”小倩很自信地回答了这些问题，老师还让他在班上给小朋友们讲了一次。因为这件事，小倩的才能得到肯定，从此有了信心，与小朋友们的交往也增多了。

正强化的误用：妈妈要送小林去幼儿园，他不愿意去，大哭。妈妈说，你要是去幼儿园，下午给你买好玩的玩具。下午妈妈接小林回家时，真给他买了玩具。第二天早上，妈妈要送小林去幼儿园时，小林又大哭，而且比前一天哭得更厉害了。

五、学前儿童社会教育活动实施过程中应注意的问题

第一，教师要深入了解幼儿社会性发展的特点，了解每个幼儿的个性特征以及影响幼儿个性发展和社会性发展的多方面因素。

第二，教师要自觉意识到教师自身行为的榜样作用，加强品德修养和心理修养，随时注意自己的言行态度，注意到自己的一言一行对幼儿产生的潜移默化的影响。

第三，为幼儿营造平等、和谐、友善的人际环境，为幼儿提供与伙伴充分交往的机会，将日常生活中的点点滴滴变为教育幼儿的契机，注意幼儿的交往行为、技能，并给予具体指导。

第四，关注家庭教育，善于发挥良好家庭教育的榜样作用，注意做好家园配合工作。例如，建议家长对幼儿所看影视节目和图书有所筛选和控制，避免有些“少儿不宜”的内容影响幼儿。

本章小结

本章核心内容总结如下：

1. 学前儿童社会教育活动设计的原则有五：目标性原则，针对性原则，活动性原则，

整体性原则，全体性原则。

2. 学前儿童社会教育活动设计的基本思路如下：确定活动目标，选择活动内容，选择恰当的活动方法，拟定具体的活动方案。

3. 学前儿童社会教育活动实施需遵循正面教育、生活教育和直观性三个基本原则。

4. 学前儿童社会教育活动实施的途径如下：专门的社会领域的集中教学活动，日常生活活动，在其他领域活动中的随机社会教育渗透，幼儿园区域活动与游戏活动，节日文化教育活动，家–园–社区合作共育。

5. 学前儿童社会教育活动实施的方法主要有讲解讨论法、情境体验法、角色扮演法、移情训练法和强化法。

思考与实训

1. 简述设计学前儿童社会教育活动遵循哪些原则？

2. 参观幼儿园区域活动，选择某一活动区分析其对幼儿社会性发展的积极影响，进一步思考还有哪些可以改进的地方，以更好地促进幼儿社会性发展。

3. 在幼儿园见习、实习过程中，仔细观察幼儿教师在社会教育活动实施过程采用了哪些方法？

专题探讨

背景资料：娃娃家游戏中，3个五岁多的女孩为谁做“家”中的妈妈争执不休。A女孩首先找到了理由：“今天老师表扬我是能干的人，只有能干的人才能做妈妈。”B女孩马上顿悟：“今天老师也表扬我了，我也很能干，我也可以做妈妈。”C女孩只好放弃：“好吧，我做孩子，你们俩猜拳，谁赢了谁就做妈妈。”结果B赢了，A很不服气，说：“我当外婆，反正外婆是妈妈的妈妈。”

探讨：请根据材料讨论角色扮演在学前儿童社会教育方面有哪些作用？运用角色扮演法要注意的问题有哪些？

第五章 学前儿童社会教育评价

学习目标

- 说出学前儿童社会教育评价的含义和原则；
- 陈述学前儿童社会教育评价的目的和内容；
- 熟知学前儿童社会性发展状况评价的基本内容；
- 阐述学前儿童社会教育活动评价的内容与方法；
- 合理分析并实施学前儿童社会教育活动评价。

学习重难点

- 学习重点：学前儿童社会教育活动评价的内容与方法；
- 学习难点：学前儿童社会教育评价的内容与学前儿童社会教育活动的评价与实施。

案例破冰

“小老师”

针对幼儿的不良习惯，教师组织大班幼儿担当“小老师”，让他们手把手地教小班的小弟弟、小妹妹学习洗手、擦手、挂毛巾等，如图5-1所示。

这对大班幼儿是再简单不过的事情，也是他们展示自己的机会，因此，大班幼儿都跃跃欲试。这天，教师带领大班幼儿来到小班，教师有礼貌地敲敲门(给幼儿的示范)。门开了，小班的幼儿说：“大哥哥、大姐姐们好！”大班幼儿不等教师示意，就有礼貌地回答：“小弟弟、小妹妹们好！”正赶上小班幼儿喝水前要洗手，教师对大班幼儿说："这下要看你们这些'小老师'的了！"于是他们每人领着一个小班幼儿来到盥洗室，给他们挽起衣袖，告诉他们："洗手先打开水龙头，冲手，再打肥皂。"一边说一边做着示范动作。当小班幼儿洗手时，有的大班幼儿还在"督促检查"中提醒他们："打肥皂要多搓，这样才能洗干净。"小班教师对大班幼儿说："谢谢你们，小弟弟、小妹妹们在你们的帮助下有很大进步。"大班幼儿在小弟弟、小妹妹们的"谢谢""再见"声中高兴地回到自己班，还不断交流着自己是怎么教小弟弟、小妹妹们洗手的。

图5-1

思考：

1.你觉得教师设计的这次社会教育活动好吗？

2.这次教育活动的目标实现了吗？

第一节　学前儿童社会教育评价的含义与原则

一、学前儿童社会教育评价的含义

学前儿童社会教育评价是以学前儿童社会教育为评价对象，根据一定的标准，采用可行的评价技术和方法，对学前儿童社会教育的现象及效果进行测定，分析目标的实现程度，做出价值判断的过程。学前儿童社会教育评价可以评价一个幼儿园的社会教育计划，评价一个年龄段的社会教育计划，评价某一个班的社会教育水平及一次具体的社会教育活动的质量，评价幼儿的社会性发展等。

学前儿童社会教育评价是学前教育评价的组成部分，是对学前儿童社会教育评价的社会价值和个人价值做出判断。《幼儿园教育指导纲要（试行）》明确指出“教育评价是幼儿园教育工作的重要组成部分，是了解教育的适宜性、有效性，调整和改进工作，促进每一个幼儿的发展，提高教育质量的必要手段。”学前儿童社会教育是学前教育活动的重要组成部分，因此，学前儿童社会教育评价在学前教育活动中具有重要意义。

案例

教师资格考试考点分析

《保教知识与能力》考试大纲“考试目标”第六条中提出，幼儿教师要具有“幼儿园教育评价的基础知识和能力。了解教育评价的基础知识，能够运用评价知识对教育活动进行反思，改进保育教育工作”。

注：学前教育评价基础知识包括的内容很多，本章的学前儿童社会教育评价的含义，相关概念的阐释，评价的目的、内容、原则等都属于基础知识，这些内容都是需要同学们首先学习掌握的。在学习和掌握基础知识的基础上，才能谈得上掌握评价技能和提升评价能力。

二、学前儿童社会教育评价的原则

学前儿童社会教育评价的原则是指导我们进行学前儿童社会教育评价的行动准则，它是整个评价指导思想的体现，是评价规律的集中反映，是评价工作的总纲领。所以进行学前教育评价也必须遵循一定的原则，根据学前儿童社会教育评价的含义，评价时应遵循以下原则：

（一）目的性原则

学前儿童社会教育评价的目的性原则是指在进行学前儿童社会教育评价时要有明确的目的。目的是评价的导向，制约着的评价的实施。评价的目的不同，采用的评价方法与体系，对评价结果的解释与运用也有所不同。学前儿童社会教育评价的最终目的在于了解学前儿童社会性发展的现状、特点和个体差异以及提高教师的专业化水平，从而为制订和调整学前儿童社会教育方案提供依据，促进学前儿童社会教育更加合理，更加符合学前儿童的社会性发展。要坚决避免为了评价而评价，如为应付上级部门检查的评价或为总结报告而不符合实际的评价，从而造成人力、物力及时间的浪费。

（二）客观性原则

客观性原则是指在进行学前儿童社会教育评价时要采取实事求是的态度，根据客观标准进行评价。只有坚持评价的客观性，才能保证评价结果的真实和有效。学前儿童社会教育评价的客观性包括以下三层含义：第一，选择可靠的评价指标体系，常用的活动评价模式有：目标评价模式、目标游离模式、CIPP评价模式、外观评价模式等，以上评价模式均可以作为学前儿童社会教育评价指标体系编制的参照。第二，评价的标准应该统一，要使用统一的评价标准来评价本班所有儿童与全体教师，不能随意改动评价标准。第三，对儿童的评价要科学，在评价过程中应根据搜集到的信息进行评价，不能根据评价者主观的臆断而影响评价的结果。[①]对幼儿园的社会教育活动发展做出客观性评价，有利于发现问题，总结问题，提升该幼儿园的教学质量，最终促进每一位幼儿的全面发展。可见，在学前教育评价工作中，遵循客观性原则是非常重要的。

---

① 周梅林.学前儿童社会教育活动指导(2版)[M].上海:复旦大学出版社,2009:108-110.

（三）差异性原则

“承认和关注幼儿的个体差异，避免用统一的标准评价不同的幼儿，在幼儿面前慎用横向的比较”是《幼儿园教育指导纲要（试行）》中的教育评价的要点。因此，在评价过程中，既要考虑全体幼儿在共同的生活和活动中的社会适应与人际交往水平，又要根据每个幼儿的社会性行为和发展情况，了解每个幼儿的社会性发展水平和存在的问题，提出切实的有针对性的教育措施，尤其要避免只重知识和技能的评价，从而忽略情感、社会性和实际能力的评价。

（四）全面性原则

全面性原则是指对学前儿童社会教育评价时要注意通过多种途径收集评价信息，并对幼儿身心各个方面的发展情况做全面的价值判断。坚持全面性原则，一是要编制全面、合理的指标体系，涵盖学前儿童健康、社会、语言、科学、艺术发展的各方面的要求，不能有所遗漏；二是要综合各种方法与途径来搜集评价信息，力争使所搜集的信息能反映学前儿童社会性发展的全貌。全面搜集信息是做好客观公正、科学评价的基础和前提。在得出评价结论之前，一定要利用各种手段和方式全方位地搜集相关信息，绝不是抓住某个方面的信息，简单草率地得出结论。比如，评价一所幼儿园的后勤管理工作，既要听取园长对后勤工作的评价，也要听取后勤主管的意见，还要看全员幼儿教师怎样评价本园的后勤工作，甚至要听听各年龄阶段幼儿家长对幼儿园后勤管理工作的意见，这样既有自评又有他评的评价才可能是全面的、客观的。

（五）发展性原则

学前儿童社会教育评价不仅是为鉴定学前儿童社会教育水平，更重要的是以促进学前儿童社会教育质量的不断提高和不断发展为最终目的。教育工作者要依据教育目标，重视评价过程，充分发挥教育评价的反馈调节功能，及时发现不足，并对存在的问题做出适当调整和改进，不断改进社会教育活动，只有这样才能真正促进学前儿童的社会性的发展。

（六）综合性原则

学前儿童社会教育评价的内容具有综合性的特点，因此在评价的过程中应该各种评价方式结合起来：一是将定量评价与定性评价相结合，学前儿童社会教育评价既需要质性的评价,也需要量化的评价。因为学前儿童社会教育活动本身的复杂性,有些方面可以用量来表示,有些方面只能用质来表达,也因为单纯的质性评价和量化评价都有其局限性,任何一种评价方式都不能全面、详实、直观、生动地反映评价的对象,需要质性评价与量化评价的结合,这也是这些年来社会科学研究领域普遍认可的方式。二是将静态评价与动态评价相结合,符合学前儿童社会教育活动的特点。静态的评价,有利于对相同性质的活动进行评价,从而判断优劣,找到差距。动态的评价适合对儿童发展和教师专业成长做出评价,因为幼儿发展和教师专业成长本身就是一个动态变化的过程,只有关注他们成长的过程才能发现和找到成长的规律,从而更好地指导其成长。需要说明的是,仅用静态评价无法进行纵向比较,还可能使某些被评价对象产生自满情绪,而不再追求进步。仅用动态评价,无法进行横向比较,使评价对象看不到自己与他人之间的差距,满足于自己点滴的进步,从而故步自封,止步不前。因此,评价时将各种评价方式结合起来以获得学前儿童社会性发展的信息以保证评价结果的真实与可靠。

(七)评价与指导相结合的原则

在学前儿童社会教育评价中,应将评价与指导结合在一起。如果只是评价而不肯定优点、指出不足及改进措施,则只是提出问题却没有解决问题。有对什么问题的评价,就应该有对什么问题的指导,从评价到指导,再评价再指导,循环往复,促进学前儿童社会教育质量的不断提高。指导是评价工作的继续与发展,是把评价的结果上升到一定的理论高度加以认识,并根据评价对象所具有的主、客观条件,从实际出发,帮助评价对象掌握自身在今后一个时期内发展的方向,扬长避短,争取更大的进步。把评价与指导结合起来,要求我们在评价工作结束后,还要考虑怎样对被评价对象进行指导,从哪些方面进行指导,不能简单地将评价工作画上句号。

在对学前儿童社会教育进行评价时,必须明确评价的原则,只有这样才能避免评价工作的盲目性、主观随意性,使评价工作真正起到促进学前儿童社会性发展,提高幼儿教师专业指导水平的作用,从而提高教师组织和实施社会教育活动的能力,使社会教育活动的开展更加科学。

第二节 学前儿童社会教育评价的目的与内容

一、学前儿童社会教育评价的目的

学前儿童社会教育评价的目的明确与否将会影响到评价的方向与内容。学前儿童社会教育评价的目的主要有以下三方面：

(一)把握学前儿童社会性发展状况

《3—6岁儿童学习与发展指南》把社会领域主要分为两大子领域：人际交往与社会适应。例如，在幼儿园中教师为了帮助小班的幼儿尽快适应幼儿园生活，采用情感感染法，用和蔼、亲切的态度接近幼儿或者通过各种社会性教育活动使幼儿尽快适应幼儿园的生活从而展开人际交往。学前儿童社会教育评价可以把握住幼儿的人际交往能力和社会适应能力，为进一步的教育提供参考依据。

(二)检查教师的教学过程与教学效果

美国评价理论专家泰勒认为，评估的过程，从本质上讲，就是判断活动和教学计划在多大程度上实现了目标。通过评价检查教师在教育教学过程中是否根据学前儿童的基本情况给予了适宜的指导，是否能够把学前儿童社会教育的活动进行再实践，再评价，再研讨，再反馈，如此循环往复为学前儿童的社会教育活动做好质量保障。

(三)促进教师更好地认识自己与学前儿童

学前儿童社会教育评价能帮助教师反思自己是否用僵化静止的眼光看待儿童，是否只关注幼儿的外在言行而忽略了幼儿的情绪情感，是否根据各教师喜好偏向于个别幼儿等问题。总之，学前儿童社会教育评价能从教育的各方面反观教师进行学前儿童社会教育的得失以及对幼儿产生的影响，从而更好地认识自己和幼儿，更好地改进教育。

二、学前儿童社会教育评价的内容

学前儿童社会教育评价的内容主要包括以下四方面：对学前儿童的社会性发展评价、幼儿园社会教育计划的评价、具体年龄阶段社会教育计划的评价和班级的社会教育活动的评价。其中对幼儿园社会教育计划的评价、具体年龄阶段社会教育计划的评价、班级的社会教育活动的评价均是建立在对学前儿童的社会性发展水平的了解之上。因此，幼儿园及教师在制订学前儿童社会教育计划之前要了解学前儿童社会性发展的基本情况，掌握学前儿童社会性发展的评价指标，这样才有利于学前儿童社会教育计划的组织、展开与评价。因此，学前儿童社会教育评价首要的是其社会性发展评价。

学前儿童社会性发展评价主要分为两个内容：0—3岁婴幼儿社会性发展评价和3—6岁幼儿社会性发展评价，且指向社会认知、社会情感、社会交往、社会适应和个性发展等方面的评价。

（一）0—3岁婴幼儿社会性发展评价

0—3岁儿童情绪与社会性发展是其社会性发展的重要参考指标。下表是选取一组0—3岁儿童情绪与社会性发展测试参考标准，以供参考。

表5-1　0—3岁儿童情绪与社会性发展测试参考标准

月龄	情绪与社会行为		
	项目	测评方法	通过标准
1个月	与父母眼对眼注视	幼儿清醒时，与父亲或母亲对视	对视超过3秒以上
	逗引会微笑	幼儿俯卧，用语言、表情逗他，但不要用手触及他	有微笑等愉快反应
2个月	笑出声音	用玩具或语言逗引幼儿，但是要接触其身体	能发出“咯咯”笑声
	天真快乐反应	幼儿仰卧，家长站在幼儿面前，不要逗引幼儿，观察他的表现	见人能自动微笑、发声或挥手蹬脚，表现出快乐的神情
3个月	认妈妈高兴	幼儿见到母亲时，观察其是否有特殊表现，如发出声音、急切看或挥动手脚表示愉快	能表现出对母亲的偏爱

续表

月龄	情绪与社会行为		
	项目	测评方法	通过标准
4个月	见食物(母亲乳房)有兴奋模样	观察幼儿见母亲乳房或奶瓶时的表情	见食物两眼盯着看、有兴奋表情
	见母亲伸手要抱	观察见母亲时的反应	伸手要求抱
	辨认生、熟人	观察见生人的反应	见生人盯着看、躲避、哭等
5个月	望镜中人笑	抱幼儿到穿衣镜前,逗引他观看镜中的人像	对镜中人笑
6个月	开始认生	观察幼儿对生人的反应	有明显的害怕、焦虑、哭闹等反应
	捕捉并拍打镜中人	置幼儿于大镜子前	对镜中人有捕捉、拍打、亲吻的表现
	夺走玩具发脾气	直接夺走幼儿手中正在玩的玩具	喊叫,表示不高兴或哭闹
	区别严厉与亲切的语言	观察幼儿对严厉或亲切的语言的理解程度	对亲切的语言表示愉快、对严厉的语言表示不安或哭泣等反应
7个月	见父母、熟人要求抱	观察幼儿见到父母或其他经常照料他的人时的反应	主动要求抱
8个月	会推掉自己不要的东西	在幼儿面前出示两物,故意将其不要的东西给他,观察反应	会用手推掉自己不要的东西
	注意观察大人的行为	大人在幼儿面前做事时,观察其是否注意观看	会注视大人的行动
9个月	听到表扬会重复动作	幼儿模仿大人动作时,及时用言语、表情喝彩	听到表扬重复刚做的动作
10个月	懂得命令	吩咐幼儿做三件事,如“把××拿来”“坐下”“把××给妈妈”等,不要做手势	能懂得并服从大人的指令,做相应的事
	理解“不”	幼儿拿一玩具时,大人说“不要拿,不要动”,但不做手势	幼儿立刻停止拿玩具的动作
11个月	随音乐或歌谣做动作(如点头、拍手、踏脚、摇身等)	放音乐或念儿歌,鼓励幼儿随节奏做点头、拍手、踏脚、摇身等动作	能随着音乐或儿歌的节奏做简单的动作

续表

月龄	情绪与社会行为		
	项目	测评方法	通过标准
12个月	要东西知道给	向幼儿要其手中的玩具或食物	理解语言，知道大人要的东西并给出
	用点头、摇头表示同意或不同意	观察幼儿表示同意或不同意时的动作	会用点头表示同意，用摇头表示不同意

表5-2　13—24个月儿童情绪与社会行为发展水平测试参考标准

月龄	情绪与社会行为		
	项目	测评方法	通过标准
13个月	听到叫自己的名字会走过来	家长在幼儿背后叫他的名字	听到叫自己的名字知道自己走过来，不会走的孩子会扶住家具想办法走到大人身边
14个月	完成指令“捡起玩具”	当幼儿的玩具掉在地上时，大人要求他把玩具“捡起来”	能完成大人的指令
15个月	有同情心	观察别的小朋友哭了，幼儿是否也表示难过	能受他人痛苦的感染，表现出痛苦的表情或跟着哭
16个月	对环境积极探索	在幼儿情绪好时，让他一个人在家里自由活动（大人在一旁观察，注意安全）	主动在室内到处翻东西、观察物品
17个月	会替大人拿东西	吩咐幼儿去拿三样东西，如小汽车、球、小板凳	会按大人吩咐正确拿来三种东西
18个月	会护自己的玩具	幼儿玩玩具时，有小朋友来拿，观察他的反应	别人来参与玩他的玩具时，不给
19个月	有意模仿大人做家务	大人扫地、擦桌子时，给幼儿一只小扫帚、一块干净抹布，鼓励他与大人干同样的事	幼儿有意模仿大人，不一定像
20个月	能等待食物或玩具	观察幼儿坐在椅子上，在给他取东西前告诉他：“等着，妈妈去拿XX，一会儿就回来。”	可以安静3~5分钟，有期待表情

续表

月龄	情绪与社会行为		
	项目	测评方法	通过标准
21个月	开口表达个人需要	观察幼儿能否用声音表示自己的需要	会说出三种以上自己的需要，如“上街、吃饭、喝水、玩球”等，仅用手势表示，不算通过
22个月	大人不在场能独自玩一会儿，不闹	幼儿独自玩玩具，大人离去	大人离开10分钟左右，不闹
23个月	喜欢听小故事	给幼儿讲一个小故事	能集中注意听3~5分钟
24个月	能控制情绪	观察幼儿在一种不愉快的情境中，经劝说能否不哭	在不高兴时，能控制感情不哭闹

表5-3　25—36个月儿童情绪与社会行为发展水平测试参考标准

月龄	情绪与社会行为		
	项目	测评方法	通过标准
25个月	找到自己的家	将幼儿带到离家约50~60米处，鼓励幼儿将你带回家	能正确找到家，3试2成即可
26个月	会使用声音表示喜怒	在适当场合，观察、聆听幼儿的情绪反应	在适当场合会用声音表示喜、怒等情绪
27个月	懂得批评、避免大人批评	在适当场合如幼儿要打教师时，用语言、手势、眼神批评幼儿	懂得批评（不继续这种行为）、知道避免批评（不做禁止过的行为），有简单是非观念
28个月	能和小朋友一起游戏	观察和小朋友游戏时的表现	游戏时愉快、合作
29个月	帮助成人干点事，如分糖果、扫地、洗玩具等	当你做家务时，观察幼儿是否知道帮忙做点事，如扫地、洗玩具等	能帮忙干一点需要配合的家务活
30个月	学会等待	观察幼儿在适当的场合，如排队买东西或玩耍需要等待时的表现	知道要排队，并耐心等待
32个月	购物当助手	带幼儿到商店购物时，让他帮助购物取物，并介绍该物品的名称和用途，回家后让幼儿复述	喜欢帮助大人购物，能说出所购的两三种物品的用途

续表

月龄	情绪与社会行为		
	项目	测评方法	通过标准
33个月	能帮大人做家务，如收衣服	大人收拾晾干的衣服时，请幼儿帮忙，将每个大人的衣服分别放在衣柜中一定位置，适当时让他取出自己的衣服	乐意帮助大人收拾衣服，能记住自己放衣服的地方
34个月	作客有礼貌，懂得行为要有分寸	带幼儿去做客时，事先要求幼儿要有礼貌，如进门问人好，送给客人的礼物不能争着打开，客人给食品或玩具时，要表示感谢。不乱动客人家的东西等	懂得做客时要有礼貌、行为有分寸，能基本按照大人的要求做
35个月	做完整的自我介绍	鼓励幼儿以一问一答的形式向别的教师做完整的自我介绍，可问姓名、性别、父母姓名、工作单位、家庭住址（市区、胡同或小区、楼号、单元、门牌号等）	能正确回答问题
36个月	帮助家长做些力所能及的家务活	在适当的场合，如妈妈正忙着做家务时，观察幼儿是否主动帮着干些力所能及的家务活，如择菜、扫垃圾等	主动并乐意帮助大人干一些家务活

资料来源：韩跃辉.3岁方案[M].北京：中国人口出版社，2002.

（二）3—6岁幼儿社会性发展评价

学前期是幼儿社会化的关键时期，在社会化过程中所形成的社会性不仅影响幼儿的社会适应，也对幼儿的全面发展有至关重要的作用。下面从《幼儿发展评价表》中选取社会性发展评价量表的内容供大家参考。此量表在等级划分上用三个等级标准对应幼儿园的小班、中班、大班。该量表只考察幼儿在各项指标上是否达到标准，没有深究幼儿低于或高于标准的精确程度，只是对幼儿的达标情况进行“是”或“否”的判断。本量表适合教师、家长使用，在使用的时候注意教育计划与幼儿的实际情况相符合。

教师在使用本量表时，可以根据本园的实际、本班教育计划和幼儿的实际情况与个人的工作风格、习惯等进行选择和修改，也可以根据实际情况对评价体系进行增、删。但要注意指标体系的合理性和指标之间的逻辑关系，以使修改后的评价体系在符合自己需要的同时，仍然是一个具有全面性和科学性的完整体系。对于某些幼儿园，有些项目的评价标准可能过低，而对另一些幼儿园，又可能过高，因此，每位教师在具体使用时要灵活、机动。

表5-4 幼儿社会性发展评价量表

项目	内容	等级标准		
		一	二	三
自我系统	自我认识	知道自己的姓名、性别、年龄	知道自己的爱好	知道自己的优缺点
	自信心	完成简单事情或任务时有信心	完成稍有难度的任务时有信心	完成没有做过或有较大难度的任务时有信心
	独立性	在教师鼓励和要求下能独立做事	自己能做的事情不请求帮助	喜欢独立做事情和独立思考问题
	坚持性	能有始有终做完一件简单的事	能坚持一段时间完成稍有难度的任务	经常能在较长时间内主动克服困难，实现活动目标
	好胜心	在感兴趣的活动中努力做好	在竞赛情景及与他人同时进行的活动中努力争取好成绩	做任何事都努力争取好结果
情绪情感	表达与控制情绪、情感	情绪一般较稳定，经劝说能控制消极情绪	一般情绪状态较好，能用较平和的方式表达情绪：一般能自己调节与控制消极情绪	一般情绪状态良好，能用恰当的方式对待不同情景并作出适宜的情绪反应
	爱周围教师	热爱、尊敬父母	亲近班里的老师和小朋友	关心父母、老师和小朋友，喜欢帮助他们做力所能及的事
	爱集体	喜欢幼儿园，愿意参加集体活动	在教师引导下，能关心班里的事，为集体做好事	能主动关心班里的事，为集体做好事，维护集体荣誉
文明礼貌	礼貌	在教师的提醒下能使用礼貌用语	能主动使用礼貌用语	能在不同情景下主动使用礼貌用语，举止文明
	诚实	不说谎话，不随便拿别人的东西	做错事能承认，拾到物品主动交还	做错事能承认，并努力改正，不背着成人做被禁止的事
	合作	能与小朋友一起游戏	喜欢与小朋友合作游戏和做事	能成功地与小朋友合作游戏和做事
	遵守规则	经提醒能遵守规则	能自觉遵守规则	能自觉遵守并维护规则

续表

项目	内容	等级标准		
		一	二	三
交往行为	与教师交往	对教师的主动交往能做出积极反应	有时能主动与教师交往	常主动发起与教师的交往
	与小朋友交往	对小朋友的主动交往能做出积极反应	有时能主动与小朋友交往	经常主动发起与小朋友的交往
	与客人交往	见到客人不害怕、不回避	对客人的主动交往有积极反应	能主动与客人交往
	解决冲突	与小朋友发生冲突时，经教师帮助能和解	能用适宜的方式自己解决与小朋友的冲突	能帮助解决其他小朋友之间的冲突

资料来源：白爱宝．幼儿发展评价手册[M].北京：教育科学出版社，1999.

学前儿童社会教育的评价内容既要有对自我系统发展的评价，如自我认识、自信心、自主性、独立性、坚持性等，也要有对情绪、情感发展水平的评价，如表达与控制情绪情感，爱周围人、爱集体，还要有对各种社会行为的评价，如文明行为、交往行为等。对一个学前儿童社会性发展的评价，既要有综合性的评价，也要有某一项目的评价。

第三节　学前儿童社会教育活动评价

一、学前儿童社会教育活动评价的含义

学前儿童社会教育活动的评价是以学前儿童社会教育活动为对象，依据学前儿童社会教育目标运用教育评价的原理，采用可行的评价技术和方法对学前儿童社会教育活动进行价值判断。学前儿童社会教育活动是学前儿童社会教育评价的重要内容，对学前儿童社会性发展的评价起着重要作用。一方面，学前儿童社会教育活动的评价对社会教育活动起到指导作用；另一方面，学前儿童社会教育活动的评价也可以提高教师组织和实施社会教育活动的能力，使社会教育活动的展开更加科学。

二、学前儿童社会教育活动评价的目的与内容

学前儿童社会教育活动评价是专业人员运用专业知识审视幼儿园社会教育活动实践，发现、分析、研究、解决问题的过程。

（一）学前儿童社会教育活动评价的目的

1. 了解学前儿童社会性发展的个体差异

由于地域、教育观念、教养方式的差别，儿童的社会性发展存在不均衡性。学前儿童社会教育活动评价可以运用多种形式和方法，对儿童的社会性发展水平进行客观的评价，帮助教师和家长了解学前儿童社会性发展的特点，为其根据学前儿童的社会性发展水平和特点来选择合适的社会教育方式和方法提供依据，促进学前儿童社会性的发展。

2. 提高幼儿园的社会教育活动质量

评价可以提高学前儿童社会教育活动的质量。通过评价可以知道制订的目标、选择的内容是否符合学前儿童的年龄特点、已有的知识经验和现有的水平，幼儿园及幼儿园教师实施的社会教育活动是否达到了预期的效果等，同时可以通过评价结果知道

学前儿童社会教育活动的现状,并督促教师提高学前儿童社会教育活动的质量。评价可以积累学前儿童社会教育活动的经验。在评价的过程中,教师通过反思哪些社会教育活动比较好,哪些社会教育活动不够好,哪里不够好,同时宣传、学习好的社会教育活动,改进不足的社会教育活动,积累学前儿童社会教育的经验。

3.提高家庭的社会教育水平

通过评价可以及时发现儿童社会性发展过程中存在的问题及社会教育中的好做法、好经验,作为家园共享资源,与家长分享儿童社会性发展的信息和社会教育的信息,提高家庭社会教育的水平。

拓展阅读

中国和澳大利亚学前教育比较:评价能力的比较①

我国幼儿园教师一般在学期初、学期中、学期末对儿童进行评估,给儿童各方面发展水平定等级、写评语,但是平时对儿童的观察,特别是记录不多;即使评估儿童发展水平,采用的也大多是常模评价;在分析影响儿童发展水平的因素时,有时也只从某一方面考虑。

澳大利亚教师在幼儿园的日常工作中,能持之以恒地观察儿童的言行、情感、态度,客观地记录教育实践的过程,通过标准测验来考察儿童的发展水平,全面评估儿童的兴趣爱好、知识技能、智力能力,分析儿童发展的成因,修改原有的教育方案、教育方法,以制订出促进儿童更好地发展的活动计划。

(二)学前儿童社会教育活动评价的内容

学前儿童社会教育活动的评价强调把社会教育作为一个整体来进行评价,主要涉及评价教和学两个方面。在教的方面评价又包括社会教育活动的评价和社会教育活动教师的评价两个方面。因此,本部分内容分为对幼儿发展的评价、对教师的评价、对活动的评价。

1.对幼儿发展的评价

对幼儿发展的评价是指对学前儿童社会教育活动发展评价。在对学前儿童社会

① 李生兰.比较学前教育[M].上海:华东师范大学出版社,2000:316.

教育发展进行评价时，可以从《幼儿园教育指导纲要》《3—6岁儿童学习与发展指南》中社会领域的“人际交往”与“社会适应”两个子领域和师幼互动来进行评价。

（1）对幼儿人际交往的评价。人际交往指的是人们在生产或生活活动过程中所建立的一种社会关系，在《3—6岁儿童学习与发展指南》中包含“愿意交往”“友好相处”“自尊、自信、自主”“关心尊重他人”四个子目标。因此，在学前儿童社会教育活动中评价方向为幼儿是否发展了与教师交往的意愿，是否主动亲近和关心同伴、经常和同伴一起游戏或活动，感受到与教师交往的快乐；是否能与同伴友好相处，学习交往的基本规则和技能；是否能够换位思考，学习理解教师；是否具有自尊、自信、自主的表现，能够关心尊重教师。

（2）对幼儿社会适应的评价。社会适应指的是个体在与社会环境相互作用中，不断的学习或修正各种行为和生活方式，最终达到与社会环境保持和谐与平衡的过程，也是个体逐步接受所在社会群体的生活方式、行为规范和价值观的过程。对幼儿来说，与周围的社会环境建立和谐关系，适应社会是社会学习的重要内容之一。因此，《3—6岁儿童学习与发展指南》中将“喜欢并适应群体生活，初步理解并遵守群体生活的基本行为规范，对所在群体形成初步的归属感”作为社会适应的基本内涵。在学前儿童社会教育活动中评价方向为幼儿是否喜欢并适应群体生活，经常和同伴及成人一起参加一些群体性的活动，体会到群体活动的乐趣。是否能够遵守基本的行为规范，了解基本行为规则或其他游戏规则，体会规则的重要性，学习自觉遵守规则。是否具有初步的归属感，感到长辈是可亲、可近、可信赖的，家庭和幼儿园是温暖的从而萌发集体意识。①

案例

在大班的社会教育活动“认识书店”中，通过对书店的参观和考察，孩子们知道了书店是卖书的地方，激发了他们喜欢图书的情感，培养了幼儿良好的看书习惯，知道了要爱护图书。在以后的生活中，孩子们基本上能做到这一点，这样就达到了活动的目的。

---

① 邵巧云，李倩，栗艺文．幼儿园社会教育与活动指导[M]，北京：北京师范大学出版社，2017：202.

(3)对师幼互动、同伴互动的评价。主要从三方面去评价:一是在互动中教师主导作用的发挥程度,教师应主动创造条件让幼儿成为活动的主体,教师应是儿童社会性学习和发展的支持者、帮助者和引导者,教师应创设积极条件为幼儿提供宽松、民主、自由的环境,让幼儿想说、敢说、喜欢说,并能得到积极应答;二是幼儿在活动中的主体地位的体现程度,幼儿在活动中积极主动地与教师同伴互动;三是教师与幼儿间交往的和谐程度和融洽程度,在和谐的状态下教师表情和语调自然亲切、适度、不做作,幼儿也能注意力集中、思维活跃、表情自然,即便遇到问题也能够自觉克服以实现预定目标。对学前儿童社会教育活动进行评价,不能只停留于幼儿"会了什么""懂了什么"之类的结果性评价,而应该真诚地与幼儿交往,细心地体察幼儿内在的心理活动与变化过程,从而了解幼儿对社会领域的学习状况。

案例

对幼儿自尊心的发展性评价①

一、日常生活中的观察

观察幼儿在日常生活中遇到下列情况时的情绪和行为表现:

1.幼儿是否经常寻求别人对他的注意。例如当客人来时,主动告诉客人:"我是××。""这是我画的。""是我做的。"自尊心较强的幼儿一般经常表现出上述行为(特别是三四岁的幼儿)。

2.幼儿是否经常向别人表现自己某方面的能力,寻求赞许和肯定。例如:"我能拍(球)××下。""我能跳(绳)××下。""我会搭高楼。""我画得好吗?"自我表现和寻求肯定评价是幼儿自尊心发展的明显行为特征,如果幼儿经常表现出上述类似的行为特点,说明他已有较强的自尊心。

3.受到表扬时幼儿是否感到愉快。如因某种行为受到教师表扬或自己做成功一件事受到其他小朋友称赞时是否出现微笑、不好意思、得意等表情。

4.受到批评时是否感到羞愧。自尊心强的幼儿做错事后,即使教师并不直接点名批评,也能表现出内疚和羞愧,如出现脸红、低头等反应;缺乏自尊心的幼儿,则常常对批评表现出无所谓的态度。观察幼儿受到不公平的对待时是

① 邵巧云,李倩,栗艺文.幼儿园社会教育与活动指导[M],北京:北京师范大学出版社,2017:229.

否做出适当反应。例如未满足别人要求时挨打，未做好某事或能力差被人嘲笑，自己的活动或作品被人故意破坏，自己正在玩的玩具被人强行抢走等，自尊心强的幼儿受到上述不公平对待或当别人故意攻击自己时，往往有强烈的反应，如气愤、提出抗议、据理力争或告诉老师；缺乏自尊心的幼儿往往默默忍受或感到无所谓。幼儿对这类问题的态度，反映了他们对自身权益的意识以及要求别人尊重的倾向。

二、情景测验

例一：组织幼儿进行可产生活动结果的游戏，如做泥工、插积塑、画意愿画等。观察幼儿是否有下列自尊表现：

1. 寻求别人的注意和肯定，如向对方展示自己的作品，并询问："我做(捏、搭、画)得好吗?"

2. 介绍自己的作品，如"这是我做的"。

例二：教师组织幼儿进行折纸活动，内容为幼儿以前尚未做过的，教师先教幼儿如何做，然后让幼儿自己完成作品。教师进行巡回检查，对做得好的幼儿提出表扬，对做得不好的幼儿提出批评，观察幼儿的表现。

1. 受到表扬时是否表现出兴奋、自豪或害羞、不好意思等情感。

2. 受到批评时是否表现得不高兴、不好意思或不服气、辩解。

例三：组织游戏——看谁找得快。用布将幼儿的眼睛蒙住，让他们去找放在他们面前的一件玩具(或物品)，并告诉他们谁先找到谁就能得到奖品。如幼儿为得奖，从布下偷看，教师在活动总结时批评这种行为，观察犯规幼儿是否有下列反应：脸发红或者有不安动作，如扭脸、低头、垂下眼皮、摸衣服等。如果幼儿出现上述之一的行为，说明已经产生了羞愧的情绪体验。

2. 对教师的评价

教师在学前儿童社会教育活动中是幼儿的支持者、帮助者、引导者、促进者。对教师的评价应包括以下五个方面。

第一，教师的教学口语更能突出学前儿童教师职业口语的特点，要能够根据儿童年龄特点来确定语言的速度、亲和度和句子的长短与句式。对于小班的幼儿语速要慢，语句要短，语调、语气要柔和与亲切。对于大班儿童，语速可适当加快，语气、语调应该亲切活泼。教师的教态自然亲切、语言规范、教育方法得当、以游戏为基本活动、引导幼儿主动学习、坚持正面教育，能以丰富的身体动作、表情、语调来进行教学。

案例

"活口逃生"游戏

为培养幼儿的协调合作精神,王老师设计了一个"活口逃生"游戏。

王老师出示装有六个小球的细口瓶,并提出要求,请6个小朋友每人抓住一个系着小球的绳子,想办法让每个小球都能顺利通过瓶口,比比哪组小朋友用的时间最短,行动最迅速。

案例来源:河北省保定市青年路幼儿园李芳

案例中王老师的要求比较简单清晰,便于幼儿理解,能够帮助幼儿听懂并理解游戏规则,更适于操作。

第二,教师应有较强的教育机智,能灵活、正确处理偶发事件,巧妙利用教育契机,使幼儿获得有益的经验。教师能公正对待每一位幼儿,关心、信任每一位幼儿,给每一位幼儿提供相同的学习机会,尤其是对那些能力发展迟缓的幼儿,更要关怀备至,多为他们创造成功的机会,使他们都有成功的体验,在社会性发展方面都能得到较充分的发展。对每位幼儿都能给予有效、积极的回应。

第三,教师要善于分析幼儿的需要、经验和发展水平,善于寻找幼儿发展的可能性,尽量针对每个幼儿进行指导。要善于观察幼儿,发现和捕捉幼儿的兴趣,通过幼儿直接感兴趣的内容或间接激发的兴趣,引导幼儿主动学习、操作。

第四,教学各环节要求明确,活动组织有条理。活动各环节的安排应该是清晰、连贯的,教师对活动时间的控制应该是弹性的,即教师根据幼儿的愿望、实际状态而设计安排,灵活把握活动时各环节的时间。教师要设置有效的提问,设置多个开放性的问题,引导幼儿通过操作、体验、思索、交谈、大胆猜想、合作学习获得有益的经验。提问的语言必须具有科学性、准确性,避免造成幼儿误解。依据教学中的关键点设计问题,针对不同层次的幼儿,设计不同层次的问题。

第五,教师在评价幼儿与活动之前首先要进行自我评价,不断对自己的社会教育活动进行反思。教师应该反思自己是否用僵化、静止的眼光看待幼儿,是否只关注幼儿的外在言行而忽略了幼儿的内心世界,是否用相同的场景套用了相同的教育方法,是否根据个人的喜好偏向于个别幼儿,是否把自己的想法、意愿强加给幼儿,是否尊重幼儿奇特的构想与不同的见解等等。

案例

某幼儿园教师教育活动评价内容①

表5-5 幼儿园成熟型教师教育活动评价表

姓名			幼儿园		
授课班级			时间		
授课内容			等级		
评价项目	评价要点			分值	得分
教学要求	教学目标与内容	1.根据《纲要》精神，细化活动目标，目标描述体现领域活动特点，符合幼儿年龄特点及实际需要，并具操作性，情感、能力、知识同步 2.活动内容有教育价值，来源于生活，符合幼儿兴趣与需要，有助于拓展幼儿的经验和视野，具有一定的开放性 3.合理安排、把握并解决教材的重点、难点和关键，内容正确，方法适宜		10	
	教学过程	1.活动领域特点较突出，活动结构合理，层次清晰，活动过程流畅 2.能较好地运用探究式教学方法，幼儿参与度高，为幼儿主动、自主学习创设良好氛围 3.面向全体，分层教学，关注个体差异，分类指导，全体幼儿在自身基础上都能获得提高 4.师生关系平等，体现相互尊重，课堂氛围宽松、融洽，注重幼儿良好学习习惯的培养 5.能给予幼儿有效的指导，善于用发展性、激励性评价语言，使教学评价推动幼儿学习兴趣增长及参与活动的积极度		20	
	教学方法	1.以游戏为基本活动方式，教学方法合理、适宜，并具有趣味性、启发性 2.活动情境创设恰当有效，注重教师与幼儿、幼儿与幼儿、幼儿与环境的互动，引导幼儿主动探索、学习、发现、思考，培养幼儿的合作意识和能力 3.各领域的内容有机联系，相互渗透。注重合理性、综合性、趣味性、活动性，寓教于乐 4.能有效使用各种教学手段，操作熟练		10	

① 邵巧云，李倩，栗艺文.幼儿园社会教育与活动指导[M]，北京：北京师范大学出版社，2017：230-237.

续表

教学要求	环境与材料	1.根据教育内容准备丰富适宜的材料和教育资源,供幼儿主动自由地探索,为幼儿提供充分参与和交流的条件与机会 2.环境与材料富有安全性、趣味性、艺术性,具有教育价值,一物多用	10	
	幼儿行为	1.幼儿以积极的态度,运用已有的生活经验参与学习讨论活动,并在其中体验活动的乐趣,尝试着解决活动中遇到的问题 2.愿意和同伴交流、合作,分享探索的过程和结果 3.各层次的幼儿处于良好的学习状态,并在各自的基础上获得相应的提高 4.幼儿积极参与学习、评价活动,敢于表达和质疑,在活动中体现出幼儿是活动的主人	10	
教师素质	1.教态亲切、自然、大方,语言生动、规范、有感染力,仪表端庄 2.熟练恰当地运用现代化教学手段,对活动过程中出现的意外状况及衍生内容,能进行及时有效的调整,反思及调控能力强,有独特的教学风格 3.大胆创新,体现个人教学风格		15	
教学效果	1.较好地实现预定的活动目标,完成活动任务,活动效果好 2.幼儿获得积极的情感体验,情绪愉悦、思维活跃、想象丰富,多数幼儿能胜任和完成活动任务,在自己原有的基础上有所提高		20	
特色	1.有创新点 2.有教学个性		5	
综合评估	评议人:		合计总分	

3.对活动的评价

对学前儿童社会教育活动本身的评价主要是对活动目标、活动内容、活动方法、活动准备、活动过程、活动延伸、活动效果的评价。下面主要阐述对活动目标、活动内容、活动准备和活动过程的评价。

对目标达成情况的评价。对学前儿童社会教育目标达成方面的评价包括三个层次:第一,要对照《幼儿园教育指导纲要》《3—6岁儿童学习与发展指南》,评价是否符合总目标的要求。第二,要对照社会教育活动类型的目标,评价是否符合学前儿童社会的某一方面发展的要求。第三,要对照本次社会教育活动时的目标,评价是否符合本次活动的具体要求。这三个层次的目标相互联系、相互渗透。在对目标进行分析的同时,还应对达成的程度作出判断和评价。达成的程度一般可以分为三个等级:完全达标、基本达标和未达标。经过分析,就可以对学前儿童接受社会教育后的变化有较为全面和深入的评价。为了使目标达成情况一目了然，便于归档管理，可以填写目标达成情况评价表。

表5-6　幼儿在社会教育活动中目标达成情况评价表

程度	《纲要》总目标	《指南》合理期望	活动类型目标	本次活动目标		
				情感目标	认知目标	能力目标
完全达标						
基本达标						
未达目标						

如大班的情感教育活动“你开心吗”，将活动目标设计为：(1)引导幼儿用语言表达内心开心和不开心的情感，促进幼儿和同伴之间、幼儿和成人之间的心灵沟通。(2)培养幼儿的同情心和爱心，会用语言安慰教师，表达自已的爱。(3)促进幼儿社会情感的发展。这次活动的目标比较完整，分解也比较到位，且符合大班育儿的实际需要，设计得比较合理和可行。

案例

学前儿童社会教育主题目标的制订与表述

例一、大班社会性主题活动：我们自己的节日

1.了解“六一国际儿童节”的意义，感受儿童节的快乐气氛，感谢周围的人们对自己的关心和爱护。

2.学习策划儿童节的活动，建立初步的计划意识和自主意识。

3.学习调查、组织、协商等方法，提高社会交往的技能。

例二、中班社会性主题活动：温馨家园

1.认知层面的目标：知道自己的家庭住址与电话号码，了解自己所居住的小区名称，能关注与家庭、社区有联系的一些人与事。

2.情感层面的目标：培养对父母、家庭、社区的情感萌发，培养我是家庭、社区小主人的责任意识。

3.行为层面的目标：学习用适当的方法表达对亲人的爱。学习与和家庭有联系的教师进行沟通与交往。

分析：主题目标的制订要求体现目标的整合性，这两个主题目标都较好地

体现了整合性原则，达到了知情意行几方面的发展，但从表述来看，“温馨家园”的目标表述更为清晰、明确。

对活动内容的评价。主要从五个方面去评价：一是活动内容与活动目标的一致性；二是活动内容的科学性与适切性；三是活动内容的丰富性与趣味性，这是使幼儿保持注意的重要因素；四是活动内容的层次性，有主有次，重点突出，使幼儿能保持注意，同时又能在不觉得疲劳的情况下完成活动；五是内容布局的合理性，应根据幼儿的认知规律和注意规律设计内容的顺序和密度。教师给幼儿提供的活动内容是否合适，幼儿会比教师更早地做出评价，对幼儿进行耐心细致的观察能够发现幼儿对活动内容的反馈。

案例

十二生肖

在大班的社会教育活动“有趣的生肖歌”中，讲述十二生肖的故事，了解十二生肖的来历，知道自己的生肖，了解十二生肖的排列次序，了解生肖的排列规律等。这些内容的安排，既满足了大班儿童的求知欲，又符合大班儿童社会性的发展水平，同时，在内容安排上有一定的弹性（生肖的排列次序和规律有一定的难度，仅仅让儿童适当了解），内容的安排较为科学、合理。

对活动方法的评价。主要从三个方面去评价：一是方法的科学性，所采用的方法要尊重儿童的认识规律和社会性学习的发展规律；二是方法的丰富性，单一的方法会使幼儿注意力下降；三是方法的灵活性，针对儿童社会发展的不同水平和不同个性，设计不同的组织形式，根据幼儿的表现和现场的情况及时调整教育策略，而不应一味刻板地按预设的方案进行活动。

对活动准备的评价。社会教育活动的准备包括物质准备和精神准备两个方面，评价时要注意教师的物质准备是否充分和适用、教师对本次社会教育活动的知识结构准备是否到位、学前儿童是否具备了与这次活动相关的经验、教师和幼儿是否具备了参与这次活动的精神状态等。

案例

在大班的社会教育活动“采摘野菜”(主要认识马兰头、枸杞头两种野菜)中,教师为这次活动做了如下准备:

1.与当地农民联系,选择长有这两种野菜的地方。

2.准备采摘野菜的工具,人手一个装野菜的小篮,人手一把小铲或一把小剪刀。

3.与家长联系,为幼儿准备一双轻便的鞋和一顶太阳帽。

4.自编一首挖野菜的歌。

5.马兰头、枸杞头各一盘(已做成的菜)。

这次活动中,教师的准备是非常充分和到位的,保证了教育活动能够顺利地开展。

对活动过程的评价。活动过程是学前儿童社会教育活动评价的重点。评价时要注意以下问题:活动过程是否面向全体幼儿、活动中幼儿是否处于主体地位、活动中幼儿的参与程度如何、活动过程中教师是否尊重了幼儿的活动意愿、活动中教师是否注意到了幼儿的个体差异、活动过程是否寓教于乐、活动的方法是否灵活多样等,具体指标参见表5-7。

表5-7　幼儿社会教育活动评价表(集体教学)

活动阶段		评价要点	评价等级(ABC)
活动准备		选择活动内容的适宜性	
		设计活动目标的准确性	
		选择学习方法的适宜性	
		活动设计的连贯性	
		活动资源的利用程度	
		对幼儿学习背景的了解程度	
活动组织	活动环境	建立充满尊重的学习氛围	
		调控活动进程的有效性	
		调控幼儿行为的有效性	
		组织活动实际空间的合理性	

续表

活动阶段		评价要点	评价等级(ABC)
活动组织	活动过程	交流的清晰准确	
		提问和讨论的合理性	
		提高吸引幼儿互动参与的机会	
		提醒教学的灵活性	

案例

在大班社会教育活动“多彩的少数民族”中,老师让儿童讲讲自己所知道的少数民族时,幼儿都很兴奋和踊跃。老师告诉孩子们我们国家有56个民族时,孩子们发出了惊叹;老师让孩子们欣赏蒙古族、藏族、维吾尔族的民族音乐、民族服装、民族风俗时,孩子们充满了好奇;老师让孩子们品尝西藏特产酥油茶时,孩子们的热情被推向了高潮。在整个活动过程中,孩子们在轻松、愉快的氛围感受了不同民族的多元文化和风情,培养了他们对伟大祖国的热爱之情。

对活动延伸的评价。活动结束后,首先要评价教师是否想到了还需要活动延伸,再评价教师使用的活动延伸的方法,是否具有可操作性,是否能对该活动长期的发展起到积极的作用。

对活动效果的评价。社会教育活动是否完成了活动目标,儿童是否有愉快的情感体验,是否促进幼儿社会性行为的变化,是否让幼儿对活动产生期待和探究的欲望,是否具有与目标一致的社会行为的变化等。活动效果是社会教育活动成功与否的关键,也是我们评价的最终目的。

案例

中班自我控制活动“做个好赢家”的效果如下:学前儿童具有了做个好赢家的意识,能够很好地控制自己的笑声和兴奋,与同伴友好相处。在后来的游戏中,都能够以恰当的方式表达自己的情绪。可见本次活动完成了预期的目标,此外,儿童在活动过程中都能够积极、主动地参与,体会到合作的愉快、帮助他人的快乐,从而养成与教师和谐相处的良好品质,提高自我控制能力。

资料链接

我国幼儿园社会领域教学活动的内容现状[①]

研究发现，社会领域教学活动的内容类别比例不均。相比而言，小班社会领域教育更重视对幼儿生活技能和行为习惯的培养、对亲社会行为和社会交往技能的训练和对良好情绪情感的培养；中班社会领域教育同样重视亲社会行为、社会交往技能和情绪情感方面的内容，对生活技能和行为习惯的关注开始减少，转而重视社会文化与节日庆典、社会环境、自我意识及社会规则等方面的内容；大班社会领域教育则更加重视社会文化与节日庆典、个性品质、自然和环保教育方面的内容。

因此，应加强社会领域教育内容中的薄弱环节：(1)生活技能、行为习惯和社会规则意识的培养。(2)安全与生命教育。包括：①帮助幼儿认识自己、肯定自己，感受自己生命的价值；②培养幼儿爱人、尊重他人的生命态度，以及与他人和谐相处的能力；③引导幼儿认识生存环境，了解人与环境共同存在的关系；④帮助幼儿了解生命的意义，形成尊重生命的意识。(3)礼仪教育。(4)良好情绪情感、个性品质的培养。

三、学前儿童社会教育活动评价的方法

幼儿的社会性发展在多数情况下，可通过其外显行为表现出来。因此，可通过以下几种具体的方法对学前儿童的社会教育进行评价。

（一）观察法

观察法是在自然情景中或预先设置的情景中，系统地观察记录并分析学前儿童的行为，以获得其心理活动产生和发展规律的方法。运用观察法时，观察者的身份有两种：一是参与活动者，即观察者是被观察者活动中的一个成员；二是非参与活动者，即观察者不参与被观察者的活动。观察者无论以哪种身份出现，在原则上都不应使儿童发现自己的活动被教师观察，否则就会影响他们的行为表现。运用观察法能直接了解儿童的行为，因而能收集到第一手资料。这些资料必须具有准确性和代表性，避免观察者的主观臆测与偏颇是使用观察法的关键。观察者应该有目的、有计划地观察和记

① 嵇君．我国幼儿园社会领域教学活动的内容现状与分析[J]．学前教育研究，2012(3)：42-47.

录被观察者在活动中表现的心理特点，以科学地解释行为产生的原因。

观察法的优点是能保持学前儿童言行的自然流露和客观性，获得的资料比较真实。观察法的缺点是观察者处于被动地位，只能消极等待被观察者的某些行为表现，是一种进程较为缓慢的方法。

运用观察法进行学前儿童社会教育活动评价要注意以下四点：第一，要创造自然的观察环境和气氛。评价者不应对幼儿的行为进行干预、限制。此外，还要避免幼儿注意或发觉评价者的观察意图，以防止幼儿出现紧张及其他非自然的行为，确保观察结果的真实性。第二，要有明确的观察目的。评价者应始终明确每次观察的任务和目的，选择与观察目的有关的行为和重要事实进行记录。第三，要做好观察记录，精确记下反映幼儿行为的事实及其发生的条件、环境，以便对幼儿的发展作出正确的判断。第四，要对幼儿的行为进行多次观察。为使观察结果具有可靠性，必须对同一行为保持足够的观察次数和观察时间。幼儿行为易受环境和其他主客观因素的影响，在不同时间、不同地点、不同条件下则表现出不同的特点。在某一具体情境中，幼儿所表现出来的行为可能具有偶然性，不一定是其典型的、一般的行为。因此，在运用观察法对幼儿进行评价时一定要注意进行多次观察。

关于幼儿自尊心、责任感发展的观察评定表，见表5-8。

表5-8　幼儿自尊心、责任感发展观察评价表

观察项目	观察内容要点	儿童表现			
		A	B	C	D
自尊心	学前儿童是否经常寻求别人对他的注意				
	学前儿童是否经常向客人表现自己的能力				
	在受到教师表扬和其他小朋友称赞时，是否表现出微笑、不好意思、得意等神情				
	在受到教师的批评时，是否表现出脸红、低头等反应				
责任感	在活动结束时，是否主动收拾好用过的物品				
	是否爱惜幼儿园的物品。如游戏结束时他是否不乱丢、乱扔玩具				
	学前儿童是否努力完成教师布置的任务				
	学前儿童在做值日生时是否认真负责				

案例

对一个有“不安全感”幼儿的观察记录①

观察对象:林月(化名),女,2013年1月出生(3岁)

观察时间:2016年5月至2016年7月

观察目的:帮助其化解不安全感,适应幼儿园生活

观察实录:2016年5月

开学了,林月入学(看上去比同年龄幼儿瘦小),每天都要在班级门口哭闹,在地上打滚或用头撞墙等(既不要外婆或小姨抱,也不让老师碰)。一旦被老师强行抱入教室后,便不离开自己的椅子,不动、不说、不吃、不喝(包括开水、点心、午饭)也不哭,更不许任何教师靠近她,和她说话,对幼儿园的玩具、游戏等一切都不感兴趣,对班级的环境恐惧,为了不上厕所而宁可将尿撒在椅子或床上。

分析:上学哭闹是一般学前儿童常见的事情,但像她这样持续多日的恐惧,表现出强烈的自我封闭,极其严重地对教师(包括老师和小朋友)、对环境的不信任感、不安全感与3岁学前儿童的年龄特征极不相符。为此,我决定弄清该学前儿童产生这些心理障碍的缘由,并采取了以下措施:

1.进行再次家访

由于该幼儿的表现与第一次家访时家长的说法有很大的出入,我进行了第二次家访,向家长说明孩子的成长需要家园共同配合,希望尽可能多地了解孩子的成长。出于我善意的请求,我了解到由于家庭的变故,孩子出生后就由来自乡下的外婆和成年的小姨共同抚养。外婆的教育观点认为:女孩子是别人的,无须疼爱,放在地上一滚就能长大。由于语言不通,外婆时常将自己和孩子关在家里。在家长的口中,林月是个脾气倔强、暴躁的孩子,早希望交到幼儿园“管管”。

这一次的家访让我震惊,0—3岁的孩子需要爱和信任时却有了本不该有的经历,产生了对周围人的抵触,本该了解周围环境时却被关上了通往世界的大门,本该欢欢喜喜上幼儿园时,却对幼儿园产生了恐惧。

2.我决定从两方面入手

(1)改变家长的观念。林月的外婆虽然来自乡下,但有农村妇女的朴实和善良,应该多和她拉家常,让她发现林月身上讨人喜爱的一面。林月的小姨虽

①李希燕,李建伟.学前儿童社会教育与活动指导[M].北京:国家行政学院出版社,2017:165.

年轻，但接受能力强，可以多向她讲解孩子的教育、交往的重要性，鼓励她多带小月上公园等认识大自然，认识新朋友。

(2)教师主动亲近她，给更多的关爱。不管她是不是哭闹，都把她抱在怀里，带她在幼儿园四处走动，看看哥哥姐姐的活动，找找鱼池里的小鱼给她唱歌，讲故事，化解她焦虑、紧张的心理。

成效：两个星期后的一天早上入园，她虽然还哭，但只是小声地抽泣，并手钩住我的手指，紧紧依偎在我的怀里。我欣慰地感到："她认可我了。"

观察实录：2016年6月

现在，不管我走到哪里，她总拉着我的手跟到哪里，并用眼神提示我她的需要(如要上厕所)，但仍不吃幼儿园里的饭菜或点心，不让其他老师和小朋友接近她。我发现孩子们玩游戏时，她拉着我的手小心地打量着；孩子们吃点心时，她会盯着别的教师的手。

分析：3岁孩子身上本能的好奇心开始一点一点地展露，我决定从改善林月周围环境和运用游戏手段帮助她尝试接受新环境、新事物入手。

措施：

(1)让她尝试接受更多的教师。每天，我鼓励林月和我去各班参观，这时老师(阿姨)都会笑着夸"林月真漂亮，来，我送你一颗糖(或画片等小礼物)"。让林月发现与教师交往是一件愉快的事。渐渐地，林月开始尝试从老师手上拿过礼物，尝试让其他教师接近、拥抱。

(2)让她尝试接受新的事物。针对林月对新事物恐惧但同时流露出好奇心的情况，我尝试运用游戏的方法帮助她。如我在吃点心时，和孩子们玩"跳跳豆跳进大山洞"，将小点心比喻成可爱的小动物等，孩子的嘴巴是"山洞"。孩子们很喜欢这个游戏，总是把嘴张得大大的，看见其他小朋友快乐的样子，林月也不由自主地张大小嘴。

成效：林月比起两个月前有了极大的进步：不再伤害自己的身体，上幼儿园不再哭闹，会在老师的帮助下上厕所，吃午饭、点心等。虽然林月还不会和同伴交往，也不说话，但只要根据孩子的心理特点进行适时的教育、引导，就能有更显著的进步。

这是一个时间跨度较长的观察记录，对学前儿童的社会性发展来说，往往需要长时间细致地观察才能真正了解孩子的发展状况与原因。

(二)谈话法

谈话法是研究者通过与学前儿童面对面的谈话,在沟通过程中了解儿童心理状态的方法,是为搜集资料而进行的一种会谈方法。

根据谈话过程中结构模式的差异,谈话可以分为有组织的谈话和无组织的谈话。有组织的谈话结构严密、层次分明,具有固定的谈话模式。在有组织的谈话中,教师根据预先拟定的提纲提出问题。幼儿针对所提问题的内容进行回答(这种问题一般涉及范围较小)。在整个谈话过程中,幼儿犹如做了一个口头问卷。无组织谈话结构松散、层次交错、气氛活跃,没有一个固定的模式。在无组织的谈话中,教师提出的问题往往涉及很大的范围。幼儿可以根据自己的想法,主动地、创造性地进行回答,双方不仅交换了意见,还交流了感情。

谈话法有其特定的优点。首先,谈话法是了解情况、搜集正反两方面心理与行为资料的一种最亲切、最直接、最深入的方法;其次,教师运用谈话法除了可直接聆听幼儿的言语外,还可察言观色,随机应变,获得或者发现一些重要的信息;再次,教师运用谈话法可以根据要了解的问题随时发问,并可根据与所提问题有关的大量线索刨根究底。

但谈话法最大的局限性在于,儿童可能存有的"警戒心理"或个性特点使得谈话法未必能收到应有的效果。谈话法所费的时间与精力也较多,对谈话教师的素质与技巧也有较高的要求。

案例

评价者想了解幼儿人际交往的发展情况,可以在交谈时间问:"你在班里的好朋友多吗?""你喜欢与哪些小朋友玩? 为什么?"从而了解幼儿的人际交往情况。

因此,在运用谈话法进行学前儿童社会教育活动评价时,要注意以下四个问题:

(1)谈话要有明确的目的。教师应围绕着谈话的目的来展开谈话的内容,必要时可以预先拟定一个谈话的提纲,以使谈话的内容不"跑题"。

(2)谈话要选择恰当的时机。在自然的状态下与幼儿交谈,以免幼儿紧张,从而影响谈话的效果。

(3)谈话要用儿童听得懂的语言。对幼儿的提问要尽量简单,语气要亲切,要有耐心,并善于倾听。

(4)谈话结束后,要妥善保管谈话记录,并及时对谈话记录进行分析和整理。

资料链接

访谈问题的类型①

A.导入性问题(Introduction Questions)

"你能不能告诉我关于……? 你是否记得有一次当……? 你提到的那个情形发生了什么?"以及"能否尽可能详细地描述一下你在学习时的一个情境?"此类开放性问题可以引发自然而丰富的描述,被试所提供的自身经历是所研究现象的主要内容。

B.追踪性问题(Follow-up Questions)

访谈员的好奇、坚持不懈以及寻根问底的态度可以使被试的回答得到进一步扩展,也可以通过直接询问被试刚刚说了什么来达到同样效果。仅仅点一下头,或"嗯",或只是一个停顿都可以鼓励被试继续说下去。重复一个回答中的重要词语可促使被试对其进行更深入的加工。访谈员可以训练自己注意回答中的"红灯"(如不寻常的用语,强烈的语调等),这可能预示着一系列对于被试来说很重要的话题。

C.探索性问题(Probing Questions)

"你能否再多说点关于它的事情? 你能不能再详细地描述一下发生了什么?""关于这个还有没有其他的例子?"访谈员此时不断追问这些答案,探寻其蕴含的内容,但并未提及需要考虑的维度问题。

D.具体性问题(Specifying Questions)

接下来访谈员也可能会问一些具体的操作化问题,比如"当你感到焦虑不断加剧时你做些什么? 你的身体有什么反应?"在一个有着许多笼统陈述的访谈中,访谈员可以尝试通过"你自己也有过这种体验吗?"这类询问来获取更加精细的描述。

E.直接性问题(Direct Questions)

访谈员此时直接引入主题和维度,比如"你是否曾经因为拿了好成绩而得

①[丹麦]斯丹纳·苛费尔,斯文·布林克曼.质性研究访谈[M].范丽恒,译.北京:世界图书出版公司,2013:144-155.

到金钱奖励？当你提到竞争的时候，你是否想到一场正大光明的竞争或者破坏性的竞争呢？”此类直接性问题最好在访谈的最后阶段提出，在被试已经做出其自然的描述之后，借此揭示出事件中对被试来说最重要的部分。

F.间接性问题(Indirect Questions)

此时访谈员可能会采用投射性问题。诸如“你认为其他学生是如何看待以成绩为目的的竞争的？”这个问题的回答直接说明的是其他人的态度，它也可以是该学生并未直接说明的本人态度的间接陈述。此时还需要有更深入的详细问题来对其回答进行解释。

G.结构性问题(Structuring Questions)

访谈员要掌控整个访谈过程，当一个主题已经讨论完毕时应当清楚指明。访谈员可以直接而礼貌地打断一长段与研究无关的回答，如可以简述对一段回答的理解，然后说：“现在我们来谈谈另一个话题……”

H.沉默(Silence)

与其用不断的询问使访谈成为盘问，访谈员不如以临床医学家为例采用沉默来推进访谈。谈话中的停顿可以让被试有足够的时间想象和思考，随后他们以重要的信息打破沉默。

I.解释性问题(Interpreting Questions)

解释的程度可以只是对回答进行改述，比如“那么你的意思是……？”或者是尝试性澄清，比如“你感觉……，对吗？”或“……这是你刚刚所表达的意思吗？”还可以更直接地解释学生所说的话，比如“在成绩上你最担心的是你父母的反应，对吗？”

(三)问卷调查法

问卷调查法是评价者根据评价的目的，向被调查对象发放调查表，广泛收集幼儿社会性发展信息的一种方法。在学前儿童社会教育评价中，通过向家长和教师问卷调查，可以进一步了解幼儿在不同场合、不同情境中的社会性发展情况，从而真实地、全方位地了解幼儿的社会性发展情况。问卷调查法比较简便易行，能在较短的时间内收集到许多被评价者较为广泛的材料，而且社会性发展状况往往便于整理和统计分析。但问卷的设计和编制是一项技术性要求较高的工作，问卷题目设计的科学性、合理性和针对性如何，直接影响问卷调查的质量。另外，问卷调查由于受到被调查者的文化水平及态度的影响，被调查者有可能在回答时并非其真实的情况或意愿，容易造成调查结果的可信度低。在利用问卷调查法进行学前儿童社会教育活动评价时应注意以下五点：

（1）让家长了解问卷的意图和目的，建立与评价者互相信赖的态度，以获得真实的调查信息。

（2）针对调查对象选用适宜的词汇，简单明了，避免出现专用术语和多重否定，对问题的陈述方式必须有利于调查对象的回答，便于被调查者正确领会问题的内容。

（3）题目的数量要恰当，要考虑所列项目是否覆盖调查内容，是否有遗漏，还要考虑答卷时间。

（4）问题的排列顺序要由易到难，将同一类型题目放在一起，间隔要清楚，要有答题说明。

（5）回答方式要简便，既减轻了家长答题的负担，又便于日后统计调查结果。

《幼儿交往态度调查问卷》范例

1.主动找父母聊天

A.经常	B.有时	C.很少

2是否喜欢串门、走亲戚

A.很喜欢	B.一般	C.不喜欢

3.是否喜欢和周围小伙伴玩

A.很喜欢	B.一般	C.不喜欢

4.是否常常谈起幼儿园的老师或小朋友

A.常常	B.有时	C.很少

5.家里来客人表现得很兴奋

A.经常	B.有时	C.很少

6.对来客很愉快地接待

A.经常	B.有时	C.很少

（四）教育实验法

教育实验法是用来探讨学前儿童社会教育活动过程中各种教育途径、教育方法的有效性的一种方法。如为了了解情景表演、图片、视频对幼儿社会认知发展的影响程度，教师可把学前儿童分成三组，分别利用这三种媒体对幼儿进行教育，一段时间后，再对儿童进行测查，哪组儿童认知发展水平提高最快，则使用哪种媒体进行教育的效果最佳。

(五)社会测量法

社会测量法是心理学家里诺于1934年提出的一种研究方法。社会测量法主要用于团体研究(特别是小团体)成员之间人际关系和人际相互作用的模式。社会测量法是通过设置一个情境，让学前儿童按照自己的意愿，选择或拒绝游戏活动伙伴，教师以此为依据分析儿童之间相互吸引或排斥的心理关系的一种方法。可通过三种不同的方式来进行：

1. 同伴提名

教师按照某种标准(正面或反面)，让幼儿从众多的同伴中选择活动伙伴。

2. 同伴比较

教师按照某种标准(正面或反面)，让幼儿对每位同伴进行比较提名。

3. 同伴评定

教师让全班儿童对每个同伴的受欢迎或被排斥程度都作出评价。教师在使用社会测量法评价学前儿童的社会性时，要注意尽可能使用正面标准。随着儿童年龄的增长，到了中班特别是大班可多用此法。

4. 等级评定法

等级评定法是由教师、家长、学前儿童同伴对学前儿童的社会行为进行概括性的等级评定的一种方法。如教师把学前儿童的助教师为乐分为五个等级：很乐于帮助教师、较乐于帮助教师、一般化、较不乐于帮助教师、很不乐于帮助教师，然后把全班儿童分别划入某一个等级(见表5-9)，就知道每个学前儿童助教师为乐行为的发展状况了。

表5-9　学前儿童助教师为乐行为评价表

（在符合学前儿童情况的项目上打"√"）

评价时间：　　年　　月　　日　　星期　　午　　时　　评价者：

学前儿童		等级				
姓名	性别	很乐于帮助教师	较乐于帮助教师	一般化	较不乐于帮助教师	很不乐于帮助教师
张三						
李四						
王五						

（六）其他方法

学前儿童社会教育内容广泛，可针对不同的情况，选用不同的评价方法。

1.当教师要评价学前儿童的社会认知发展水平时，可采用以下方法

（1）游戏规则法

游戏规则法是教师利用游戏的规则向学前儿童提出问题，要求他们进行回答的两种方法。如，当儿童玩"老狼老狼几点钟"的游戏时，老师询问他们："这个游戏的规则是什么？""游戏的规则是不是总这样？""它能不能改变？"若学前儿童认为游戏规则具有可变性，则表明该儿童的发展水平较高。

（2）故事难题法

故事难题法是教师在向学前儿童讲述故事时，向他们提出有关道德的难题，要求学前儿童作答的一种方法。如教师讲一组故事：A.小明在开门时，不知门后有5只碗，一开门就把5只碗都打碎了。B.小红因为妈妈不满足自己的要求，一气之下打碎了1只碗。故事讲完后，教师可问学前儿童："如果你是爸爸妈妈，你觉得更应该批评谁？"从他们的回答中，教师可判断学前儿童的道德水平是处于客观阶段还是主观阶段，属于他律水平还是自律水平。

2.当教师要评价学前儿童的社会情感发展水平时，可选用以下方法

（1）投射测验法（即故事续讲法）

投射测验法是教师在给学前儿童讲故事时，当讲述完主人公的行为以后，接着要学前儿童讲故事结局的一种方法。如教师讲故事："周五是小强做值日，他本来应该给自然角里的金鱼换水后才能回家,但他忘了就回家了。周一早上,当小朋友来幼儿园时,发现小金鱼已经死了……”接着教师可以让学前儿童续讲小强会怎么做,以此来推断学前儿童的内疚感和责任心的发展状况。

(2)移情测验法

移情测验法是教师设计可引起学前儿童移情的情景,来测量学前儿童对别人情感的各种体验的一种方法。如,为了测验学前儿童的同情心,教师可以先放一段录像“聪聪的生日会”,再向他们提问:“你的心情是怎样的?”若儿童回答的情感体验与录像片中主人公的情感体验相似(“心里觉得高兴”),就表明该儿童具有同情心。

3.当教师要评价学前儿童的社会行为发展水平时,可运用以下方法

(1)自然测验法

自然测验法是教师在自然环境中,测量学前儿童自然发生的社会行为的一种方法。如教师想了解某一儿童的交往行为,可以在自由游戏活动中,对该儿童进行现场观察、记录,评价他在这段时间内作出的交往表现。

(2)情景测验法

情景测验法是教师在一个设计好的情景中,对所要研究的学前儿童的某种行为加以诱导,并进行观察、记录与分析的一种方法。如,为了评价学前儿童能否与同伴分享,教师创设这样一个情景:先在活动室内给中(1)班的每个孩子发放5个五角星,告诉他们可用这些五角星到储藏室的玩具柜上换取自己所喜欢的玩具(有的玩具只要用1个五角星换,有的玩具则要2个或3~5个五角星换);接着对孩子说:“中(2)班的小朋友因为没有五角星,所以他们得不到任何玩具,要是你愿意的话,你就往储藏室里的小碟子上放进五角星。”(碟中已有数个五角星,这样幼儿会以为教师不知道自己是否放);然后教师分别让每个幼儿去换玩具。当幼儿从储藏室回来以后,教师进去数一数碟子中的五角星数量,就知道某个幼儿放了没有,放了几个。

案例

《幼儿自我认识水平测验》范例[①]

测验目的：

测验幼儿个体对自身生理特征的认识水平。

测验内容：

1.你应该表演哪种动物。

2.你应该当谁。

测验形式：

小组测验与个别测验相结合，不计时测验。

测验准备：

1.事先将幼儿编成体型差异明显（高、中、矮或胖、中、瘦）和性别为两女一男或两男一女的三人小组，列出小组名单。

2.三种动物头饰各一个（大象、兔子、乌龟）。

测验步骤：

1.出示大象、兔子、乌龟三种动物头饰。指导语："老师想请你们三个人一起来表演有这三种动物的节目，你们互相看看，然后再想想自己，你认为应该表演哪一种动物？"幼儿逐个向老师耳语自己的看法（以避免受他人影响），老师加以记录。

2.指导语："老师想请你们三个人一起玩娃娃家游戏，这个娃娃家里有爸爸、妈妈、孩子，请你们想想，自己应该当爸爸、当妈妈，还是当孩子？"记录方法同上。

评定线索：

幼儿所说的看法与他在小组中的实际情况相比的适合程度。例如：自己在三人小组中的体型与所认为应该承担的表演角色差异是否符合三种动物的体型（如：个子最矮或最瘦小的应该演小乌龟，而不应该演大象）。又如，自己的性别与承担的角色的性别是否吻合（男孩应该演爸爸而不应该演妈妈），然后将结果填写在记录表中。

---

①李希燕，李建伟.学前儿童社会教育与活动指导[M].北京：国家行政学院出版社，2017：169.

表5-10　幼儿自我认识水平记录表

幼儿自我认识水平记录表					
姓名	内容A		内容B		评价

在对学前儿童的社会教育活动进行评价时，应根据不同的评价目标选择合适的方法，也可综合运用不同的方法，形成终结性评价。

四、学前儿童社会教育活动评价结果的运用

通过对学前儿童社会教育活动的评价，发现目前幼儿园社会教育存在诸多的不足，直接影响到了学前儿童社会教育的效果，许多教师感慨，学前儿童接受社会教育，但走入小学就表现出交往能力差、群体适应能力不强、自我保护意识淡薄、自我生存能力差等问题。因此，应该充分应用学前儿童社会教育活动评价的结果从而促进学前儿童社会教育活动的改变。①

1.通过学前儿童社会教育活动的评价强化幼儿园及幼儿教师的社会教育观念

目前，虽然幼儿园管理者及幼儿教师们已经意识到了发展幼儿的社会性的重要性，并开展了专门的学前儿童社会教育活动，但不少教师从思想上并没有真正重视起来，从行动上也没有真正把幼儿社会教育放到应有的位置。同其他教育，如语言教育、数学教育等相比，社会教育仍然处于次要的地位，或者仅是作为影响因素。这一方面是因为社会教育涉及的面广，内容复杂，灵活性很大，同其他教育活动相比，实施起来有较大的难度；另一方面是因为我们的观念中教育过分强调智育。另外，幼儿社会性学习的特点决定了社会教育应渗透在一日生活的各个环节之中，这也使一些教师产生了一种错觉，认为社会教育只需在日常生活中随时进行就可以了。

幼儿园及幼儿教师要强化社会教育观念，深刻把握社会教育的内涵，改变忽视或误读社会教育的观念，把社会教育放在应有的位置。需要强调的一点是，只有从根本

① 刘雅琴.我国幼儿园社会教育的进展、问题及改进策略[J].教育研究，2008(2)：100-105.

上认识到幼儿园社会教育的重要性，才能在日常生活中不失时机、有意识地进行社会教育。培养幼儿的主体精神和健全人格是幼儿园社会教育的重要价值取向。在社会教育活动内容的选择上有忽视幼儿个性发展，不主张体现个人价值的一面，具体表现在：强调个人服从集体；强调权威，教师的指示不能违背；强调忍耐、谦恭、不表现自己等等。这有值得继承的一面，但如果把握不好，极容易导致去个性化的结果，从而使幼儿失去或削弱自我导向的功能和责任感。一些根深蒂固的传统文化内容的选择容易使我们的社会教育缺乏对幼儿主体精神的培养及健全人格的塑造，特别是缺乏对幼儿独立思考能力和习惯的培养，缺乏对批判和创新意识的培养，也会使幼儿自己的价值观被忽视。

学前儿童社会教育活动的价值不仅在于培养幼儿的社会适应能力，促使幼儿顺应社会文化环境，顺利融入社会，成长为社会所期望的合格成员，还在于发展幼儿的社会情感和人际交往，满足幼儿社会认知、交往及创造性发展的需要，促使幼儿形成个人的态度及价值观，从而促进幼儿积极主动地发展并幸福愉快地生活。以遵守规则为例，如果让幼儿主动参与制订班里的一些活动规则，则可以使幼儿懂得规则是用来做什么的，为什么要遵守。这个效果不是仅仅依靠老师的教就能达到的。

2.通过学前儿童社会教育活动的评价来拓展社会教育课程领域

从学前儿童社会教育活动的设计来看，幼儿园社会教育活动不应过分强调计划性和结果，因为这会导致活动设计的刻板性。在国外，幼儿园社会教育教师只需要从宏观上把握目标和内容，在具体的活动设计上具有很大的随机性。而在我国，教师要先设计好教学方案，制订好具体目标，并严格按照教学方案组织幼儿活动。这种做法直接影响了幼儿的学习兴趣和主动性。我们知道，有效的教学应以孩子的兴趣为基础。幼儿的内在动机才是影响学习效果的最重要因素。因此，学前儿童社会教育活动亟须改变过于死板的活动设计状况，构建灵活的幼儿园社会教育活动。

幼儿的社会性学习是有其自身规律的。这表现为幼儿的社会性学习具有很强的潜在性。这就要求教师在对幼儿进行有目的、有计划的教育的同时，一定要对幼儿社会性的潜在学习给予足够的重视，使幼儿的社会性学习渗透在多种活动和一日生活的各个环节之中。特别要重视为幼儿创造良好的学习环境，尤其是精神环境，如教师的榜样作用，师生之间亲密、平等、关爱、互相尊重的关系，安全、自主、允许探索与失败的学习气氛，同伴之间自由交往的时间与空间等，使“潜在活动”的积极作用得到充分发挥。幼儿社会性学习具有很大的反复性，很容易受周围环境的影响而发生变化。比如，在幼儿园一学期养成的良好行为和习惯，可能经过一个假期就被破坏了。所以，社会领域的相当一部分学习内容要被允许重复。同时，幼儿社会性的培养需要整合各种教育资源，需要家庭、幼儿园、社会保持密切配合，以确保教育效果。

3.通过学前儿童社会教育活动的评价改进幼儿园及教师的社会教育方法

从教育实践的角度来看，幼儿园社会教育目标、内容的初步形成，并不等于幼儿园社会教育的成功。社会教育活动的组织、安排及教师本身的素质(对目标的理解、对幼儿的认识、教学的技能技巧等)起着极为重要的作用。从目前情况来看，以社会教育活动中教师评价为例，目前的大部分教师所受的教育或培训都是被动式的。教师习惯于带着笔记本、耳朵、眼睛去记、听、看，习惯于直接被告诉什么是正确的行为标准。因此，要改进幼儿园社会教育活动，重要的一环在于培训教师，让教师掌握先进的教学理念，在教学中注重培养和发挥幼儿的主体性，让幼儿主动学习，帮助幼儿不断调整原有经验，经过自己的思考、实践，达到知识的内化。

在幼儿园社会教育中，师生之间的积极关系，教师在社会教育活动过程中的情感投入和感染力，是幼儿社会性发展的基础。教师要对幼儿持有关爱、支持、接受和尊重的态度。在活动过程中，教师要有意识地以自身的积极情感投入激发、影响幼儿。活动方法是教育活动不可缺少的环节。只有适宜的教育方法，才能有效地推动教育活动展开，使教育活动取得成效。幼儿园社会教育活动有其特定的目标和内容体系，而幼儿社会性发展有其自身的规律。这就要求幼儿园必须采取一些符合幼儿和社会教育特点的方法。而最为重要的是把学前儿童社会教育活动的评价密切结合幼儿的生活实际。这不仅要求所选择的社会教育活动内容要贴近幼儿的生活，还要求教师把握好现实生活中的教育时机，为幼儿提供获得真情实感的情景和实际锻炼的机会。实际上，社会教育的大部分目标的实现，既不能单靠讲解说理，也不能靠几次有组织的教育活动。只有在社会生活实践这个真实而生动的大课堂里，社会学习的任务才能有效地完成。积极主动地参与各种力所能及的社会生活实践是幼儿社会学习的基本途径。

通过学前儿童社会教育评价发现，许多教师往往热衷于在课堂上创设一些脱离幼儿生活实际的情景，让幼儿去感受、去体验，忽视了幼儿的社会性学习具有明显的实践性这一特点。幼儿园社会教育应把引导幼儿了解社会现象、接触社会事物、与社会成员密切交往作为教育的主要途径和方法。

总之，在学前儿童社会教育活动的评价中，评价者要遵循“以幼儿为本”的理念，记录教师在社会教育活动设计和组织的方方面面，认真对待每个环节，从活动目标、内容、形式、材料以及效果入手，进行全方位的评价，以保证所得出的评价结果能真正引领教师专业能力成长、提升幼儿园社会教育教学水平之目的。因此，将评价结果以恰当的方式反馈给有关人员，并且使其在此基础上改进并进一步得到发展是非常重要的，也是进行学前儿童社会教育活动评价的初心。

本章小结

1. 学前儿童社会教育评价是对学前儿童社会教育的社会价值和个人价值做出的判断。它是指评价者根据学前儿童社会教育的目标及与其相适应的学前儿童社会性发展目标，运用教育评价的理论和方法，对学前儿童的社会性发展和社会教育活动做出的价值判断。学前儿童社会教育评价对幼儿园、幼儿园领导、教师、学前儿童、家长都具有重要的意义。

2. 学前儿童社会教育评价的方法有观察法、谈话法、问卷调查法等方法。其中观察法是指评价者在自然的状态下，有目的、有计划地对学前儿童的社会性行为进行直接观察，从而获得学前儿童社会性发展信息的方法。谈话法是指评价者通过与幼儿面对面的交谈来搜集幼儿社会性发展信息的方法。运用谈话法，评价者要对谈话的内容进行记录，再对记录进行分析。问卷调查法是评价者根据评价的目的，向被调查对象发放调查表，广泛搜集幼儿社会性发展信息的一种方法。情境测验法是评价者按照评价目的的要求，通过控制和改变某些条件，设计好一定的教育情境，将幼儿置于与现实生活场景类似的情境中，由评价者观察在该情境中幼儿的社会性行为的方法。

3. 学前儿童社会性发展评价有助于客观、全面地了解学前儿童社会性发展的现状，有助于教师深入、细致地了解每一位幼儿的社会性发展情况，为因材施教提供帮助，有助于提高幼儿园和家庭的社会教育水平和质量，有助于更好地实现学前儿童社会教育的目标。

4. 学前儿童社会性发展评价的指标包括自我意识、情绪情感、社会交往能力、品德系统。

5. 学前儿童社会教育活动评价包括对教师的评价、对幼儿的评价以及对社会教育活动本身的评价，在评价活动本身时包括活动目标、活动内容、活动方法、活动过程、活动准备、活动延伸、活动效果的评价。

6. 学前儿童社会教育评价结果的运用在于帮助幼儿园及教师改变学前儿童社会教育活动的观念，拓展社会教育课程领域，改进幼儿园社会教育方法。

思考与实训

1. 简述评价学前儿童社会性发展的原则。

2. 试述学前儿童社会性发展的评价方法及其注意事项。

3. 开展学前儿童社会教育评价可以从哪些方面入手？

4. 如何利用观察法来进行学前儿童社会教育评价？

5. 结合实践活动，写一篇学前儿童社会教育活动的评析。

6. 试述评价学前儿童社会教育活动的内容。

7. 实践训练

(1)把学生分为每4—6人一组，每组选择"社会适应"和"人际关系"中的一个主题，对如何设置活动目标、活动内容进行讨论。

(2)根据选择的主题和讨论结果，设计一次社会教育活动，写出完整的活动方案。

(3)根据评价表对各组的活动方案进行评分。

(4)实践结束后，教师组织学生互相交流心得和体会。

表5-11　学前儿童社会教育活动评价表

评价指标	评价标准	小组评分	教师评分	实得分
活动目标	目标明确、具体(10分)			
	难易适中，符合幼儿年龄特点、已有经验和发展需要(10分)			
	能体现社会领域活动特征(10分)			
活动准备	材料充分、适用(10分)			
活动过程	层次分明，环节清晰，张弛有度(20分)			
	能充分考虑到幼儿个体差异，设置不同难度的活动任务(10分)			
	幼儿活动的设计合理有效，利于进行师幼互动(10分)			
	能运用多元化的教育方法和手段(10分)			

续表

评价指标	评价标准	小组评分	教师评分	实得分
活动延伸	利于知识的融会贯通(10分)			
总分				

专题探讨

背景资料：幼儿园社会教育指以发展幼儿的社会性为目标，以增进幼儿的社会认知、激发幼儿的社会情感、引导幼儿的社会行为为主要内容的教育，是促进幼儿社会性发展的重要途径。面对21世纪的挑战，现代人应具有不断适应社会生活的态度和能力、合作的意识和能力，具有开拓性、创新性、独立意识、自信心、自控能力、社会交往能力等人格特征。然而已有调查表明，我国儿童的社会性发展水平不是很理想，在独立性、自我控制能力、自尊心、自信心、责任心、移情能力等方面都比较差。值得注意的是，当前幼儿园都普遍重视社会教育，教师在培养幼儿社会性发展方面也投入了一定的时间和精力，但收到的教育效果不甚理想。

探讨：材料中的反差意味着什么呢？我们该如何关注和反思幼儿园社会教育实践的现状，对幼儿园社会教育作出客观、科学的评价呢？

第六章

学前儿童问题行为的干预与矫正

学习目标

- 阐释学前儿童问题行为的内涵以及鉴定问题行为的理论依据；
- 熟悉学前儿童问题行为的类型、成因、问题行为鉴定的方法以及干预的技术；
- 运用学前儿童问题行为的干预和矫正措施。

学习重难点

- 重点：学前儿童问题行为的类型、成因和干预矫正措施；
- 难点：学前儿童问题行为的鉴定和对实际生活中学前儿童问题行为的干预。

案例破冰

抢饼干

幼儿园吃早点的时候，保育员老师正在发饼干，老师要求小朋友们一个个洗完手之后等待分发饼干，由于雯雯洗手洗得比较快，一坐到位置上，她就马上伸手拿了一块自己喜欢的小鱼样式的饼干。洗手洗得比较慢的悦悦小朋友回来看到后急了，跑到雯雯旁边说“这是我的！”一边说一边伸手就把雯雯的小鱼饼干抢了过来。雯雯连忙喊道“这是我的，是我先拿到的，快给我！”边喊着边站起身子，准备拿回饼干。悦悦把饼干藏到身后，瞪着乌黑的大眼睛说：“哼，不给你，就是不给你，这是我喜欢的小鱼饼干。”这时，雯雯抡起拳头就打了悦悦一拳，一把抢过饼干，嘴里一边还嘟囔着“叫你抢我的饼干！”。悦悦开始大哭起来。保育员老师看到后，走到雯雯身边，对雯雯进行了批评，抢走了雯雯的小鱼饼干，同时惩罚雯雯今天早上没有饼干吃了。下午做游戏的时候，老师发现悦悦又被雯雯打哭了……

你怎么看待案例中雯雯、悦悦和教师的行为？

第一节　学前儿童问题行为的类型

一、问题行为的含义

问题行为,有时也被称为行为问题、行为困扰、不良行为、偏差行为或者异常行为。20世纪20年代,美国学者威克曼开始了对问题行为的研究,此后,这一领域得到中外许多专家学者的广泛关注,但目前对于问题行为的有关界定还不统一。

美国学者威克曼(1928)认为问题行为是指个体表现的行为与社会规范的行为和标准之间存在冲突。①

国外学者 Achenbach 对儿童问题行为的理解是从行为带来的结果考虑的,认为问题行为是一种可以判断儿童社会适应是否良好的不可忽略的重要标准,任何一种给他人带来一定的麻烦,影响他人生活的行为,都是问题行为。②

1988 年,世界卫生组织将问题行为(problem behaviors)统一定义为:一种频繁发生的,在发生时间上较为持久,而且发生频率较高,不符合社会规范的,容易侵犯或者反抗他人的行为。③

我国学者林崇德认为,所有妨碍自身与社会发展的不正常的行为均为问题行为,包括外化以及内化两种问题行为。④

综合以上学者的观点,我们可以从以下几点来认识问题行为的含义:

第一,从对比的标准方面来看,问题行为主要是与社会行为规范和标准、相应年龄阶段普通儿童正常行为产生了偏离。

第二,从产生的影响和带来的结果方面来看,认为学前儿童问题行为会对其个体身心健康发展以及良好品德的形成产生重要影响,乃至阻碍到家庭、学校和社会的发展。

---

① 李蓉蓉. 母亲消极完美主义与学前儿童问题行为的关系[D]. 湖北师范大学,2021:10.

② 尤文静. 气质与父母教养方式对学前儿童问题行为的影响[D]. 河南大学,2020:3.

③ 同上.

④ 林崇德. 心理学辞典[M]. 上海:上海教育出版社. 2003:1317.

第三，从行为的程度方面来看，目前普遍得到认可的观点是认为任何一种给自己或他人带来麻烦的行为，都是问题行为。这些行为在学前儿童的日常生活中较为常见，强调问题行为是儿童发展过程中普遍存在的正常现象。如攻击他人、反抗父母、故意损坏东西，害怕与同伴交往等等。

第四，从问题行为的表现方面来看，有的认为问题行为会有精神病学相关表现，如抑郁、退缩、焦虑等轻度心理创伤带来的情绪问题；也有的认为是一种常见显性行为问题，如攻击反抗等外化的显性的行为。

结合不同学者的观点，本章节中我们主要探讨的学前儿童问题行为是指：学前儿童在生长发育的过程中，由于受到生物因素、社会因素和教育因素等的影响而出现的偏离同龄儿童正常行为和社会行为规范标准的，学前儿童发展中普遍存在的不恰当行为。

二、问题行为的类型

按照不同的分类标准可将学前儿童问题行为分为不同的类型。关于问题行为的类型，不同研究者们也提出了不同的分类观点。

有的按照问题行为的内容划分，分为了生物功能行为问题、运动行为问题、社会行为问题、性格行为问题和语言问题五个方面。[①]我国学者根据内部动因、行为后果、性质程度等多个标准，将问题行为划分为过失型、品德不良型、攻击型和压抑型四类。[②]最多的是将问题行为划分为两大类型的：外化问题行为和内化问题行为，[③]或内隐性问题行为和外显性问题行为。[④]

在本节中，我们将从学前儿童生活习惯中的问题行为、社会交往中的问题行为、情绪情感中的问题行为、语言发展中的问题行为四种类型进行细致介绍和讲解。

---

① 沈晓明，王卫平.儿科学[M].7 版.北京：人民卫生出版社，2008：19.

② 左其沛，左壮.中小学生攻击型问题行为[J].现代中小学教育，1991(01)：45.

③ R.A.Barkley，Defiant children：A Clinician's Manual for Assessment and Parent Training，赵家深、黄惠玲，译.不听话的儿童临床衡鉴与亲职训练手册[M].台北：心理出版社，2003年.

④ Liu J. Childhood externalizing behavior：theory and implications [J]. Journal of Child and Adolescent Psychiatric Nursing，2004(17)：93-103.

（一）生活习惯中的问题行为

学前儿童的生活习惯是在日常生活中日积月累而形成的生活常规和初步生活自理能力，如卫生、作息、睡眠、排泄、饮食习惯等等。良好的生活习惯伴随一生，也是学前儿童日后生存和发展所必需的品质。学前儿童生活习惯中的问题行为主要包括不良进餐行为、不良睡眠行为和遗尿行为等。

1. 不良进餐行为

对于学前儿童而言，进餐十分重要，是其身心健康发展的重要保障。但是在实际生活中，学前儿童都一定程度地存在着挑食，进餐过量、少量或者不吃，进餐不专注，边玩边吃，含着饭菜不下咽等不良的进餐行为。不同年龄段幼儿存在的问题行为也不尽相同，小班3—4岁的幼儿不能很好地掌握进餐的技巧，容易出现挑食、身体姿势不协调、姿势不正确、进餐不专注；中班4—5岁的幼儿容易受其他事物或其他干扰因素的影响而无法集中注意力进餐，爱东张西望，爱聊天；大班5—6岁的幼儿则明显地表现在对食物的选择和喜好上，喜欢的吃很多，不喜欢的吃得少。

2. 不良睡眠行为

学前期是生长发育的旺盛时期，良好的睡眠有助于脑垂体分泌生长激素，促进学前儿童身体正常发育和身体机能协调发展。《3—6岁儿童学习与发展指南》中也指出："3—4岁幼儿能在提醒下按时睡觉和起床，并能坚持午睡；4—5岁幼儿每天按时睡觉和起床，并能坚持午睡；5—6岁幼儿养成每天按时睡觉和起床的习惯。"但由于家庭、环境等各因素的影响，学前儿童也容易出现一些如入睡慢、入睡困难、需要陪睡或依赖物品入睡、睡姿不正确等不良睡眠行为。

3. 遗尿

遗尿又称尿床，一般情况下，1—2岁的婴儿还不能自己控制大小便；2—3岁的婴幼儿中约有80%以上的能够做到主动控制大小便，但对于夜间尿的控制能力较差；4—5岁的幼儿能够控制夜尿的也达到了80%左右，4岁时出现遗尿的幼儿仅占20%左右；10岁时仅有5%的儿童会出现遗尿问题。根据国际统一的诊断标准，5—6岁幼儿每月至少尿床两次，再大些儿童每月至少尿床一次就可以诊断为遗尿症。5—10岁的儿童遗尿现象出现最多，随着年龄的增长，发病率逐渐降低，10岁以上则较少见到。

儿童遗尿发生频率较高的阶段是幼儿期。有的因为泌尿系统发育不够完善而尿床、尿裤子;有的因为新环境不适应而尿床、尿裤子;还有的因为活动或游戏过于投入不愿离开而尿裤子。幼儿出现遗尿,大部分是因为精神紧张导致排泄功能失调引起的。

情景小剧场

晨晨小朋友在幼儿园总是想干什么就干什么,想吃什么才吃什么。午饭时,老师给晨晨盛了半勺饭,菜也不是很多。小朋友们都津津有味地吃着,晨晨吃了点饭,菜却一口不动,就在那里歪着脑袋,皱着眉头,饭含在嘴里。任凭老师怎么说,她就是不肯再张口。再问就说我早就吃饱了,老师实在没办法,就说:你今天一定要把饭菜吃掉,否则就不能让姥姥来接了,于是她就哭了,可是仍然不吃饭,一动不动。与家长了解情况后得知,家里老人对孩子非常宠爱,百依百顺,爱怎么样就怎么样,长期如此,不良的进餐习惯得不到纠正,形成了严重挑食的不良习惯。

(二)社会交往中的问题行为

学前儿童的社会性发展是其身心健康和谐发展的重要组成部分。在现实生活中,幼儿由于受到来自家庭、社会等因素的影响,容易出现攻击性行为、破坏性行为、社会退缩行为、不分享行为、说谎行为和注意缺陷多动障碍等社会交往问题行为,影响幼儿社会性发展。

1.攻击性行为

攻击性行为也称侵犯性行为,指有意地伤害他人身体和精神的行为,可能表现出利用身体的一些部位或武器攻击他人的身体,如拍、抓、掐、踢、咬、吐等等;也有可能表现出言语上的攻击,通过取笑、讽刺、诽谤、谩骂方式对他人人格进行欺侮。在儿童期,攻击性行为是反社会行为中最具有代表性、最突出的一种行为。①

(1)攻击性行为的类型:直接攻击和间接攻击、工具性攻击和敌意性攻击。

① 蒋俊梅.儿童攻击性行为的影响因素及矫正[J].教育探索,2002(08):71.

小资料1-1

攻击性行为的类型

贝约克基斯(Bjorkqvist 1992)根据攻击的形式和功能,将攻击性行为分为直接攻击和间接攻击。直接攻击包括打、踢、拧、追、抓、咬等方式对他人进行的身体攻击和通过骂、造谣、恐吓等方式进行的言语攻击。间接攻击主要是借助第三方实施的攻击。如向其他幼儿说一名幼儿的坏话,让其他幼儿都不喜欢这名幼儿,不跟他玩从而将这名幼儿排斥在集体之外,使之受到冷落。

美国心理学家哈吐普(Hartap,1974)根据攻击的目的和性质,将攻击性行为分为工具性攻击和敌意性攻击。工具性攻击指儿童为了争夺物体、领土或权利而发生的身体上的冲突行为。这类攻击行为虽然给被攻击者带来了伤害,但其目的并不是给其造成身心伤害。敌意性攻击是有目的的,行为的实施者就是为了打击和伤害别人。这类型的攻击者看到别人身体或者心理受到伤害后,会体验到满足感。

(2)攻击行为在不同年阶段和不同性别上都有其不同发展特点。首先,从攻击行为的类型上看,婴儿和幼儿早期主要采用工具性攻击,随着年龄增长逐渐变为敌意性攻击;其次,从攻击的表现方式上看,婴儿更多是身体攻击,幼儿期语言攻击所占比例开始增大;再次,从性别差异来看,男孩的攻击性行为高于女孩;最后,从年龄差异上来看,攻击性行为出现频率最高的年龄段在4岁左右。

2.破坏性行为

破坏性行为是一种儿童因心理偏差而产生的经常性的行为问题。心理学角度将幼儿破坏性行为分为“无意破坏”和“有意破坏”两类。

(1)无意破坏,多是由于幼儿年龄特点和生理原因造成的。一方面,幼儿由于认知范围窄,接触到新鲜的事物时,容易感到新奇,在强烈的好奇心驱使下,做出一些破坏性行为,如看到好看的彩笔能画画就拆开,看到好看的书本就把撕书当成游戏;另一方面,幼儿大脑皮层发育不成熟,注意力不易集中,手眼脑协调能力较差,递给幼儿的东西很容易拿不稳直接掉到地上碎掉。这种无意识的行为造成的损害就称为无意破坏,低龄儿童较为常见。

(2)有意破坏,是带有动机和目的的主观性破坏。如一些幼儿觉得通过“破坏性行为"能够显示自己的力量,展现自己的存在,并因此获得满足;有的幼儿为了更多地吸引教师和家长的注意,不甘心受到冷落,故意摔东西引起重视而出现破坏行为;有的家长对幼儿过于宠溺骄纵,平时无条件服从,当幼儿不能得到自己想要的东西时,就会发脾气砸东西出现破坏行为。

情景小剧场

早上区角活动,孩子都在开心地玩着,突然建筑区角传来不和谐的声音,飞飞立即跑来告状:"陈老师,琪琪把我们刚搭好的房子给推倒啦。"又是这家伙,平时最调皮的就是他了。怎么总是喜欢破坏别人的东西?我来到他面前生气地询问:"怎么了?说说你为什么把人家的房子给推倒了?"他瘪了瘪嘴,才委屈地说"我的推土机是要把旧房子拆掉,建新的呀!"细问之下,才知道他们家在拆迁,他见到推土机特别的感兴趣,之后产生了一系列模仿行为。"那推土机拆的是旧房子呀!飞飞他们是刚刚建好的新房子,你怎么就拆了呢?下次飞飞他们再建新房需要请你的推土机帮忙拆迁时,你再来帮忙好吗?"他听话地点了点头。

3.社会退缩行为

(1)社会退缩行为的类型。学前儿童的退缩行为主要有安静退缩、焦虑退缩和活跃退缩三种类型。安静退缩型主要表现为喜欢单独进行安静的游戏,对相处的人没有兴趣,不喜欢同伴交往;焦虑退缩型则表现出无所事事、矛盾徘徊等行为问题,主要因为自身胆小、害怕、害羞等导致不敢加入同伴活动;活跃退缩型表现为受到同伴疏离而退缩,因为冲动、不理智的心理特征导致此类型幼儿的互动常伴有攻击性和破坏性。

(2)社会退缩行为的一般特点。学前儿童的社会退缩行为一般表现出以下四个方面的特点:第一,不论是陌生的或是熟悉的社会情境中,都表现出孤独、害怕、胆小、一人独处、不愿交往的心理行为障碍。第二,任何时段,任何环境均会出现。第三,具有内隐性,不易被察觉。第四,具有个体差异性以及变化性,不同学前儿童个体会出现不同表现并且随年龄增长和环境变化而不断发生变化。

情景小剧场

区角游戏时间开始啦，孩子们都在开心地选择区角进行游戏。森森小朋友一脸茫然地坐在自己的座位上东张西望，并没有和其他小朋友一样选择自己喜欢的区角参加活动。在记录今日区角活动时，坐在旁边的宸宸小朋友发现森森还未选择区角做记录，就问她，“你怎么没拿区角记录本？”森森不语。宸宸：“你想玩哪个区角，你去前面选一下，然后记录下来。”森森看看老师，又看看宸宸，依然不语，并露出慌张的神情。这时，老师走到森森跟前，提醒她应该去选区角了，森森起身推了椅子，还是原地不动，手足无措地看着老师，老师只好带着她走到区角选择区域，协助她选择了一个较为安静的益智区。

4.不分享行为

分享是指学前儿童在没有任何明显个人利益获得的情况下，愿意将自己的某种资源，如玩具、食物等与他人共同享用的行为。学前儿童的分享行为是亲社会行为的一种十分重要的表现形式，但由于学前儿童尤其是小班幼儿受到心理发展水平的影响，“自我中心”意识和倾向较为严重，共情能力较弱，不能感受到分享带来的愉悦情绪，缺乏分享意识，由此出现较多的不分享行为。随着年龄的不断增长，幼儿逐渐进入去自我中心阶段，社会性发展水平越来越高，分享行为出现的频次也就会越来越多。

在对待幼儿的不分享行为时，有的家长采取训斥、高压等方式强迫幼儿分享，这样的“分享”经历更多地带给幼儿的是痛苦和抵触的情绪而非愉悦的心情，容易导致幼儿内心出现焦虑和怨恨；也有的家长走向另一个反面，觉得幼儿不愿分享不是什么大不了的事情，忽视此行为，放任自流。作为教师和家长要认识到幼儿发展的特点，通过多种途径引导幼儿认识并了解分享的意义，感受分享的乐趣，逐渐学会主动分享。

情景小剧场

幼儿被迫分享不可取——委屈的卓卓

爸爸妈妈带卓卓在小区里遛弯，卓卓口袋里装了几个栗子，边走边让爸爸妈妈帮她剥栗子吃。就在栗子吃得还剩下一个时，迎面走来了小弟弟嘟嘟和他的爸爸妈妈。卓卓爸说：“快把这个栗子分给小弟弟吃吧。”卓卓不肯，紧紧攥着那一个栗子不松手。对面的嘟嘟知道卓卓有栗子，也吵闹着非要吃栗子。卓卓爸见状又继续责备卓卓："这孩子，真是不懂事，你都吃那么多了，还不想分给弟弟一个。"说着硬是把卓卓的小手掰开，把仅剩的一个栗子送给了嘟嘟。卓卓委屈极了，大哭起来，爸爸还在一旁指责着卓卓："这孩子怎么这么小气！"

5.说谎行为

说谎行为即爱说谎话、假话，隐瞒事实等行为。可将学前儿童的说谎行为分为"无意说谎"和"有意说谎"两种类型。

(1)无意说谎是幼儿所特有的行为，多是由于幼儿容易将想象和现实相混淆，记忆的精准性较差，回忆事情时容易将事实歪曲等原因造成的。

(2)有意说谎则是幼儿为达成自己某些想法，想要得到表扬和鼓励，或是害怕受到批评和惩罚，而出现的欺骗他人、隐瞒事情真相的行为，有意说谎是故意的，有目的的。

一般而言，3岁左右的幼儿就会出现说谎的行为，只是3—4岁左右幼儿的说谎行为基本都是无意识的、不自觉的，属于无意说谎。随着幼儿抽象逻辑思维的不断发展，有意说谎从5岁左右开始萌芽，这时，家长和教师要注意对幼儿多加教育和引导，不能听之任之，避免发展成更为严重的问题行为。

情景小剧场

李女士的儿子小杰已经幼儿园大班快毕业了，平时是一个很乖巧的孩子。一天，李女士下班回家看到花架上的花瓶打碎了，但是却用胶带给粘贴得很完整。李女士很疑惑，就把小杰叫出来询问："为什么花瓶会碎了？是不是你弄的？"。小杰支支吾吾地说："是一只小猫从窗户跳进来了，然后把花瓶弄碎的。"李女士听见小杰的回答后，知道小杰是在撒谎。但令人不解的是，李女士并没有对小杰大吼大叫，反而是先跟小杰道歉。因为她疏忽了孩子在生活中的变化，比如：孩子思维方式的变化，动手能力的提高等，这些她都不知道。她还夸赞小杰是一个创作力十分丰富的孩子，能够凭借想象力编出一个故事，用自己的双手把花瓶给粘贴完整，是一个非常棒的孩子。

小杰听完夸奖就没有那么紧张了，在母亲温和的询问下告诉了事实真相：花瓶是自己打碎的，并保证以后坚决不撒谎，做个诚实守信的孩子。

6.注意缺陷多动障碍

在我国，注意缺陷多动障碍(ADHD)又被称为多动症，主要表现为注意力不集中，爱东张西望或者注意持续时间短、活动过度、坐立不安或者情绪容易兴奋和冲动的一组综合征，是学前儿童常见的行为异常问题。①注意缺陷多动障碍的症状一般在7岁前表现出来，8至10岁为发病的高峰期。注意缺陷、活动过多和行为冲动是ADHD的核心症状。值得注意的是，幼儿本身具有活泼好动的特点，作为教师不能随意给幼儿贴上"多动症儿童"的标签，注意缺陷多动障碍只有在幼儿活动量明显高于同龄儿童，同时伴有注意障碍、情绪障碍、动作和语言发育异常等表现时，才能考虑幼儿可能患有多动症。

(三)情绪情感中的问题行为

学前儿童情绪情感的发展是其身心健康和谐发展的核心部分。积极的情绪情感有助于帮助幼儿更好地面对人际交往中的问题和环境发生的变化，但是当外界事物不能满足幼儿自我的主观需要时，就会出现消极的情绪情感，导致焦虑、嫉妒、违拗与对抗等情绪情感问题行为的发生。

1.焦虑行为

焦虑是人一生成长中较为常见的情绪情感体验，但如果幼儿因焦虑过度而影响正常生活时，就属于一定的心理问题了，通常伴有尖叫、哭闹、恶心、呕吐等表现。幼儿比较常见的焦虑有分离焦虑和社交性焦虑。

(1)分离焦虑，是幼儿和自己亲近的成人分开时会感到十分不安，出现哭闹不止，拒绝睡觉，拒绝上学等行为，乃至于出现恶心、呕吐、腹泻等自主神经系统功能紊乱症状。

(2)社交性焦虑，主要表现在与陌生人接触时或者处于新环境时出现持久的、过度的紧张情绪，还会出现心慌、肌肉紧张、心悸、出汗等生理症状。

作为教师和家长需要注意的是，既不能轻视幼儿的分离焦虑，认为孩子只是胆子过小需要锻炼，也不能将幼儿分离焦虑视为洪水猛兽，服用精神类控制药物，对幼儿神经系统造成影响。

---

① 黄小英.论述小儿多动症发病原因与治疗措施[J].中国现代药物应用，2010，4(14)：34-35.

2.嫉妒行为

嫉妒是由于幼儿想要独自占有某类情感，或者想要突出自我，但是自己无法拥有或者超过时而产生的怨恨、恼怒等不良情绪和痛苦体验。嫉妒是人类心理活动中本能的一种表现，具有普遍性。对于幼儿而言，嫉妒是比较常见的情绪反应。有研究表明，婴儿3个月时会表现出明显的嫉妒心理，16个月出现嫉妒表情，18个月时就会出现明显且具体的外在表现。但另一方面来说，如果到一定年龄阶段仍存在较强的嫉妒心理就会出现自卑、心胸狭隘等问题，直接影响幼儿的人际交往，阻碍其身心健康发展和社会性发展。

3.违拗与对抗行为

逆反心理是导致违拗与对抗行为的主要心理动因，当客观的环境与主观的需要不符合时，就会产生强烈的抵触情绪以及行为上的对抗。2—3岁的学前儿童自我意识不断增强，同时迫切地希望他人也能意识到自己的存在，独立性、道德感、理智感也在此时得到不断发展，从而出现了人生的第一个反抗期，觉得没有比说“不”更能体现自我的存在了，这时的他们常常拒绝成人的帮助和命令，但随着年龄的增长和沟通技能的掌握，学前儿童的对抗行为会逐渐减少。有的幼儿在反抗行为的基础上又会出现有别于反抗行为的违拗行为，这是一种“有意”的不顺从，更多指向长辈，态度十分坚决和强硬，同时伴随哭闹、争执等强烈情绪表达，是为了反抗而反抗，为了拒绝而拒绝，影响儿童心理发展。

(四)语言发展中的问题行为

就个体发展而言，语言的发展是学前儿童智力和认知发展的基础和重要标志，对学前儿童的交流和社会性发展也产生着重要的影响。

口吃是学前儿童较为常见的一种语言发展障碍。口吃，又称“结巴”“大舌头”；主要表现为说话、表达时语言不畅，频繁发生重复或延长说话的声音、音节或单词，或屡次发生不寻常的踌躇和停顿。讲话时常常出现面红耳赤、张口结舌、伸颈昂头、摇头挤眼、握拳等肢体表现，直至想说的话说出来以后才完全放松下来。

口吃的发生，大多是因为语言和思维活动不能同步进行，精神过度紧张，故意模仿别人，神经系统失调，言语知觉有缺陷等生理和心理的原因所导致。对于学前儿童而言，学前期是语言发展的关键期，此时的幼儿本身语言功能发育不够完善，表达能力较差，口吃较为常见，一般随着年龄的增长，口吃问题会相应减少。作为教师和家长，应该为幼儿创设良好的语言环境和宽松的心理环境，同时为口吃幼儿提供更多的表现机会，进行言语锻炼，对严重的口吃幼儿辅以“发音矫正法”，从而改善和矫正幼儿的口吃问题。

情景小剧场

他说话“卡壳”的现象减少了

程程，男，小学一年级。据母亲介绍，孩子的语言发展从小就较晚，1岁半以后才开始说话，2岁以后才会讲完整的句子。上学前便有口吃现象，但不严重，没有引起家长的注意。上学之后口吃现象比以前突出了。平时与同学交谈，越着急越说不出话来；遇到集体讨论发言的情况，说上几个字便卡了壳，急得满脸通红，嘴唇颤抖，有时还直流口水。不过，在朗读课文或唱歌时并不口吃。孩子的性格较内向，用他母亲的话说，“腼腆得像个姑娘，还有点小性子，为这不少挨他爸爸的打”。程程的学习成绩尚好，其中数学成绩明显地优于语文成绩。

经心理健康测试诊断，程程在情绪、性格、人际关系方面存在问题，说明由于言语障碍，给程程的情绪状态和人际交往带来较多困扰，加重了他的自卑心理和怯懦性格，而情绪、性格和人际关系方面的困扰又反过来加重了他的言语障碍。

辅导方法：1.建议父母不要对孩子的口吃问题过分着急。要沉住气，耐心地进行指导帮助。2.鼓励孩子树立信心，多讲话，多练习，养成不慌不忙发音的习惯。利用其朗读、唱歌较流利的特点，多让他进行这方面的练习，这样既可增加成功的体验，又有助于良好的发音习惯的迁移。3.教师引导班集体正确对待同学的言语缺陷，防止讥笑、嘲笑等不良刺激的发生。4.建议家长必要时可带孩子参加专业机构举办的口吃矫正训练班。实践证明，在集体场合接受专业矫正训练效果更好。

辅导效果：按以上几点做法实施一段时间后，程程的口吃状况有所减轻，交往时情绪紧张的现象也有了缓解。

第二节 学前儿童问题行为的成因

学前儿童是一个独立的个体,在面对周围的事物时他们通常有着自己的想法和思考,表现出各种各样的行为,有的是适宜的,也有的是不适宜的或者是问题行为。学前儿童的问题行为更多指向的是儿童的行为而不是儿童本身,需要对儿童行为进行正确引导。因此,了解学前儿童发生问题行为的原因,进而实施相应的矫正措施和引导就显得十分重要。

心理学研究表明,人的行为的形成受到遗传、环境和教育等多方面因素的制约,学前儿童的问题行为也是生物因素、社会因素和教育因素等多种因素相互作用的结果。

一、生物因素

生物因素对学前儿童问题行为的影响主要有遗传、生理发育状况、幼儿气质类型以及人格特质四个方面。

(一)遗传

学前儿童的有些问题行为受到遗传因素的影响,是先天性的,例如结巴和注意缺陷多动障碍。有研究发现,父母如果都是口吃,他们的孩子有60%的可能患有口吃。

(二)生理发育状况

母亲妊娠期间的健康状况,新生儿缺氧、中毒、营养不良或者婴幼儿中枢神经系统感染甚至关键器官受过外伤,前庭功能协调障碍导致的感统失调等都是影响幼儿生理发展的重要因素。生理发育状况不良的幼儿群体常常伴随着问题行为的出现,如有些幼儿出现听视觉迟缓或者表达、思维反应等方面的障碍。

(三)气质类型

气质是儿童自身的一种遗传特征,儿童出生时就具有了不同的气质特点,多种研究结果都表明,学前儿童的气质类型对问题行为的发展有一定的影响。

一般情况我们将学前儿童气质类型分为胆汁质、多血质、粘液质和抑郁质四种。气质本身并无好坏之分，任何一种气质都有不同的利弊，因此，每种气质类型也都可能朝着某种积极或者消极的一面发展。如粘液质孩子细心安静、踏实稳重，但有可能更容易出现焦虑、抑郁、社会退缩等问题；胆汁质幼儿精力旺盛，热情好动，但容易脾气暴躁，出现粗暴、攻击性、破坏性行为。每个学前儿童的气质都是一种独特的存在，对于学前儿童不同的气质类型，我们应该客观认识和对待，有针对性地进行教育引导，促进学前儿童身心健康发展。

（四）人格特质

David J.Ehrler等研究了大五人格特质和儿童问题行为之间的关系，结果表明，不同的人格特征与不同的问题行为模式相关。在外向性和责任心上分数较低的儿童表现出更多的社会行为问题，以及注意缺失和过度活跃的状况；神经质则与焦虑和压抑情绪有关。①

小资料2-1

大五人格特质（OCEAN）②

近年来，研究者们在人格描述模式上形成了比较一致的共识，提出了人格的大五模式。研究者通过词汇学的方法，发现大约有五种特质可以涵盖人格描述的所有方面。

1.开放性（openness）：具有想象、审美、情感丰富、求异、创造、智能等特质。

2.责任心（conscientiousness）：显示胜任、公正、条理、尽职、成就、自律、谨慎、克制等特点。

3.外向性（extraversion）：表现出热情、社交、果断、活跃、冒险、乐观等特质。

4.宜人性（agreeableness）：具有信任、利他、直率、依从、谦虚、移情等特质。

5.神经质（neuroticism）：具有焦虑、敌对、压抑、自我意识、冲动、脆弱等特质。

资料来源：百度百科

---

① David J. Ehrler, et al .Extending big-five theory into childhood: a preliminary investigation into the re - lationship. between big-five personality traits and behavior problems in children [J]. Psychology in the Schools, Vol. 36(6), 1999:451-458.

② 同上。

二、社会因素

一般可将我们周边的环境分为物质环境、精神环境和制度环境，它是十分重要的教育资源，是学前儿童的第三位老师，学前儿童所处的社会环境对其问题行为的发生产生着积极或消极的影响。

（一）社会大众对学前儿童问题行为缺乏正确的认识

社会大众在面对学前儿童的问题行为时，由于缺乏正确的认识，不能正确对待和处理学前儿童出现的问题行为。有的过分夸大学前儿童问题行为造成后果的严重性，认为学前儿童的问题行为是某些器官出现病变的表现，只有医院进行药物治疗才有一定作用，很难纠正；有的则将学前儿童问题行为等同于品德问题，认为问题行为是幼儿品德不良的表现，必须通过十分严厉的管束措施来解决；还有的则对学前儿童的问题行为完全不以为然，对学前儿童的心理问题和问题行为一点也不重视，认为问题行为会随着年龄的增长会自然消失，不必担心会带来什么影响。这些不正确的观点，有可能造成学前儿童新的问题行为的出现，或者导致原有问题行为朝更恶劣的方向发展，不利于问题行为的矫正。

（二）大众媒介的不良影响

当今世界信息技术高度发达，网络、电视、手机、广播在内的各种大众媒体对学前儿童行为产生着巨大的影响。20世纪60年代，美国著名心理学家班杜拉提出了著名的社会学习理论，其理论的一个核心组成是观察学习，认为大多数人在行为的习得上主要是通过观察和模仿获得。学前儿童每天的生活中充斥着各种各样的媒体，通过观察模仿大众媒体中的一些不良信息，容易导致问题行为的发生。有研究表明，儿童的攻击行为和观看媒体暴力之间存在正相关[①]，大众媒体中的不当的言语行为引起幼儿的学习模仿，这些都为其外部问题行为的形成埋下伏笔。

---

① Tepperman J.TV：The Violence Teacher[J].Children’s Advocate Magazine，1997(1)：1.

人物介绍

社会学习理论创始人班杜拉

阿尔伯特·班杜拉(Albert Bandura,1925—2021年7月28日):新行为主义的主要代表人物之一,社会学习理论的创始人,认知理论之父,美国当代著名心理学家,曾任斯坦福大学心理学系约丹讲座教授。他认为来源于直接经验的一切学习现象实际上都可以依赖观察学习而发生,其中替代性强化是影响学习的一个重要因素。有人称他为社会学习理论的奠基者、社会学习理论的集大成者或社会学习理论的巨匠。

班杜拉的社会学习理论包含观察学习,自我效能,行为适应与治疗等内容。他把观察学习过程分为注意、保持、动作复现、动机四个阶段,简单地说就是观察学习须先注意榜样的行为,然后将其记在脑子里,经过练习,最后在适当的动机出现的时候再一次表现出来。他认为以往的学习理论家一般都忽视了社会变量。他们通常是用物理方法进行的动物实验来创建他们的理论体系,这种研究方法对于作为社会一员的人的行为来说,没有多大的研究价值。因为人是生活在一定的社会条件下,所以他主张在自然的社会情境中来研究人的行为。事实上,人们在社会情境中通过观察和模仿,学到了许多行为。

资料来源:百度百科

三、教育因素

一切对人身心发展产生影响的活动都可以称之为教育。对学前儿童行为产生影响的教育因素主要有家庭教育、幼儿园教育两个方面。

(一)家庭教育

家庭教育是影响学前儿童行为的教育因素中最基本、最重要的因素。布朗芬布伦纳(1979)的生物生态学理论指出家庭是个体直接接触的主要微观环境系统,对个体的发展起着极为重要的作用。[①]根据布朗芬布伦纳的生态系统理论,家庭教育对于幼儿

① ronfenbrenner, U. (1979). The ecology of human development: Experiments by nature and design. Cambridge, MA: Harvard University Press.

心理和行为的发展也发挥着至关重要的作用。

1.父母的教养方式

父母的教养方式是家庭教育中的首要关键因素,对儿童的问题行为有着最为直接的影响。父母是儿童的第一任老师,学前儿童从出生到进入幼儿园之前,绝大部分时间都是父母陪伴,因此,父母的不同教养方式会对幼儿行为产生很大的影响。

经研究,父母不合理的教养方式大致有溺爱袒护型、放任自流型和粗暴打骂型三种。[①]溺爱袒护型父母将孩子视为掌上明珠,对孩子百依百顺,不加管束,容易导致幼儿自私、任性和易冲动等问题行为;放任自流型父母对孩子不闻不问,不进行教育,孩子容易受到其他不良风气影响而出现问题行为;粗暴打骂型父母则对孩子行为干预较多,更喜欢采取强硬态度让孩子听话,非打即骂,容易出现顺从、畏缩、说谎等问题行为。

儿童问题行为的出现与其婴幼儿时期是否形成安全依恋有着密切的联系。父母应该尽可能每天抽出一些时间陪伴家里年幼的婴幼儿,多与其一起游戏、进餐和聊天,建立幼儿安全依恋。

2.家庭氛围

家庭氛围指的是家庭成员的精神、心理情绪状态和环境氛围,是一种潜在的教育因素。一方面,夫妻间和睦的关系是成功教育儿童的首要关系。夫妻之间不应该在幼儿面前争吵或者出现暴力行为,父母如果每天恶言相向,拳打脚踢,长久以往幼儿容易出现焦虑和恐惧等问题行为。另一方面,和谐民主的家庭氛围是幼儿健康成长的重要条件。不和谐的家庭氛围容易导致幼儿冷漠、自卑、孤僻等问题行为的出现。

3.家庭变故

学前儿童对身边的环境有着较高的依赖和要求,当熟悉的日常生活发生无法理解的改变和变化时,就可能会表现出一些问题行为。如爷爷奶奶去世,父母离异,新增家庭成员(弟弟妹妹的出生)等等。尤其是在离异家庭、单亲家庭中,学前儿童出现自卑感强、说谎、孤僻等问题行为的可能性最大。

总之,家庭教育在幼儿社会化过程中具有着十分关键的作用,这就要求父母要摆

---

① 杜秋贞.浅谈学前儿童问题行为与家庭教育[J].科教文汇(下半月),2006(01):39.

正自己的位置和心态,同时积极与幼儿园合作,主动学习教育理论知识,交流教育实践经验,在家庭中注意那些容易导致幼儿行为问题的影响因素,引导幼儿健康成长。

小资料2-2

布朗芬布伦纳生态系统理论

布朗芬布伦纳(Urie Bronfenbrenner ,1917—2005),著名的心理学家,提出了生态系统理论(微观系统、中间系统、外层系统、宏观系统)。

环境层次的最里层是微观系统(microsystem),指个体活动和交往的直接环境,这个环境是不断变化和发展的。对大多数婴儿来说,微观系统仅限于家庭。随着婴儿的不断成长,活动范围不断扩展,幼儿园、学校和同伴关系不断纳入到婴幼儿的微观系统中来。对学生来说,学校是除家庭以外对其影响最大的微观系统。

第二个环境层次是中间系统(mesosystem),中间系统是指各微观系统之间的联系或相互关系。

第三个环境层次是外层系统(exosystem)。是指那些儿童并未直接参与但却对他们的发展产生影响的系统。例如,父母的工作环境就是外层系统影响因素。

第四个环境系统是宏观系统(macrosystem)。指的是存在于以上3个系统中的文化、亚文化和社会环境。宏观系统实际上是一个广阔的意识形态。它规定如何对待儿童,教给儿童什么以及儿童应该努力的目标。在不同文化中这些观念是不同的,但是这些观念存在于微观系统、中间系统和外层系统中,直接或间接地影响儿童知识经验的获得。

布朗芬布伦纳的模型还包括了时间纬度(chronosystem),或称作历时系统。他强调儿童的变化或者发展,将时间和环境相结合来考察儿童发展的动态过程。

布朗芬布伦纳认为,环境(或自然生态)是“一组嵌套结构,每一个嵌套在下一个中,就像俄罗斯套娃一样”。换句话说,发展的个体处在从直接环境(像家庭)到间接环境(像宽泛的文化)的几个环境系统的中间或嵌套于其中 。每一系统都与其他系统以及个体交互作用,影响着发展的许多重要方面。

资料来源:百度百科

(二)幼儿园教育

幼儿园教育对学前儿童一生发展具有基础性和启蒙性的作用,幼儿园是除家庭以外对幼儿影响最大的微观系统[①],因此,幼儿园教育对学前儿童常见问题行为有着十分重要的影响,主要表现为师幼关系和同伴关系两个方面。

1.师幼关系

师幼关系是幼儿园教育中一种十分重要的人际关系,是学前儿童社会化的重要内容,对学前儿童的情感、认知和行为发展都产生着重要的影响。有研究表明,冲突性师幼关系中,学前儿童会表现出更多的攻击性行为和退缩行为;良好性师幼关系中的学前儿童则有更多的安全感、较高的学习动机和自信心。

另外,师幼关系在学前儿童的亲子关系和同伴关系中具有一定的补偿和调节作用。那些家庭教育中出现问题的学前儿童,在幼儿园里得到老师的关心和爱护,获得和谐的师幼关系时,能够从教师那里得到有益的情感支持和行为帮助,一定程度避免了问题行为的发生;那些不被同伴喜欢和不被受到重视的学前儿童,如果能够获得教师的喜欢,他们仍然会具有较高自信心。

2.同伴关系

同伴关系主要是幼儿和幼儿之间互动而产生的关系,是儿童成长过程中重要的人际关系,对儿童健康成长起着不可或缺的作用。儿童的问题行为与其同伴关系有着密切的联系。

学前儿童在与同伴交往的过程中,其社会性得到不断地发展,同伴关系质量越高的儿童会表现出更少的攻击破坏行为、更低的抑郁、焦虑和孤独感,[②]出现更多的如同情、谦让等亲社会行为。而长期同伴接纳度低,不良同伴关系等是情绪问题和行为问题产生的巨大潜在因素。大量研究表明,如果长期不被同伴接纳,或者长期被同伴忽视,容易出现低自尊的问题,由此产生一系列问题行为。

---

① 百度百科 https://baike.so.com/doc/6811219-7028173.html.

② 田菲菲,田录梅.亲子关系、朋友关系影响问题行为的3种模型[J].心理科学进展,2014,22(06):968-976.

第三节 学前儿童问题行为的干预

学前期具有较强的可塑性,此时,多方力量对学前儿童的问题行为进行干预,引导发展其自尊、自控、分享等积极正面行为,有助于学前儿童学会用正确的方式解决冲突,为今后身心和谐全面发展奠定良好的基础。

一、学前儿童问题行为的鉴定

学前儿童在社会化的过程中难免存在不适应的情况,从广义上讲,学前儿童的问题行为总是存在的,几乎所有的儿童都曾经出现过问题行为,需要进行合理的引导。老师和家长应该在遵循客观性、准确性和教育性原则基础上,对学前儿童问题行为进行合理的评估和判断,掌握一定的理论依据和鉴定的相关方法,从而更有针对性地对其进行教育引导和干预。

(一)问题行为鉴定的理论依据[①]

1.心理学依据。根据学前儿童心理发展的相关理论,掌握不同年龄段学前儿童身心发展规律和特点,正确把握学前儿童不同年龄阶段身心发展的正常状态和异常状态的界限。在此心理学依据的基础上,对学前儿童问题行为进行判定。如吮吸手指的行为,在婴幼儿时期则是正常的,但是如果超过一定年龄阶段,如在幼儿园、中小学期间就认为是问题行为了。

2.社会学依据。从社会学的基本观点来判定儿童是否具有问题行为,主要是看儿童发展的社会化程度。有三个方面:一是看学前儿童的行为是否符合社会公共秩序的要求;二是看学前儿童的行为是否符合社会伦理道德的要求;三是看学前儿童的行为是否符合社会法律法规的要求。凡是违反规章制度,违反社会道德,违反法律法规、条例条规的行为,都应该被看作是问题行为。

3.教育学依据。教育学的依据更多指的是国家的教育方针政策,学校的目标要

① 陈敬朴.问题行为、问题儿童及其判定[J].中国教育学刊,1993(04):34-35.

求，规章制度中的要求，如《3—6岁儿童学习和发展指南》《幼儿园教育指导纲要》以及学前儿童一日生活常规中的一些基本要求，根据教育学的依据，如果学前儿童的行为违背了这些教育要求，就可以判定为问题行为。

4.文化学依据。一是看民族文化背景，不同的民族有不同的文化，一个相同的行为，在不同的民族看来都不一样，有的认为很正常，有的认为是异常行为；二是看区域文化背景，不同的地区有不同的文化，也就会有不同的行为认识和看法，比如东方和西方的人们在对同一行为的看法上会存在很大差距；三是看历史时代背景，不同的时代有不同的文化，古代的观点和现代的观点也发生了巨大的改变，进入21世纪后，科学化、全球化、信息化时代来临，不同时代的人们在对待同一行为上，观点也会出现极大差异。在判定问题行为时要充分考虑以上因素。

总之，在判定学前儿童问题行为时，应将上述的心理学、社会学、教育学、文化学依据视为一个整体，全面综合客观进行分析，最后做出判定。

（二）学前儿童问题行为鉴定的方法

学前儿童问题行为鉴定的方法有很多，有对学前儿童在活动中出现的异常行为进观察统计的观察法；还有从学前儿童家长和教师角度搜集关于学前儿童问题行为相关信息，了解问题行为出现的征兆、环境特点和表现形态的问卷调查法和访谈法，以及一系列的学前儿童问题行为测量量表。在此主要了解三个学前儿童问题行为测量常用量表的相关知识。

1.Achenbach儿童行为量表CBCL（Child Behavior Check Lis）。CBCL量表是在众多的儿童行为量表中用得较多，内容较为全面的一种。根据填写对象，分为针对家长（参见附录一）、教师和智龄10岁以上年长儿童自己填写的三种不同量表，我国用得最多的是针对家长的量表。量表包括三个方面的内容：第一部分为一般项目如姓名、性别等，只做背景资料不评分；第二部分为社交能力评量，如交友情况、课余爱好等；第三部分为行为问题，是量表的重点部分，主要考察学前儿童近半年来的行为情况。计分上，第一部分不记分，其余部分根据不同行为出现情况采用0、1、2三个程度的计分方法，每项行为总分越高表示问题行为越严重。

2.Conners儿童问题行为量表。这一量表是筛查儿童问题行为（尤其是儿童注意缺陷多动障碍)用得较为广泛的量表,适用于3—17岁儿童,包括父母问卷、教师用量表两种形式。Conners父母问卷(参见附录二),于1969年制订,共有48个项目,可归纳为6个因子:品性问题、学习问题、心身障碍、冲动、多动、焦虑,基本概括了儿童少年的常见问题行为。教师用量表(参见附录二)于1978年修订为28个项目,可归纳为3个因子:多动、注意力缺陷—冲动和品行问题,反映了儿童在学校的常见问题。量表采用4级评分法,0分为没有,1分为偶尔出现,2分为经常出现,3分为非常多。

3.Rutter儿童行为量表(参见附录三)。目前,这一量表在许多国家都得到了广泛的应用,适合7—13岁儿童,分教师用和家长用两种。Rutter量表将问题行为分成了两大类。一类称为“A行为”,即违纪行为或者反社会行为。包括经常破坏自己或别人的东西;经常不听管教;时常说谎;欺负别的孩子;偷东西等项目。第二类称为“N行为”,即神经症行为,包括肚子疼和呕吐;常烦恼,对许多事都心烦;害怕新事物新环境;到学校就哭,拒绝上学;睡眠障碍等项目。该量表三级评分,从来未有出现评0分,有时出现或每周不到一次或症状轻微则为1分,时常出现或每周至少一次或症状严重则评2分。父母问卷总分的最高分为62分,教师问卷总分的最高分为52分。根据原量表及我国试测情况,父母问卷以13分为临界值,教师问卷以9分为临界值。凡等于或大于此者,被评为有行为问题。有行为问题的幼儿,如“A行为”总分大于“N行为”总分,则归为“A行为”;反之,则归为“N行为”;评分相等者则为“M行为”(即混合性行为)。

二、学前儿童问题行为的干预

(一)学前儿童问题行为干预技术①

关于学前儿童问题行为的干预,国内外专家学者,尤其是教育学和心理学家们一直致力于各种矫治方法的研究。学前儿童出现问题行为时可以采用行为矫正法、认知干预法和感觉统合训练法等技术来消除或减少问题行为。

行为矫正法,主要是为了消除或者减少那些经常出现的不受欢迎的行为。此方法建立在行为主义理论基础之上,认为人们的绝大多数行为都是后天获得的,某一行为从偶然发生到后天完全形成经历了强化的过程,也就是当出现某一行为时,得到了奖

① 许有云,杜卫.儿童问题行为及其干预技术[J].宿州学院学报,2007(01):141-144.

励刺激，那么这一行为出现的几率就会大大增多，但是如果得到的是惩罚刺激，那么这一行为也就会大幅度减少。因此，提出了链锁(成链)、渐隐、行为强化、消退、暂停、反应代价、过矫正、厌恶刺激法和负性活动练习等方式，认为家长或者教师可以通过这些方法来减少儿童问题行为的发生。

认知干预法，主要是通过认知途径对学前儿童的问题行为和心理问题进行干预。随着儿童年龄的增长，心理发展水平逐渐提高，他们的社会认知活动对其行为的影响作用也日益增长，有时起到主导的作用。采用认知干预法重塑儿童的自我概念，培养对挫折和失败的承受能力，可以有效地提升儿童对适应行为的再学习，进而帮助他们有效应对问题行为。[①]

感觉统合训练法，是一种有效的干预儿童问题行为的方式。感觉统合技术主要以游戏活动的形式展开，让儿童感觉到活动就像游戏一样，他们可以在各种各样自己选择的有趣的活动中释放出受挫、失败、压抑等负面情绪，同时在活动中学会控制、疏导自己的情绪，并能够采用正确的方式适合时宜地表达自己的情绪，实现自我发展，减少儿童问题行为的发生。

小资料3-1

感觉统合训练[②]

感觉统合训练(Sensory Integration，简称SI)是指脑对个体从视、听、触、嗅、前庭等不同感觉器官所感受到的外界信息的综合反应。感觉通路输入的感觉信息进行选择、解释、联系和统一的神经心理过程，是个体进行日常生活学习和工作的基础。

感觉统合训练主要是人类最重要的感觉系统训练，可分为触觉、前庭平衡觉训练、运动感觉等等项目的训练。主要有以下几种：

1.触觉训练：强化皮肤、大小肌肉关节神经感应，辨识感觉层次，调整大脑感觉神经的灵敏度。训练器材有：按摩球、波波池、平衡触觉板。适应症：爱

① 杨飞龙，马世超，陈红梅．退缩气质幼儿的问题行为与感觉统合能力的相关研究[J]．学前教育研究，2009(10)：28-33.

② 杭荣华，刘新民，王瑞权．感觉统合训练改善注意缺陷多动障碍儿童行为、智力及执行功能的对照研究[J].中国心理卫生杂志，2010，24(3)：219-223.

哭、胆小、情绪化、怕陌生、笨手笨脚、怕人触摸、发音不正确、偏食、挑食、注意力差、自闭、体弱多病等。

2. 前庭平衡觉训练：调整前庭信息及平衡神经系统自动反应机能，促进语言组织神经健全、前庭平衡及视听能力完整程度。训练器材：圆筒、平衡踩踏车、按摩大龙球、滑梯、平衡台、晃动独木桥、袋鼠袋、圆形滑车。适应症：身体灵活度不足、姿势不正、双侧协调不佳、多动、爱惹人、语言发展迟缓、视觉空间不佳、阅读困难、自信心不足、注意力不集中、容易跌倒、方向感不明、学习能力以及习惯培养不起来。

3. 弹跳训练：调整固有平衡、前庭平衡感觉神经系统，强化触觉神经、关节信息，促进左右脑健全发展。训练器材：羊角球、跳床。适应症：站坐无相、姿势不正、情绪化、身体灵活度不够、多动、注意力不集中、语言发展迟缓、阅读困难、胆小、情绪化、笨手笨脚、视觉判断不良、触觉发展不佳、关节信息不足。

4. 固有平衡训练：调整脊髓中枢神经核对地心吸力的协调，强化中耳平衡体系，协调全身神经机能，奠定大脑发展基础。训练器材：独脚椅、大陀螺、脚步器、竖抱筒。适应症：多动不安、容易跌倒、脾气急躁、好惹人、语言发展不佳、缺乏组织能力及推理能力、双侧协调不良、手脚不灵活、自信心不足。

5. 本体感训练：强化固有平衡、触觉、大小肌肉双侧协调，灵活身体运动能力、健全左右脑均衡发展。训练器材：跳床、平衡木、晃动独木桥、滑板、S型垂直平衡木、S型水平平衡木、圆形平衡板。适应症：语言发展缓慢、笨手笨脚、注意力不集中、多动不安、情绪化、组织力及创造力不足。

资料来源：百度百科

（二）学前儿童问题行为的矫正方法

正强化法。正强化法是通过鼓励、奖赏等方式增加某种行为出现的频率。当学前儿童出现符合规定和要求的良好行为或者在学前儿童努力下塑造起某种新的良好行为时，立即对其进行鼓励和奖赏，使其感到愉悦和满足，由此，激发学前儿童自愿主动地学习和重复某些良好行为的意愿，逐渐形成良好的行为习惯。

惩罚法。惩罚法是为了减少和消除学前儿童的一些不良行为而采取的一些令学前儿童感到不愉悦的措施。使用惩罚法时要慎重，大多数情况应与正强化法和代币法等结合运用，注意不宜采取恐吓、打骂、体罚等粗暴方式，以免给学前儿童心理造成伤害。

消退法。消退法是了解何种因素对学前儿童的问题行为给予了强化，找到造成强化的因素后，对其进行消退。如学前儿童哭闹时，可能会因为想要得到教师的关注而不断强化，反复发生，若教师不过度关注学前儿童的哭闹，其行为可能逐渐消退。

代币法。代币法更多的是一种“延迟满足”，通过对学前儿童良好行为出现的次数进行统计，可以是计数或者用笑脸、小红花、五角星、积分卡等进行积累，当良好行为的出现达到一定次数，“代替物”积累到一定数量时，可以兑换想要的奖励，由此增加良好行为出现的次数。如五张笑脸可以兑换一颗棒棒糖，十张笑脸可获得一个洋娃娃，学前儿童为了得到自己想要的奖励就会不断增加良好行为的出现次数。使用代币法注意以下程序：

(1)明确目标行为；

(2)选择合适的代币，并告知当事人；

(3)选定支持强化物；

(4)确定要奖励的行为和支持强化物的兑换比例及方式；

(5)规定用代币交换强化物的时间、地点、方式；

(6)认真执行奖励要求和交换规定；

(7)把代币制泛化到自然环境中去。

案例

“挑食”的小馋猫

瑶瑶，4岁半，女孩。周六刚好外婆过生日，妈妈为了庆祝外婆的生日做了很多好吃的，有糖醋鲤鱼、红烧排骨、炒苦瓜、酱爆茄子、紫菜蛋花汤等等，全家人高高兴兴地围坐在餐桌边准备吃饭。瑶瑶坐到椅子上抬头一看，一眼就看到了自己最喜欢的红烧排骨，高兴地喊道：“外婆过生日真好，我可以吃到最喜欢的红烧排骨啦！”于是，马上将盛有红烧排骨的盘子拉到了自己的面前，拿起筷子专心地吃了起来。妈妈让瑶瑶多吃一些苦瓜，因为苦瓜含有很多的维生素，同时还有很好的清火功效，瑶瑶晃晃脑袋，嘟起嘴巴说：“苦瓜太苦了，我坚决不吃一点苦瓜。”外婆外公也说道：“苦瓜确实太苦了，不爱吃就不吃了，多吃一点排骨还能补充长个头需要的钙，也是有很多好处的。”妈妈就也没办法了。有时妈妈也会要求瑶瑶多吃一些新鲜的绿色蔬菜，但是瑶瑶总会出现一些呕吐的反应，当看到瑶瑶只爱吃肉不爱吃菜的挑食样子，只能连连摇头。

接送瑶瑶时，妈妈和老师进行了交流，老师表示瑶瑶确实存在爱吃肉不爱吃素菜的挑食行为，但瑶瑶妈妈说瑶瑶特别在意老师给小朋友的小贴画，收到小贴画那一整天都十分地开心。后来瑶瑶妈妈和老师一起想了一个办法，承诺瑶瑶每次如果能把碗里的素菜都吃完，就能得到老师的一张小贴画。为了小贴画瑶瑶每次都努力吃完碗里的素菜。慢慢地，瑶瑶发现素菜甜甜的很好吃，在家里也会主动问妈妈有没有做好吃的素菜，因为自己很想吃。

(三)日常生活中的干预和矫正

1.建立良好的师幼关系和同伴关系

有研究表明，师幼关系、亲子关系和同伴关系等人际关系与学前儿童问题行为的出现有密切联系。因此，建立良好的人际关系是减少或消除学前儿童问题行为的一个十分关键的措施。

(1)良好的师幼关系。教师与幼儿的认知和行为是相互影响、相互制约的，因此，良好的师幼关系在学前儿童发展中起着至关重要的作用，作为教师要做到：

①教师要切实转变观念，要放平自己的心态，用更多的耐心和爱心去关心和呵护幼儿，营造轻松的氛围，增强平等意识，尊重幼儿自身的想法和感受，不要对其大吼大叫加重问题行为出现的频次和程度；

②积极找寻导致幼儿问题行为的原因，正确地评价学生，有针对性地“对症下药”，及时强化幼儿的良好行为，多鼓励，少批评。

(2)友好的同伴关系。同伴关系在学前儿童的成长中起着成人无法替代的独特作用。改善学前儿童的同伴关系是学前儿童问题行为干预中必须考虑的因素。帮助幼儿改善同伴关系要做到：

①引导幼儿掌握正确的社会交往方法和技能，学会和其他幼儿友好相处，学会分享与合作；

②重视对幼儿同伴群体的正确引导，通过集体教学活动、游戏活动和角色表演等方式为他们提供成功的同伴交往经验。

2.营造民主、和谐的家庭氛围

学前儿童从出生就和父母生活在一起，亲子关系是其生活中一种基本的并且重要的人际关系。吉布森等的生态心理学理论的观点提出，要解决儿童的行为问题就要回到儿童现实生活中对儿童的身体和心理健康发展影响最大的家庭系统中寻找答案。[①]建立民主的亲子关系，营造和谐、开放的家庭氛围对减少儿童问题行为的发生至关重要。

(1)作为家长，要提高自身的修养，不断学习学前儿童教育学、心理学等相关知识，与学前儿童进行有效的沟通，面对孩子过错时，学会进行适当且有效的批评，形成良好的家风，用良好的家庭文化环境来熏陶孩子。

(2)家庭成员之间还应该做到彼此尊重，互相理解、互相关心，用平等的观念对待幼儿，关注到幼儿的存在，给予幼儿充分的话语权，多一些沟通、耐心和合理地等待，使幼儿感受到轻松、活泼、和谐的家庭气氛，尽可能避免因家庭氛围因素导致的儿童问题行为的发生，促进幼儿积极健康个性的形成。

3.引导儿童正确面对现代媒介

现代社会瞬息万变，信息化时代高速发展，作为社会群体，有责任为幼儿提供正面、积极向上的媒体环境，尤其是幼儿直接接触的媒体内容，如电视、电影中的动画内容，应避免暴力、血腥画面的出现和不良价值的引导，以免毒害幼儿身心发展。作为家长，应该引导幼儿正确看待现代媒介，告诉其利弊，引导其对高科技探索产生兴趣。那些完全阻止孩子靠近现代媒介，或者完全放任不理等一刀切的做法都是不对的。

4.家园合作共育

家园合作共育即家庭和幼儿园之间的有效配合，共同促进幼儿健康成长，是预防和矫正学前儿童常见问题行为发生的关键因素。家庭和学校是两个紧密联系的系统，幼儿只有在家庭和学校的良好互动中，个体才能实现最优的发展。[②]

(1)作为教师要为幼儿家长提供科学育儿指导，充分尊重家长的主体地位，积极与家长沟通联系，及时将幼儿在班上的表现与父母交流，共同找寻解决办法和对策，做到

① 张丽雯. 系统家庭动力与学前儿童问题行为的关系研究[D]. 云南师范大学，2014.

② Bronfenbrenner, U., & Morris, P. A. (1998). The ecology of developmental processes. In: Handbook of child psychology, 1993:1028.

在对学前儿童的培养上与家长达成共识，将幼儿的家长视为合作的伙伴，创设多种渠道鼓励家长参与到家园共育当中来，尊重家长参与的权利。

(2)家长要增强家园共育的意识，积极配合教师开展工作，为幼儿园提供有利条件和支持。作为家长要明确自身的主体地位和责任，主动更新思想的观念，参与到家园共育的相关活动中来，了解家园共育的价值和作用，双方协助共同促进幼儿身心健康发展。同时，从家庭到学校再到社会都应该为学前儿童树立一个良好的行为模仿对象，从而减少问题行为的出现和发生。

资料分析

雯雯小朋友每天早上都喜欢赖在床上不起，导致上幼儿园经常迟到。早上起床洗漱后本来要到幼儿园吃早餐的，因为迟到奶奶怕她到幼儿园没有早餐吃，于是每天早上送她去幼儿园的路上都要给她带上很多牛奶和面包。到了幼儿园，奶奶又担心老师会批评自己的孙女，又对老师说是因为自己早上起床晚了耽误送孩子了，或者是来的时候车钥匙、房门钥匙找不到耽误了，路上堵车堵了很久等各种别的原因避免孙女被批评。

如果你是雯雯的老师，你会怎样与其奶奶沟通？

三、学前儿童问题行为干预的注意事项

(一)正确认识和对待学前儿童问题行为

学前儿童由于心理发展水平和认知水平等方面的限制，在成长的过程中出现这样或那样的问题行为是正常的现象。作为家长和教师，不能过分夸大，也不能完全不在乎学前儿童的问题行为，更不能在过分夸大的基础上对有问题行为的学前儿童进行排斥，做出不利于干预和矫正的行为，应该正确对待和认识学前儿童的这些行为，同时利用此契机反思自身教育存在的问题和不足，最大限度地促进学前儿童身心的全面成长。

(二)掌握系统理论知识，不随意给幼儿贴标签

要掌握学前儿童问题行为鉴定的系统理论知识和干预方法，对学前儿童问题行为

进行准确地评估和判断，不能因为一些偶然出现的行为而给他们随便贴上问题行为、问题儿童的标签，如本身较为调皮的幼儿，不能简单直接判定为“多动症”儿童。

（三）重视问题行为干预中的情感沟通

在生活中，大多数学前儿童的常见问题行为出现的症结都不是在生理方面或者智力方面的缺陷，更多的是因为心理方面出现的不适应。因此，在进行问题行为干预的过程中，应该注意与学前儿童建立积极的情感关系，消除学前儿童被动执行教师和家长指令、要求的状态，重视学前儿童情感的需求，在一个有爱、被赞赏、被喜爱的环境中帮助学前儿童减少问题行为的次数。

问题行为干预案例

小A今年6岁，是一位幼儿园大班男生。他与同伴相处时经常发生冲突，表现出攻击性强、冲动、任性等个性特点。同伴们集体游戏过程中，他经常时而参与时而破坏，常常因自己的需求得不到满足或活动本身不满意而与同伴冲突。不能遵守活动秩序和常规，集中教育活动中，很难安安静静地坐着，常常玩弄手指和学具，时常在座位上喋喋不休讲个不停或是发出怪声，在活动室经常随意离座走动，学习和玩耍时注意力持续时间很短，总是虎头蛇尾，经常找不到自己的学习用品，时常遗失物品。

分析：

小A这种不良行为表现，是典型的注意缺陷多动障碍(ADHD)，以注意力缺陷为主要症状，并伴有多动、冲动、固执和自控力差等特征。这类儿童智力正常或基本正常，但学习、行为及情绪方面有缺陷，表现为注意力不易集中、注意短暂、活动过多、情绪易冲动，以至影响学习成绩。在家庭及学校(幼儿园)较难与人相处。

辅导方法和过程：

(一)建立咨询关系

心理咨询师主要是同小A一起做做游戏、聊聊天，不对小A做出的事情给予评价。这个过程中，心理咨询师与小A之间情感融洽了，小A逐渐消除了对心理咨询师的抗拒心理，渐渐地，他愿意把自己的事情向心理咨询师诉说。

(二)矫正错误认知

小A表现出情绪外露、性情暴躁、情感多变、感情反常，他与教师、家长的感情常常是对立的，这种对立，影响到他对整个社会现实的感情、认识和态度。

心理咨询师结合他的行为，有目的地给他讲故事。在这个过程中，使他认识到自己做错事是因为认知上的错误，学会检查自身的不对，学会说“对不起、请原谅”，帮助克服情绪冲动、任性的毛病。

（三）强化行为

小A注意力集中困难、活动过多、动作协调性差、情绪冲动，这些他都能认识到，但总是反复，表现出自控力差。针对这些情况具体实施以下几种方法：

1.游戏法：每次都做一些游戏。每次在做新游戏的时候，他都是很认真，注意维持时间能达到10分钟，而对于玩过两次的游戏，兴趣程度开始下降。针对这种情况，对于每一种游戏，玩过一次之后，我同他更改游戏规则，这样一种游戏可以有很多种玩法，他对每种游戏注意时间也就会逐渐延长。

2.代币法：为了强化他的良好行为，矫正不良行为，心理咨询师采用代币法。将他的不良行为表现列出表格，如上课离座行为，攻击性行为等，如果每天能减少一项行为可得到一朵小黄花，五朵小黄花可换一朵小红花，两朵小红花可换一朵大红花，一朵大红花等于一个愿望，如到动物园玩，买新玩具等等。当他达到一个容易达到的标准之后，就与其商定提高要求。经过采用这种方式，小A不良行为得到了明显的改善，他开始重视自己行为带来的后果。

（四）家庭辅导

心理咨询师与小A家长共同商定对他的辅导计划。对家长提出建议，促使家长转变教育观念，帮助小A养成良好生活习惯和学习习惯。对他微小的进步及时予以表扬、鼓励，使他建立信心，减少对小A不良行为的惩罚。

效果和思考

经过近六个月的跟踪辅导，基本达到预期目标：小A的自控能力明显增强，注意力集中时间有所延长，在集中教育活动中离座行为有所减少，攻击性行为有所缓解，促进了他良好人际关系的发展，提高了学习适应性水平。

（资料来源：https://www.doc88.com/p-4824834364092.html?r=1，有改编。）

本章小结

本章是本书的最后一个章节。重点介绍了与学前儿童社会化过程息息相关的学前儿童问题行为。在本章节中，界定了学前儿童问题行为的概念，介绍了学前儿童问题行为的类型、成因以及干预的理论知识。核心内容总结如下：

1.学前儿童问题行为是指学前儿童在生长发育的过程中，由于受到生物因素、社会因素和教育因素等的影响而出现的偏离同龄儿童正常行为和社会行为规范标准的，学前儿童发展中普遍存在的不恰当行为。

2.学前儿童问题行为可以分为生活习惯中的问题行为、社会交往中的问题行为、情绪情感中的问题行为、语言发展中的问题行为四种类型。

3.生活习惯中的问题行为主要有：不良进餐行为、不良睡眠行为和遗尿。

4.社会交往中的问题行为：攻击性行为（直接攻击和间接攻击；工具性攻击和敌意性攻击）、破坏性行为（无意破坏和有意破坏）、社会退缩行为（安静退缩、焦虑退缩和活跃退缩）、不分享行为、说谎行为（无意说谎和有意说谎）、注意缺陷多动障碍。

5.情绪情感中的问题行为：焦虑行为（分离焦虑和社交性焦虑）、嫉妒行为、违拗与对抗行为。

6.语言发展的问题行为主要是口吃。

7.学前儿童问题行为的成因：生物因素、社会因素和教育因素。

8.生物因素：遗传、生理发育状况、幼儿气质类型以及人格特质。

9.社会因素：社会大众对学前儿童问题行为缺乏正确的认识和大众媒介的不良影响。

10.教育因素：家庭教育（父母的教养方式、家庭氛围和家庭变故）和幼儿园教育（师幼关系、同伴关系）。

11.学前儿童问题行为鉴定的理论依据：心理学依据、社会学依据、教育学依据、文化学依据。

12.学前儿童问题行为鉴定的方法：Achenbach儿童行为量表CBCL（Child Behavior Check Lis）、Conners儿童问题行为量表、Rutter儿童行为量表。

13.学前儿童问题行为的日常干预：建立良好的师幼关系和同伴关系、营造民主和谐的家庭氛围、引导儿童正确面对现代媒介、家园合作共育。

14.学前儿童问题行为干预技术：行为矫正法、认知干预法和感觉统合训练法。

15.学前儿童问题行为的矫正方法：正强化法、惩罚法、消退法、代币法等。

16.学前儿童问题行为干预的注意事项：正确认识和对待学前儿童问题行为；掌握系统理论知识，不随意给幼儿贴标签；重视问题行为干预中的情感沟通。

思考与实训

1.结合篇首的案例中的实际问题，运用本章的所学知识，尝试回答你作为幼儿教师应该怎么做才能更好地促进雯雯的发展？

2.结合实际，说一说学前儿童问题行为的成因有哪些？

3. 简述如何对学前儿童问题行为进行干预从而促进其身心全面发展？

4. 利用课余时间去自己所在地区的幼儿园，观察学前儿童问题行为并尝试运用所学知识进行问题行为鉴定，并给出具体的干预建议和措施。

专题探讨

背景资料：近年来，老龄化现象越来越严重，国家为积极应对人口老龄化问题开始实行二孩、三孩政策。2021年8月，全国人大常委会会议表决通过了关于修改人口与计划生育法的决定，修改后的人口计生法规定，国家提倡适龄婚育，优生优育，一对夫妻可以生育三个子女。随着国家政策的调整，二孩三孩的家庭越来越多，但对孩子们的教育也成了家长头疼的问题，有的家里因为二宝的到来，大宝开始出现越来越多的如攻击性行为、退缩行为、执拗行为等问题行为。

探讨：你如何看待此种现象？如何避免或解决这些问题？

参考文献

一、著作类

[1]彭海蕾.学前儿童社会教育与活动指导[M].北京:教育科学出版社,2012.

[2]周梅林.学前儿童社会教育活动指导[M].上海:复旦大学出版社,2009.

[3]张明红.学前儿童社会教育与活动指导[M].上海:华东师范大学出版社,2014.

[4]张文新.儿童社会性发展[M].北京:北京师范大学出版社,1999.

[5]中华人民共和国教育部.3—6岁儿童学习与发展指南[Z].北京:首都师范大学出版社,2012.

[6]李季湄,冯晓霞.《3—6岁儿童学习与发展指南》解读[M].北京:人民教育出版社,2013.

[7]郑益乐.学前儿童家庭教育[M].西安:西安交通大学出版社,2016.

[8]陈鹤琴.家庭教育与父母教育[M].上海:上海人民出版社,2016.

[9]王海英.学前教育社会学[M].南京:江苏教育出版社,2009.

[10]秦金亮.儿童发展概论[M].北京:高等教育出版社,2008.

[11]林崇德.发展心理学[M].北京:人民教育出版社,1995.

[12]王振宇.学前儿童发展心理学[M].北京:人民教育出版社,2015.

[13]张岩莉.学前儿童社会教育[M].上海:复旦大学出版社,2012.

[14][德]马克思.资本论,见《马克思恩格斯全集》第23卷[M].北京:人民出版社,1972.

[15]罗斯·D.帕克,阿莉森·克拉克-斯图尔特.社会性发展[M].俞国良,郑璞,译.北京:中国人民大学出版社,2014.

[16]甘剑梅.学前儿童社会教育(第2版)[M].北京:高等教育出版社,2021.

[17]尼尔·波兹曼.童年的消逝[M].吴燕莛,译.桂林:广西师范大学出版社,2004.

[18]付立芳.学前儿童社会教育(第1版)[M].浙江:浙江工商大学出版社,2016.

[19]施晶晖.学前儿童社会性教育——兼论儿童职业意识教育[M].合肥:中国科学技术大学出版社,2010.

[20]辛新新.学前儿童社会教育[M].芜湖:安徽师范大学出版社,2017.

[21]周世华,王燕媚.学前儿童社会教育[M].北京:高等教育出版社,2019.

[22]邓宪亮.学前儿童社会教育[M].北京:高等教育出版社,2020.
[23]邓文静.学前儿童社会教育[M].北京:中央广播电视大学出版社,2017.
[24]王子恩.幼儿园社会教育活动及设计[M].长春:东北师范大学出版社,2014.
[24]王晓戎.学前儿童社会教育[M].芜湖:安徽师范大学出版社,2017.
[26]嵇珺.我国幼儿园社会领域教育研究[M].南京:南京师范大学,2012.
[27]张明红.学前儿童社会教育[M].上海:华东师范大学出版社,2007.
[28]李叶兰.幼儿社会教育活动设计与指导[M].北京:中国劳动社会保障出版社,2014.
[29]王春燕.幼儿园课程概论[M].北京:高等教育出版社,2014.
[30]刘慧萍.幼儿园社会教育活动设计与指导[M].北京:北京师范大学出版社,2016.
[31]王倩.学前儿童社会教育[M].镇江:江苏大学出版社,2013.
[32]但菲.幼儿社会性发展与教育活动设计[M].北京:高等教育出版社,2008.
[33]樊小娟.幼儿园教育活动设计与指导[M].南京:江苏凤凰教育出版社,2015.
[34]沈晓明,王卫平.儿科学[M].北京:人民卫生出版社,2008.
[35]教育部基础教育司.幼儿园教育指导纲要(试行)解读[M].南京:江苏教育出版社,2002
[36]雅斯贝尔斯.什么是教育[M].邹进,译.北京:生活·读书·新知三联书店,1991.
[36]R.A.Barkley,Defiant children:A Clinician's Mannual for Assessment and Parent Training,赵家深、黄惠玲译《不听话的儿童临床衡鉴与亲职训练手册》,台北:心理出版社,2003年.
[37]ronfenbrenner, U. (1979). The ecology of human development: Experiments by nature and design. Cambridge, MA: Harvard University Press.

二、论文类

[1]甘剑梅.学前儿童社会教育的内涵、性质与课程地位[J].学前教育研究,2011(1):53-59.
[2]魏锐,刘坚等."21 世纪核心素养 5C 模型"研究设计[J].华东师范大学学报(教育科学版),2020(2):20-28.
[3]刘晶波.不知不觉的偏离:关于当前幼儿园社会教育活动困境的解析[J].幼儿教育,2013(1):16-17.
[4]赵雪梅.幼儿社会教育活动目标解析[J].新课程研究·教师教育,2008(7).
[5]叶翔.幼儿社会教育中肯定性评价的实施要领[J].教育导刊·幼儿教育,2007(5):22-24.
[6]左其沛,左壮.中小学生攻击型问题行为[J].现代中小学教育,1991(01).
[7]蒋俊梅.儿童攻击性行为的影响因素及矫正[J].教育探索,2002(08).
[8]黄小英.论述小儿多动症发病原因与治疗措施[J].中国现代药物应用,2010,4(14):34-35.
[9]杜秋贞.浅谈学前儿童问题行为与家庭教育[J].科教文汇(下半月),2006(01):39.
[10]田菲菲,田录梅.亲子关系、朋友关系影响问题行为的3种模型[J].心理科学进展,2014,22(06):

968–976.

[11]陈敬朴.问题行为、问题儿童及其判定[J].中国教育学刊,1993(04):34–35.

[12]许有云,杜卫.儿童问题行为及其干预技术[J].宿州学院学报,2007(01):141–144.

[13]杨飞龙，马世超，陈红梅.退缩气质幼儿的问题行为与感觉统合能力的相关研究[J]. 学前教育研究，2009(10)：28–33.

[14]杭荣华，刘新民，王瑞权.感觉统合训练改善注意缺陷多动障碍儿童行为、智力及执行功能的对照研究[J].中国心理卫生杂志，2010，24(3)：219–223.

[15]]张丽雯.系统家庭动力与学前儿童问题行为的关系研究[D].云南师范大学,2014.

[16]Bronfenbrenner，U.，& Morris，P. A.（1998）. The ecology of developmental processes. In：Handbook of child psychology，1993：1028.

[17]苗鑫.学前儿童问题行为的影响因素及教育对策[J].文学教育(下),2020(02):134–135.

[18]吕勤,陈会昌,王莉.儿童问题行为及其相关父母教养因素研究综述[J].心理科学,2003(01):125–127.

[19] Liu J. Childhood externalizing behavior：theory and implications [J]. Journal of Child and Adolescent PsychiatricNursing,2004(17)：93–103.

[20]David J. Ehrler, et al .Extending big – five theory into childhood：a preliminary investigation into the relationship between big – five personality traits and behavior problems in children [J]. Psychology in the Schools，Vol. 36(6)，1999:451–458.

[21]Tepperman J.TV:The Violence Teacher[J].Children’s AdvocateMagazine,1997(1):1

附录

附录一：儿童行为量表（CBCL）Achenbach

（家长用，适用于4—16岁儿童）

第一部分：一般项目

儿童姓名：

性别：男□ 女□

年龄：　　出生日期：　年　月　　日

年级：　　种族：

父母职业（请填具体，例如车工、鞋店售货员、主妇等）

父亲职业：

母亲职业：

填表者：父□ 母□ 其他人 □

填表日期：　　年　月　日

第二部分：社会能力

I

(1)请列出你孩子最爱好的体育运动项目（例如游泳，棒球等）：

无爱好□

爱好：a.

b.

c.

(2)与同龄儿童相比，他（她）在这些项目上花去时间多少？

不知道　　较少　　一般　　较多

□　　□　　□　　□

(3)与同龄儿童相比,他(她)的运动水平如何?

不知道　　较少　　一般　　较多

□　　□　　□　　□

Ⅱ

(1)请列出你孩子在体育运动以外的爱好(例如集邮、看书、弹琴等,不包括看电视)

无爱好□

爱好:a.

b.

c.

(2)与同龄儿童相比,他(她)花在这些爱好上的时间多少?

不知道　　较少　　一般　　较多

□　　□　　□　　□

(3)与同龄儿童相比,他(她)的爱好水平如何?

不知道　　较少　　一般　　较多

□　　□　　□　　□

Ⅲ

(1)请列出你孩子参加的组织、俱乐部、团队或小组的名称

未参加□

参加:a.

b.

c.

(2)与同龄儿童相比,他(她)在这些组织中的活跃程度如何?

不知道　　较少　　一般　　较多

□　　□　　□　　□

Ⅳ

(1)请列出你孩子有无干活或打零工的情况(例如送报、帮人照顾小孩、帮人搞卫生等)

没有□

有:a.

b.

c.

(2)与同龄儿童相比,他(她)工作质量如何?

不知道	较少	一般	较多
□	□	□	□

Ⅴ

(1)你孩子有几个要好的朋友?

无	1个	2—3个	4个及以上
□	□	□	□

(2)你孩子与这些朋友每星期大概在一起几次?

不到一次	1—2次	3次及以上
□	□	□

Ⅵ

与同龄孩子相比,你孩子在下列方面表现如何?

	较差	差不多	较好
a.与兄弟姊妹相处	□	□	□
b.与其他儿童相处	□	□	□
c.对父母的行为	□	□	□
d.自己工作和游戏	□	□	□

Ⅶ

(1)当前学习成绩(对六岁以上儿童而言)

未上学 □

	不及格	中等以下	中等	中等以上
a.阅读课	□	□	□	□
b.写作课	□	□	□	□
c.算术课	□	□	□	□
d.拼音课	□	□	□	□
其他课(如历史、地理、常识、外语等)				
e.________	□	□	□	□
f.________	□	□	□	□
g.________	□	□	□	□

(2)你孩子是否在特殊班级?

不是 □

是 □,什么性质?

(3)你孩子是否留级?

没有 □

留过 □,几年级留级 ?

留级理由:

(4)你孩子在学校里有无学习或其他问题(不包括上面三个问题)?

没有 □

有问题 □,问题内容:

问题何时开始:

问题是否已解决?

未解决 □

已解决 □,何时解决:

第三部分:行为问题

Ⅷ.以下是描述你孩子的项目,只根据最近半年内的情况描述。每一项目后面都有三个数字(0,1,2),如你孩子明显有或经常有此项表现,圈“2”;如无这些表现,圈“0”;其余情况表现,圈“1”。

1.行为幼稚,与其年龄不符	0	1	2
2.过敏性症状(填具体表现)	0	1	2
3.喜欢争论	0	1	2
4.哮喘病	0	1	2
5.举动像异性	0	1	2
6.随地大便	0	1	2
7.喜欢吹牛或自夸	0	1	2
8.精神不能集中,注意力不能持久	0	1	2
9.老是想某些事情,不能摆脱,强迫观念(说明内容)	0	1	2
10.坐立不安,活动过多	0	1	2
11.喜欢缠着大人或过分依赖	0	1	2
12.常说感到寂寞	0	1	2
13.糊里糊涂,如在云里雾中	0	1	2
14.常常哭叫	0	1	2
15.虐待动物	0	1	2
16.虐待、欺侮别人或吝啬	0	1	2
17.好做白日梦或呆想	0	1	2
18.故意伤害自己或企图自杀	0	1	2
19.需要别人经常注意自己	0	1	2
20.破坏自己的东西	0	1	2
21.破坏家里或其他儿童的东西	0	1	2
22.在家不听话	0	1	2
23.在学校不听话	0	1	2
24.不肯好好吃饭	0	1	2
25.不与其他儿童相处	0	1	2
26.有不良行为后不感到内疚	0	1	2
27.易嫉妒	0	1	2
28.喜欢吃不能作为食物的东西(说明内容)	0	1	2
29.除怕上学外,还害怕某些动物、处境或地方(说明内容)	0	1	2
30.怕上学	0	1	2
31.怕自己想坏念头或做坏事	0	1	2
32.觉得自己必须十全十美	0	1	2
33.觉得或抱怨没有人喜欢自己	0	1	2
34.觉得别人存心捉弄自己	0	1	2
35.觉得自己无用或有自卑感	0	1	2
36.身体经常弄伤,容易出事故	0	1	2

37. 经常打架	0	1	2
38. 常被人戏弄	0	1	2
39. 爱和出麻烦的儿童在一起	0	1	2
40. 听到某些实际上没有的声音(说明内容)	0	1	2
41. 冲动或行为粗鲁	0	1	2
42. 喜欢孤独	0	1	2
43. 撒谎或欺骗	0	1	2
44. 咬指甲	0	1	2
45. 神经过敏,容易激动或紧张	0	1	2
46. 动作紧张或带有抽动性(说明内容)	0	1	2
47. 做噩梦	0	1	2
48. 不被其他儿童喜欢	0	1	2
49. 便秘	0	1	2
50. 过度恐惧或担心	0	1	2
51. 感到头昏	0	1	2
52. 过份内疚	0	1	2
53. 吃得过多	0	1	2
54. 过分疲劳	0	1	2
55. 身体过重	0	1	2
56. 找不到原因的躯体症状:	0	1	2
a. 疼痛	0	1	2
b. 头痛	0	1	2
c. 恶心想吐	0	1	2
d. 眼睛有问题(说明内容。译注:不包括近视及器质性眼病)	0	1	2
e. 发疹或其他皮肤病	0	1	2
f. 腹部疼痛或绞痛	0	1	2
g. 呕吐	0	1	2
h. 其他(说明内容)	0	1	2
57. 对别人身体进行攻击	0	1	2
58. 挖鼻孔、皮肤或身体其他部分(说明内容)	0	1	2
59. 公开玩弄自己的生殖器	0	1	2
60. 过多地玩弄自己的生殖器	0	1	2
61. 功课差	0	1	2
62. 动作不灵活	0	1	2
63. 喜欢和年龄较大的儿童在一起	0	1	2
64. 喜欢和年龄较小的儿童在一起	0	1	2

65.不肯说话	0	1	2
66.不断重复某些动作，强迫行为(说明内容)	0	1	2
67.离家出走	0	1	2
68.经常尖叫	0	1	2
69.守口如瓶，有事不说出来	0	1	2
70.看到某些实际上没有的东西(说明内容)	0	1	2
71.感到不自然或容易发窘	0	1	2
72.玩火(译注：包括玩火柴或打火机)	0	1	2
73.性方面的问题(说明内容)	0	1	2
74.夸耀自己或胡闹	0	1	2
75.害羞或胆小	0	1	2
76.比大多数孩子睡得少	0	1	2
77.比大多数孩子睡得多(说明多多少。译注：不包括赖床)	0	1	2
78.玩弄粪便	0	1	2
79.言语问题(说明内容。译注：例如口吃不清)	0	1	2
80.茫然凝视	0	1	2
81.在家偷东西	0	1	2
82.在外偷东西	0	1	2
83.收藏自己不需要的东西(说明内容。译注：不包括集邮等爱好)	0	1	2
84.怪异行为(说明内容。译注：不包括其他条已提及者)	0	1	2
85.怪异想法(说明内容。译注：不包括其他条已提及者)	0	1	2
86.固执、绷着脸或容易激怒	0	1	2
87.情绪突然变化	0	1	2
88.常常生气	0	1	2
89.多疑	0	1	2
90.咒骂或讲粗话	0	1	2
91.声言要自杀	0	1	2
92.说梦话或有梦游(说明内容)	0	1	2
93.话太多	0	1	2
94.常戏弄他人	0	1	2
95.乱发脾气或脾气暴躁	0	1	2
96.对性的问题想得太多	0	1	2
97.威胁他人	0	1	2
98.吮吸大拇指	0	1	2
99.过分要求整齐清洁	0	1	2

100.睡眠不好(说明内容)	0	1	2
101.逃学	0	1	2
102.不够活跃,动作迟钝或精力不足	0	1	2
103.闷闷不乐,悲伤或抑郁	0	1	2
104.说话声音特别大	0	1	2
105.喝酒或使用成瘾药(说明内容)	0	1	2
106.损坏公物	0	1	2
107.白天遗尿	0	1	2
108.夜间遗尿	0	1	2
109.爱哭诉	0	1	2
110.希望成为异性	0	1	2
111.孤独、不合群	0	1	2
112.忧虑重重	0	1	2
113.请写出你孩子存在的但上面未提及的其他问题:	0	1	2
	0	1	2
	0	1	2

一、请检查一下是否每条都已填好

二、请在你最关心的条目下划线

附录二：Conners父母用量表

（父母症状问卷，1978）

儿童姓名　　　　　　　　性别*　　　　　　　　年龄*

填表日期　　　　　　　　填表者

请在每个项目右边按不同程度打勾（√）

请填齐全部分项目。

项目	程度				项目	程度			
	无	稍有	相当多	很多		无	稍有	相当多	很多
1.某种小动作（如咬指甲、吸手指、拉头发、拉衣服上的布毛）					25.做事有始无终				
2.对大人粗鲁无礼					26.感情易受损害				
3.在交朋友或保持友谊上存在问题					27.欺凌别人				
4.易兴奋，易冲动					28.不能停止重复性活动				
5.爱指手画脚					29.残忍				
6.吸吮或咬嚼（拇指、衣服、毯子）					30.稚气或不成熟（自己会的事要人帮忙，依缠别人、常需别人鼓励、支持）				
7.容易或经常哭叫					31.容易分心或注意不集中成为一个问题				
8.脾气很大					32.头痛				
9.白日梦					33.情绪变化迅速剧烈				
10.学习困难					34.不喜欢或不遵从纪律或约束				
11.扭动不停					35.经常打架				
12.惧怕（新环境、陌生人、陌生地方、上学）					36.与兄弟姐妹不能很好相处				
13.坐立不定，经常“忙碌”					37.在努力中容易泄气				
14.破坏性					38.妨害其他儿童				
15.撒谎或捏造情节					39.基本上是一个不愉快的小孩				
16.怕羞					40.有饮食问题（食欲不佳、进食中常跑开）				

续表

项目	程度				项目	程度			
	无	稍有	相当多	很多		无	稍有	相当多	很多
17.造成的麻烦比同龄孩子多					41.胃痛				
18.说话与同龄儿童不同(像婴儿说话、口吃、别人不易听懂)					42.有睡眠问题(不能入睡、早醒、夜间起床)				
19.抵赖错误或归罪他人					43.其他疼痛				
20.好争吵					44.呕吐和恶心				
21.撅嘴和生气					45.感到在家庭圈子中被欺骗				
22.偷窃					46.自夸和吹牛				
23.不服从或勉强服从					47.让自己受别人欺骗				
24.忧虑比别人多(忧虑孤独、疾病、死亡)					48.有大便问题(腹泻、排便不规则、便秘)				

注:1.有*的项目为译者所加,原表无。

2."程度"项的记分法:无,记0分;稍有,记1分;相当多,记2分;很多,记3分。

Conners教师用量表

项目	程度				项目	程度			
	无	稍有	相当多	很多		无	稍有	相当多	很多
1.扭动不停					15.易兴奋,易冲动				
2.在不应出声的场合制造噪音					16.过分要求教师的注意				
3.提出要求必须立即得到满足					17.好像不为集体所接受				
4.动作粗鲁(唐突无礼)					18.好像容易被其他小孩领导				
5.暴怒及不能预料的行为					19.缺少公平合理竞赛的意识				
6.对批评过分敏感					20.好像缺乏领导能力				
7.容易分心或注意不集中					21.做事有始无终				

项目	程度				项目	程度			
	无	稍有	相当多	很多		无	稍有	相当多	很多
8.妨害其他儿童					22.雅气和不成熟				
9.白日梦					23.抵赖错误或归罪他人				
10.撅嘴和生气					24.不能与其他儿童相处				
11.情绪变化迅速和激烈					25.与同学不合作				
12.好争吵					26.在努力中容易泄气(灰心丧气)				
13.能顺从权威					27.与教师不合作				
14.坐立不定,经常"忙碌"					28.学习困难				

注:"程度"项的记分法:无,记0分;稍有,记1分;相当多,记2分;很多,记3分。

Conners教师用量表

(简化版)

项目	程度			
	无	稍有	相当多	很多
1.活动过多,一刻不停				
2.兴奋激动,容易冲动				
3.惹恼其他儿童				
4.做事不能有始有终				
5.坐立不安				
6.注意不易集中,容易分心				
7.必须立即满足其要求,否则容易灰心丧气				
8.容易哭泣、喊叫				
9.情绪变化迅速剧烈				
10.勃然大怒或出现意料不到的行为				

注:程度(频度)项的记分法:无,记0分;稍有,记1分;相当多,记2分;很多,记3分。

2.本量表一般作多动症的筛查用,≥10分为阳性,可作进一步检查确诊。

附录三：Rutter儿童行为问卷

父母问卷项目

根据孩子最近一年情况按0、1、2三级评分。

（一）有关健康问题（1-8项）：0=从来没有；1=有时出现，达不到每周1次；2=至少每周1次。

1.头痛

2.肚子痛或呕吐

3.支气管哮喘或哮喘发作

4.尿床或尿裤子

5.大便在床上或在裤子里

6.发脾气（伴随叫喊或发怒动作）

7.到学校就哭或拒绝上学

8.逃学

（二）其他行为问题：0=从来没有；1=轻微或有时有；2=严重或经常出现。

1.非常不安，难于长期静坐

2.动作多，乱动，坐立不安

3.经常破坏自己或别人的东西

4.经常与别的儿童打架，或争吵

5.别的孩子不喜欢他（她）

6.经常烦恼，对许多事都心烦

7.经常一个人待着

8.易激惹或勃然大怒

9.经常表现出痛苦，不愉快流泪或忧伤

10.面部或肢体抽动和作态

11.经常吸吮拇指甲或手指

12.经常咬指甲或手指

13.经常不听管教

14.做事拿不定主意

15.害怕新事物和新环境

16.神经质或过分特殊

17.时常说谎

18.欺负别的孩子

(三)日常生活中的某些习惯问题:0=从来没有;1=轻微或有时有;2=程度严重或经常出现。

1.有没有口吃(说话结巴)

2.有没有言语困难,而不是口吃(如表达自己的或转述别人的话有困难)如果有请描述其困难程度

3.是否偷过东西

4.有没有进食不正常

5.睡眠困难

教师问卷项目

(一)有关健康和行为问题

0=从来没有;

1=a.有时出现,不是每周一次

b.症状轻微;

2=a.至少每周一次

b.症状严重或经常出现

N="N"行为:神经症行为

A="A"行为:违纪行为或反社会行为

N 1.头痛或腹疼

N 2.尿裤子或大便在裤子里

N 3.口吃

N 4.言语困难

N 5.为轻微理由就不上课

N 6.到学校就哭或拒绝上学

N 7.逃学

N 8.注意力不集中或短暂

N 9.非常不安,难于长时静坐

N 10.动作多,乱动,坐立不安

A 11.经常破坏自己或别人东西

A 12.经常与别的儿童打架或争吵

A 13.别的孩子不喜欢他

N 14.经常引起烦恼,对许多事情心烦

N 15.经常一个人呆着

N 16.易激惹或勃然大怒

N 17.经常表现痛苦,不愉快流泪或忧伤

N 18.面部或肢体抽动和作态

N 19.经常吸吮拇指或手指

N 20.经常咬指甲或手指

A 21.经常不听管教

A 22.偷东西

N 23.害怕新事物和新环境

N 24.神经质或过分特殊

A 25.时常说谎

A 26.欺负别的小孩